应用型本科规划教材

公关礼仪

Public Relations Etiquette

◆ 郑健儿　赛来西·阿不都拉 主编

ZHEJIANG UNIVERSITY PRESS
浙江大學出版社

目　录

第二篇　个人形象礼仪

第三篇　组织形象礼仪

第一篇　公关礼仪的基本理论

第一章　礼仪的概述

世界上最廉价，而且能得到最大收益的东西，就是礼仪。

——拿破仑·希尔

本章要点：

在这大千世界中，礼仪究竟是何物？礼仪从何而来？礼仪如何遵守？人们又为什么必须遵守礼仪？这些问题就是本章所要解决和回答的。通过本章的学习，我们将了解中国传统礼仪文化的基本概念，了解中国传统礼仪文化中关于礼仪产生和起源的观点，了解西方礼仪产生过程的特点，掌握现代礼仪的基本概念，了解和掌握礼仪的规范性、时代性、地域性、传承性、可操作性等特点，了解和掌握现代礼仪的若干操作原则，通过案例掌握公关、交际中礼仪规范的重要作用，以及礼仪操作的注意事项。

中国有五千年文明史，素有“礼仪之邦”的美称。中华礼仪经过千百年的积淀，逐渐成了一种“礼仪文化”，这种中国文化的特色现象是中国传统文化的重要组成部分。随着社会的发展，社会交际空前活跃，社交已成为社会组织维系生存和开拓发展的重要手段。礼仪作为人们在社会生活中的行为规范，是调节人际关系的重要手段，也是道德修养的外在表现形式。公关人员通过得体、自如地使用社交礼仪，可以表现出个人优雅的风度、典雅的气质和高尚的情趣，不仅能给交际者留下美好的印象，更重要的是由此反映出组织的良好形象。那么礼仪究竟是什么？要回答这个问题我们先要从礼仪的起源说起。

一、礼仪的起源

礼仪的起源一直是人们颇感兴趣的问题，但至今并无定论，见仁见智，主要有以下几种流行的观点。

（一）中国礼仪文化的起源说

关于礼仪的起源问题，中国人早在先秦时期就已经有所研究，形成了诸多观点，其中不乏很有见地的理论。

1. 需求起源说

这一观点主张礼仪是起源于人对于需求的制约和维护社会关系的需要。荀子就在他的表述中表达了这一见解："礼起于何？曰：人生而有欲，欲而不得，则不能无求，求而无度量分界，则不能无争，争则乱，乱则穷。先王恶其乱也，故制礼以分之，以养人之欲，给人之求，使欲必不穷乎物，物必不屈于欲，两者相持而长，是礼之所在也。"（《荀子·礼论》）这种观点认为贪欲是人的本性使然，有欲望和需求不能满足，就会有纷争，为了协调纷争，就需要制定礼仪以分之，分人之求，社会才能无乱。

2. 伦理起源说

这是一种把人伦天道作为礼仪的根源的观念，认为为了维护自然人伦，实现划分社会尊卑贵贱的需要而产生礼仪。《易经》中对这个问题有明确的解释："有天地，然后有万物；有万物，然后有男女；有男女，然后有夫妇；有夫妇，然后有父子；有父子，然后有君臣；有君臣，然后有上下；有上下，然后礼义有所措。"

3. 饮食、男女起源说

古人认为，饮食是人生最基本的生存需要，所以礼也因此开始。《礼记》说："夫礼之初，始诸饮食。""礼经纬万端，无乎不在，而饮食所以养生，人既生则有所以养之，故礼制始此焉。"传说，是同女娲结成华夏族第一对夫妇的伏羲"制嫁娶以骊皮为礼"，从此有了礼。《事物纪原》里这样说："《礼记》曰：'礼，始诸饮食。'盖自太昊取牺牲以供庖厨，制嫁娶以骊皮，为礼始也。"可见，古人把饮食之礼和男女之礼共列为最早的礼。

4. 风俗起源说

认为礼仪是由原始社会的风俗习惯演变而来的，进入文明社会后，由所谓的"圣人"加以改造，变成系统的礼仪。

5. 祭祀起源说

近、现代的学者在探讨礼仪的起源时，多倾向于认为礼仪源于古代祭祀活动鬼神的观点。礼仪源起于蒙昧社会向文明社会的过渡阶段，人们研究中国古代礼仪的起源通常会追溯到原始宗教祭祀活动。1899 年甲骨文被发现后，人们知道了"礼"字最初的象形意义是用两块玉盛在器皿中去做供奉，表示对先祖和鬼神的敬意。到了殷代的卜辞和西周的金文里明显可以看到"礼"字与"祭"字表示的意思十分相近。"礼"古字为"禮"，东汉的许慎在《说文解字》中表述"礼"

就是在“豆”(古代盛食物的器皿)中放上祭品的祭祀活动,后来也有学者认为“禮”是敲鼓的象形。但是,无论关于“禮”的象形如何解释,总是和祭祀鬼神的活动密切相关。远古生产力水平低下,人们对于各种自然现象和地质灾害无法清醒认识,更不能有效驾驭,便认定冥冥之中存在着一种超自然的力量,即鬼神。为了祈求鬼神消除灾祸、降福人间,就出现了祭祀活动。为了表示自己对鬼神的虔诚恭敬之心,祭祀活动往往庄严肃穆而隆重,并形成了一些属于这种场合的特有仪式,这就是祭祀起源说所认为的礼仪的起源。

(二)西方的礼仪思想

中国古代的“礼仪”从本质上看更偏重于政治上的道德教化,这和西方文化中礼仪的内涵有所不同。

在西方,“礼仪”一词始于法语 Etiguette,原意为“法庭上的通行证”。法国的古代法庭为了保证审判的顺利和法庭的秩序,将在法庭内人们所必须遵守的各种规则、规范写在法庭的通行证上,便于人们遵照执行和遵守。后来,“礼仪”一词进入英语后被赋予新的含义,变为“人际交往的通行证”了。

西方礼仪的内涵大致分为三个方面:首先是指谦恭有礼的言谈和举止;其次是指礼节,也就是教养和规矩;最后是指习俗、仪式和典礼。

同中国礼仪文化相比较,西方礼仪演变的特殊性除了具体的形式外,还在于关于礼仪的哲学论述上。

古希腊哲学家对于礼仪有着非常精彩的论述,毕达哥拉斯就率先提出了“美德即是一种和谐与秩序”的观点,苏格拉底更是将礼仪的哲学意义上升到认识人的内心世界、培植人的道德观念的高度。

14 至 16 世纪,欧洲文艺复兴时代更使西方礼仪理论进入了全面发展和完善的时期。该时期先后出版了意大利作家加斯梯良所著的全面论述礼仪规范的重要性的著作《朝臣》、尼德兰人文主义作家伊拉斯谟所著的论述个人礼仪、进餐礼仪和提醒人们讲究道德、清洁卫生的著作《礼貌》。

17、18 世纪欧洲资产阶级革命迅速发展,尼德兰革命、英国资产阶级革命、法国大革命等资产阶级革命运动,使资本主义制度在欧洲确立,崇尚“自由、平等”的资本主义礼仪逐渐取代了封建主义礼仪。

西方现代学者将礼仪作为成功的重要因素进行研究,取得了丰硕的成果,如美国教育家卡耐基编撰的《成功之路丛书》等。

(三)现代礼仪的发展

到了现代社会,维护尊卑等级的陈旧没落的礼仪形式已经逐渐被尊重、平等的礼仪形式所取代。虽然现代礼仪的作用和古代礼仪的作用有根本性的区别，但是古代礼仪文化仍然与现代社会发展密不可分，现代礼仪中无论是规范、礼节，还是具体的礼仪媒介，很多都继承了传统礼仪中的精华。如《礼记》中提到的语言之美在于恭敬、谦和、文雅(言语之美，穆穆皇皇)，以及人际交往中行动上不要出格，态度上不要失态，语言上不要失礼(不失足于人，不失色于人，不失口于人)都成为现代礼仪的人际交往规范。又如《论语·雍也》篇中所说的："质胜文则野，文胜质则史，文质彬彬，然后君子。"要求人既要注重内在品格的塑造，又要注重外在仪表的修饰等观点都为现代礼仪的形成奠定了基础。此外，传统礼仪道德中的"尊老爱幼"、"孝敬父母"、"严于律己，宽以待人"等规范也都为现代礼仪广泛应用。

礼仪规范是这样，具体的礼仪、礼节很多也都是由传统礼仪演变而来的。比如国际上通用的握手礼，最早是刀耕火种时代，人们在狩猎时遇到陌生人的时候，如果大家都无恶意，就放下手中的石块、棍棒等武器，并伸开手掌让对方抚摸一下掌心，以示友好。这一习俗一直沿用到冷兵器时代的战场上，当时的骑士都身披重甲，全身套在重重的甲胄之中，若为了表示友好，在接近的时候就要脱去右手的甲胄，伸出右手，让对方看到自己没有武器，并相互握一下，以示和平。到了近现代，握手成了我们日常生活中最常见的相见礼节。又如宴会上的碰杯礼节，就是从古代氏族联盟、国家联盟宴会上东道主为了表示自己的诚意和没有下毒，而将酒杯进行碰撞，让对方杯中的酒溅入自己杯中的一种行为，后来碰杯的真正目的已经不被人们重视，而逐渐成为一种礼节，沿用至今。还如现代礼仪中使用的名片，在中国其历史可追溯到两千多年以前，秦汉的"谒"、汉末的"刺"、南北朝时期的"名"、唐代的"膀子"、宋代的"门状"、明代的"名帖"，都与现代的名片从功能到格式十分相似，到了清代的"名刺"，更有人直接就称作"名片"。

但是，"古调虽自爱，今人多不弹"。现代礼仪的发展也呈现出新的趋势：首先，礼仪的形式趋于简单，更便于操作。比如中国古代礼仪中的"拜"礼就非常复杂，不利于现代社交操作，随着时代的变迁，已经逐渐被握手、微笑、点头等礼节所代替。此外，礼仪的内容也日渐丰富，现代社会人们的交际日益频繁，范围逐渐扩大，新的社交形式逐渐丰富，新的礼仪、礼节也层出不穷，如在语言礼仪中外来词汇和新生词汇的运用，涉外礼仪规范、电话礼仪等等。

二、礼仪的概念

要真正理解现代礼仪，我们除了要了解礼仪的起源和发展，更重要的是要从礼仪的概念入手，明确礼仪的基本含义。

在接触礼仪的概念之前，我们先来了解一下两个与礼仪有关的概念：礼貌和礼节。

礼貌，一般是指在人际交往中，通过语言和动作、表情等非语言元素向交往对象表示谦虚和敬意，可见礼貌侧重于表现主体的内在素质和修养。

礼节，通常是指人们相互表示尊重、友好而惯用的各种形式。它是礼貌的外在表现形式，换句话说，礼貌是需要礼节来体现的，没有了礼节就无所谓礼貌，礼貌必须要通过具体的礼节来体现。

为什么掌握礼仪的概念之前先要了解礼貌和礼节呢？因为，礼仪实际上是一个由一系列表现礼貌的具体的礼节构成的系统的、完整的过程。礼仪是指在人际交往中，自始至终以一定的、约定俗成的程序、方式来表现的律己、敬人的完整行为过程。因此，礼貌是礼仪的基础，礼节是礼仪的基本组成部分。

礼仪是人内在修养和素质的外在表现，是教养、素质在个人行为举止中的体现；礼仪也是为人处世的行为规范、标准做法、行为准则；礼仪还是人际交往的实用艺术，是交际的、艺术的方式、方法；礼仪也是人际交往中必须遵行的律己、敬人的习惯形式，是人际交往中约定俗成的向他人表示尊重、友好的习惯作法，是待人接物的一系列惯例；礼仪更是人际交往中相互沟通的技巧；礼仪是一种美，是人美丽心灵和高尚人格的外化。

从内容上来讲，礼仪是由礼仪的主体、客体、媒体和环境等四项基本要素所构成的。

礼仪的主体，指的是礼仪活动的操作者和实施者，它既可以是个人，也可以是组织。没有礼仪主体，礼仪活动就不可能进行，礼仪也就无从谈起。

礼仪的客体，也是礼仪的对象，它是指礼义活动的具体指向和承受者。它可以是人，也可以是物；可以是物质，也可以是精神；可以有形，也可以无形；可以具体，也可以抽象。礼仪的主、客体既对立又依存，且在一定条件下可以相互转化。

礼仪的媒体，是礼仪活动所依托的一定媒介。礼仪媒体实际上是礼仪内容和礼仪形式的统一。任何礼仪都必须使用礼仪媒体，礼仪媒体是由人体礼仪媒体、物体礼仪媒体、事体礼仪媒体等构成的。但在具体礼仪操作时，不同的礼仪媒体往往交叉、配合使用。

礼仪的环境，是礼仪活动得以进行的特定时空条件，分为自然环境和社会环境。礼仪环境经常制约着礼仪的实施，它不仅决定应当实施何种礼仪，还决定着具体的实施方法。

(一)礼仪的特点

与其他学科相比，礼仪具有自身的特点。

1. 规范性

礼仪就是指交际场合人们待人接物时必须遵守的行为规范。这种规范性不仅约束人们在交际场合的言谈举止,使之合乎礼仪规范,而且也是人们在一切交际场合采用的审美判断标准,是衡量他人、判断自己是否自律、敬人的尺度。任何人要在社会生活中表现得合乎礼仪、儒雅而有教养,都必须对礼仪加以遵守。

2. 地域性

礼仪在特定范围之内操作才是有效的,离开了这个范围礼仪则未必有效。具体的礼仪规范不是放之四海皆准的,在公共关系和社会交际的操作中不能以不变应万变。任何公关从业人员必须明确:所处的场合不同,所具有的身份不同,所运用的礼仪往往会因此而不同,有时候甚至会差异很大。比如,基于东、西方文化的差异,中西方礼仪呈现各自的地域特色:中国人崇拜龙,在中国,龙一直是吉祥、喜庆的代名词;然而,西方国家认为龙是凶残、阴险的标志,可谓人人惧怕、人人厌恶。所以送带有“龙”图案和造型的礼物给中国人,很适合中国人的欣赏口味,会很受欢迎,但若送给英国人、法国人则大大的失礼了。

3. 时代性

礼仪是一种社会历史发展的产物,并具有鲜明的时代特点。礼仪是人类长期交际活动实践中形成、发展、完善的,不可能脱离历史背景和时代背景谈礼仪。另外,社会的发展、历史的进步而引起的众多社交活动的新特点、新问题也要求礼仪所有变化、有所发展、与时俱进、推陈出新。与此同时,世界各国、各地区、各民族的交往日益频繁,他们的礼仪相互影响、相互渗透、取长补短,不断被赋予新的内容。这些都使得礼仪具有相对的时代性。公关人员要认清这一点,就不能脱离生活、脱离时代去看待礼仪问题。比如20世纪初,欧美国家的妇女要是带着宠物上街,将被视为极大地丧失风度,有辱礼节,即使她的宠物很有“风度”,这个妇女也会被认为没有教养、没有风度,会招来周围各种异样的目光。谁知仅仅过了二十年,欧洲遛狗成风,遛狗被看做是最有风度、最有面子的行为,遛狗不但非常符合礼仪,甚至被看做是一种上层生活的表现。

4. 传承性

前面我们说过任何国家的礼仪都具有自己鲜明的民族特色,任何国家的当代礼仪都是在本国古代礼仪的基础上集成、发展而来的。礼仪作为一种人类文明的积累,将人们在社会关系中的习惯作法固定下来,流传下去,这不是短暂的社会现象,更不会因为社会制度的更替而消失。离开了对于本民族、本国家既往礼仪成果的传承、扬弃,就不会有现代礼仪。这是礼仪的传承性特征。

5.可操作性

礼仪的可操作性要求礼仪规则简明、便于操作、易学易会。礼仪不能是纸上谈兵、不着边际、夸夸其谈，不能为虚伪而礼仪，为造作而礼仪，为礼仪而礼仪，而应该既有总体上的礼仪原则、礼仪规范，又在具体的细节上有方式、方法，并通过这些方式、方法将礼仪的原则和规范加以贯彻，落到实处，使礼仪“言之有物”。礼仪在公共关系操作中的目的之一是形成互动，礼仪具备可操作性，易记易用就容易形成良性互动。公关人员切记，在任何情况下违背交际对象意愿的繁文缛节，即使能够表达对于对方的敬意和友善，也往往容易造成“善花结恶果”、“好心没好报”的情况。因此礼仪以简便易行、容易操作为第一要旨。

(二)礼仪的原则

学习和运用礼仪，有必要在宏观上掌握一些具有普遍指导意义的礼仪规范，我们称之为礼仪的原则。

1.平等原则

现代礼仪中的平等原则指的是以礼待人，有来有往，既不能盛气凌人，也不能卑躬屈膝。虽然礼仪在具体运用的时候，允许因人而异，根据不同的交往对象，选择具体的方法，但是，必须强调的是：在尊重交往对象这一礼仪的核心点上，对任何对象都必须一视同仁，给予同样程度的礼遇。不能因为交往对象彼此之间的年龄、身份、社会地位、文化程度、职业、收入、种族、财富、亲疏关系等等方面有所不同，就厚此薄彼，给予不同的礼遇，这就是礼仪中平等原则的基本要求。

平等原则是现代礼仪的基础，是现代礼仪区别于以往礼仪的最主要的原则。实践中贯彻平等原则，不仅要具有平等观念，而且还要讲究艺术。有一位教授在延安见毛主席，主席拿出纸烟来招待他，可是不巧纸烟就剩下一支了。这位教授想：“主席怎么办？自己吸不请客人吸，当然不好；请客人吸，自己不吸，客人肯定不会同意。”而毛主席将这支烟分成两半，一人一半。主席的随和、诚恳和亲切，使这位教授非常感动，终生难忘。毛主席运用艺术的交际方法，将这种尴尬的事情处理得礼貌而又亲切，给人以平等、诚恳的感觉。

2.尊重原则

孔子说过：“礼者，敬人也。”所谓的尊重原则就是指在人际交往中，与交往对象既要互谦互让，相互尊重，友好相处，更要将重视、恭敬、友好地对待交往对象放在首要位置。只有参与社会交际的人都能相互尊重，人与人之间的关系才会融洽和谐。

在礼仪中有关对待交际对象(他人)的做法，比对待自己个人的要求更为重要,这是礼仪的核心和重点。而对待他人的各种做法的重中之重,就是要常存敬人之心,不可失敬于人,更不可伤害他人的人格和尊严。公关人员掌握了这一点就掌握了礼仪的灵魂。要想通过礼仪的形式体现对交际对象的尊重,应该从以下几个方面入手:

(1)态度热情。与人交往要热情而真诚。热情的态度意味着对交际对象的隆重接纳,会给对方留下受欢迎、受重视、受尊重的感觉,这些都是礼仪的初衷和要旨。当然,热情不能过火,这个我们在以下章节会专门讲到。

(2)照顾对方的自尊心。人都有一定的自尊心,失去自尊,对于一个人来说是很痛苦,甚至是难以容忍的事。所以在人际交往中我们要注意照顾交际对象的自尊心,伤害别人的自尊是一件严重失礼的行为。

(3)给他人机会。要允许他人表达思想、发表意见、表现自己。每个人都有表达思想、表现自己的愿望。社会的发展,给每个人提供了张扬个性的广阔空间。丰富的个性色彩和多元的思想共存,是现代社会区别于传统社会的一个基本特征。现代礼仪和交际艺术,要求我们要尊重他人的思想观点和个性,并适时给对方以展现的机会。要知道,一个有交际经验的、善于交际的人,是一个懂得给交际对象表现机会的人。

3.遵守原则

在交际中每一个交际的参与者都必须以礼仪规范自己在交际活动中的一言一行,自觉、自愿地遵守礼仪,任何人不论地位高低、财富多少、职权大小,都有自觉遵守公德、应用礼仪的义务,否则,就会受到公众的指责,自己的交际就难以成功。这就是遵守原则。对于礼仪,公关从业人员不仅仅要学习和了解,更重要的是要运用、要付诸实践,没有这一条礼仪就谈不上应用。

4.诚信原则

诚信原则,是指我们对于交往的对象要真诚无欺、以诚待人、诚心诚意、表里如一。只有这样,我们在表达自己对于交往对象的友好和敬意的时候,才会更好地被对方理解和接受。倘若把运用礼仪作为一种伪装,一种道具,甚至把礼仪等同于“厚黑学”,在礼仪操作和公关实践中口是心非、两面三刀、表里不一,则完全背离了礼仪的宗旨,是肯定行不通的。

在人际交往中,只有诚实守信才能够得到别人的信任,而这种信任在公关实践中是非常重要的。《韩非子》里记载着一则“智子疑邻”的寓言,为什么同样的提醒主人提防盗贼,可是邻居和自己的孩子的提议给主人的主观感受却大相径庭呢?这里面除了血缘关系影响了人们对于客观事物的公正判断之外,另一个很重要的原因就是“信任”使然。当我们信任一个人的时候,就会想:既然是他(她)说的,应该不会错。而相反,我们不信任一个人的时候,往往会想:既然是这个人说的,肯定靠不住。所以常常是别人信任你,才认为你是对的。因此,在人际交往中,必须取得别人的信任才会取得成功,而诚信待人是取得别人信任的前提。

5. 自律原则

前面我们提到,总体上看,礼仪规范是由对待他人的做法和对待自己的要求构成的,对待个人的要求就是自律,这是礼仪的基础和出发点。学习、运用礼仪最重要的就是要自我约束、自我控制、自我要求。“己所不欲,勿施于人”。对自己没要求,不求慎独、克己礼仪就无从谈起。同时,人们的普遍自律意识也是衡量一个国家、一个民族礼仪文化素质和文明程度的标志。1997年日本广岛亚运会闭幕式结束后,6 万人的体育场竟然没有留下一张废纸。1998 年法国世界杯,赛会方由于门票丑闻,使得数千交了钱的日本球迷抵达图鲁兹球场后不能进场,但这些人没有闹事,而是服从安排,通过大屏幕观看比赛。在比赛结束后,当日本输给克罗地亚队后,日本的球迷一边流泪,一边向法国的工作人员鞠躬致谢,同样没有人泄愤闹事。更让人感动的是,场地内同样没有一点垃圾,所有的废弃物均被日本人装进自备的塑料袋带走了。这些自律的行为为日本人赢得了广泛的礼仪尊重,以致有外国报纸撰文惊呼:“可敬可怕的日本民族!”

6. 宽容原则

宽容就是心胸宽广。“海纳百川,有容乃大”,能够设身处地为别人着想,能原谅别人的过失,是一种美德,也是现代人的一种礼仪素养。礼仪的宽容原则是要求我们在交际活动和公关实践中,运用礼仪时,既要严于律己,又要宽以待人。人际交往中切不可求全责备,过分苛刻,要能够包容你的交际对象,体谅对方,理解对方。要容许他人有个人行动和独立判断的自由,只要不是原则上的错误,不是大是大非问题,就没有必要斤斤计较,更没必要钻牛角尖。前面我们讲过人际交往要尊重他人,很多时候尊重他人就是要尊重他人的选择权,对不同于己的行为耐心容忍,不要求别人时时处处和自己保持一致,实际上就是尊重对方的表现。另外,宽容的心胸还能使我们在人际交往中广交朋友、广结善缘,甚至把不利因素转化为有利因素。美国总统林肯在竞选期间经常受到芝加哥人茅谈尖刻的批评,甚至辱骂,而林肯在当选后却为茅谈在大饭店举行了一个欢迎会。欢迎会十分热闹,会上林肯对并不很宽容的茅谈十分宽容,给予了他很多的荣誉,之后,茅谈变成林肯的“死党”和终生的朋友。

7. 从俗原则

各国、各民族由于国情不同、文化背景不同,在礼仪的规范和具体的操作上存在着差异。所谓“十里不同风,百里不同俗”,对待这一现象要正确认识,不能以自我为中心，唯我独尊，夜郎自大，简单地否定他人不同于己的做法；也不可少见多怪，目中无人，指手画脚，随意批评，否定他人的习惯做法。坚持入国问禁、入乡随俗，与绝大多数人的习惯保持一致，这就是从俗原则。遵守从俗原则，会使我们的礼仪应用更加得心应手，有助于人际交往。

8. 沟通原则

在人际交往中一般都会经历从接触到了解，从了解到沟通，从沟通到互动的过程。因此沟通是互动的桥梁。现代礼仪要求我们在与他人交往时，既要了解对方，也要为对方所了解。礼仪的核心是"尊重"，重要目的是"互动"，而要表达你对交际对象的尊重，达到互动的目的，就必须了解你的交际对象，并被你的交际对象所了解，这些都需要通过沟通来实现。

9. 适度原则

适度原则是要求我们在应用礼仪的时候，为了保证取得成效，必须注意技巧，合乎规范，更要特别注意把握分寸，认真得体。凡事过犹不及，运用礼仪做过了头，"假客气"、"穷讲究"、"装洋蒜"，往往达不到我们预期的交际效果，甚至会造成相反效果。比如，我们说人际交往要热情真诚，可是热情过了火，就会给人以虚伪和缺乏诚意的感觉。礼仪运用过了头，和礼仪不到位一样都不能正确表达对交际对象的友善和敬意，因此，礼仪必须恰如其分。

10. 审美原则

之所以把审美标准作为现代礼仪的一个原则，是因为审美的结果指导着礼仪的操作。审美的结果是社会进步的反映，礼仪在某种程度上就是反映了人们对于人际交往的审美结果。礼仪的使用和操作是为了建立良好的人际关系，形成社会关系的和谐和统一。因此，礼仪的规范必须符合社会的普遍审美观点，我们在人际交往中也应该以真、善、美的要求构建和设计自己的人际关系准则，并将其作为一种生活准则。

(三)礼仪的作用

古人云："国尚礼则国昌，家尚礼则家大，身尚礼则身正，心尚礼则心泰。"礼仪作为一种行为规范和行为模式，在人类社会生活的各个方面发挥着极其重要的作用。礼仪使我们生活更有秩序，使人际关系更为和谐。礼仪更是一个人乃至一个民族文明程度的体现。尽管在漫长的历史长河中礼仪的内容和形式一直发生着这样那样的变化，但是礼仪始终是人类生活不可或缺的重要组成部分之一。

当前，礼仪之所以受到社会各界的重视，主要因为礼仪的多种功能既有利于个人，又有利于社会。

1. 人际交往的润滑剂

一个人要同他人打交道，就不能不讲礼仪。运用礼仪可以规范人们的交际活动，更加有效地向交往对象表达自己的尊重、友善，促进彼此之间的了解和信任，也能使自己在交际过程中充满自信、胸有成竹、处变不惊，有利于构建良好、和谐的人际关系，帮助人们取得交际的成功。

从心理学的角度上来看，人在交际之初，由于交往的双方相互不十分了解，因此不可避免地会彼此产生某种戒备心理和距离感。如果这时交往的双方都能做到礼仪有度，则可以消除彼此的心理隔阂，拉近双方的距离。

注重礼仪，无疑会增加交际对象的好感，从而为以后的进一步交往奠定良好的基础。《史记·留侯世家》记载的张良"圯桥进履"的故事就说明了礼仪在人际交往中的重要作用。张良在博浪沙刺杀秦始皇失败后逃匿到下邳。一天，张良在圯水桥上碰见一位老者，老人故意将鞋子丢到桥下，并让张良把鞋子捡回来。出于尊老的想法，张良欣然从命，并恭敬地跪下给老人穿好。老人约张良五天后一早桥上见面，张良跪下答应。五天后张良天一亮就去赴约，可老人已经先到了，他指责张良："小子，赴老人之约，怎么可以迟到？五天后再来！"五天后张良天不亮就去了，还是落在老人后面。老人让张良五天后再来，这次张良第四天的半夜就到了桥上，老人很高兴地说："孺子可教。"并把《太公兵法》传给张良，助其成为一代政治家、军事家，成为"初汉三杰"之一。可见礼仪是社会活动和交际的润滑剂，是联络人们情感的纽带，是沟通人际关系的桥梁。通过完备的礼仪，可以联络人与人之间的感情、协调各种社会关系，正如伊丽莎白女王所说："礼仪是一封通行四海的推荐书。"

2. 个人修养、素质的晴雨表

人际交往中，礼仪经常是衡量一个人修养、素质的准绳。礼仪不仅反映一个人的交际技巧和应变能力，而且反映一个人的气质风度、阅历见识、道德情操、精神风貌。因此，通过一个人的礼仪运用程度，可以知道此人的教养高低、文明程度、情趣修养和道德水平。

此外，礼仪也可以美化操作者自身。"授人玫瑰，手有余香"，个人形象是一个人的仪表、举止、表情、谈吐、服饰等的集合，而礼仪在这些方面都有详细、规范的要求。因此，学习和运用礼仪将有益于人们更好地设计个人形象和维护个人形象，充分展现个人良好的教养与优雅的风度，这就是礼仪美化自身的功能。美化自身进而美化生活，这也是礼仪的重要作用。

3. 组织形象的窗口

礼仪是企业组织的重要内容之一，一个具有良好礼仪文化氛围的组织，其组织的信誉、人员的素质是最容易被公关对象所了解和接受的。人员的文明素养与组织的未来发展更是密切相关。现在，许多外商在国内投资和商务合作时，不但重视企业厂房、资源、设施这些"硬件"环境，而且越来越重视企业员工诚实信誉、优良品格和良好风貌这些"软件"因素，因为这种"软件"的环境可以更真实、直观地反映员工文明修养水平的真实情况。

改革开放之初，我们很多企业不懂得这个道理，在对外交流合作中走过不少弯路，交过很多"学费"。国内一家医疗设备厂，准备和外商签订长期合作协议，该厂的厂长在业务洽谈的过程中，精明强干、业务精通、思维严密，给外商留下了深刻的印象。签约前一天参观车间时，这位业务能力很强的厂长就因为一口痰使得合作事宜就此夭折。外商在给这位厂长的信中写道："……您在车间里吐痰的一幕让我彻夜难眠。恕我直言，一个厂长的卫生习惯可以反映一个工厂的管理素质。况且，我们今后将生产用于注射的输液管，贵国有句成语说得好：人命关天！请原谅我的不辞而别，否则上帝会惩罚我的……"通过这个实例我们可以印证一条公关准则："公关无小事"。组织形象是大事，然而组织形象又是通过许多小事、各个员工的素质体现出来的。在举手投足间，是否拥有礼仪，能否讲文明、懂礼貌，已成为衡量人们修养水平的尺度。一个组织的文明程度是与组织员工的文明水平密切相关的，它依赖于每个员工的学习和修养。组织员工掌握了礼仪知识，用礼仪沁润心灵，规范言行，提高个人素质、修养，进而提高整个组织整体的文明水准。

4. 社会主义精神文明建设的助推器

礼仪属于文化范畴，是构成社会精神文明的基本要素，是人们观察、了解精神文明建设的着眼点，也是净化社会风气的有效措施，更是反映个人教养的礼仪，人类文明的标志之一。一个国家，一个民族礼仪水平如何，直接反映着这个国家和民族的文明程度。《管子》中有这样一句话："礼义廉耻，国之四维。"管子将礼仪列位国家立国的精神支柱之一，其突出的社会作用不言自明。《荀子》中也有："人无礼则不立，事无礼则不成，国无礼则不宁。"可见遵守、应用礼仪，将有助于净化社会空气，提升个人乃至社会的精神文明方面的品位。讲究礼仪的行为是文明行为，而文明行为是人类历史发展的产物和要求。我们倡导礼仪，倡导文明，是以人与人之间的平等关系为原则，以对人的关怀、尊重为基础的，要求人们努力做到内在心灵美与外在语言、仪表美的和谐统一。礼仪礼貌反映了社会文明程度及公民的精神面貌，同时又作用于道德建设，形成一种具有普遍约束力的道德力量，礼仪要求社会成员按社会的期望将自己的言行纳入符合时代之礼的轨道，使人们自觉地按照社会效益，选择符合社会时代风尚的言行，唾弃陋习。因此礼仪是促进社会主义精神文明的重要力量。

5.成功的重要因素

礼仪的重要作用还在于它是成功的重要因素。现代社会,社会分工日益加强,要取得成功,单枪匹马是不行的。所谓"一个好汉三个帮,一个篱笆三个桩",良好的礼仪形象不仅有助于顺利地被交际对象接受,从而达到交际目的,同时还有助于我们培养积极的心态,养成高度的自制力和高超的领导才能,建立良好的心态和自信心,塑造迷人的性格。礼仪可以使你看起来充满热情和友善、富有合作精神、身心健康,这些都是成功不可或缺的因素。1990 年美国 Syracuse 大学管理学院研究人员对《幸福》杂志所列的 100 家大公司的高级执行经理和人事主管进行了全面的调查。调查结果显示,美国 96% 和英国 93% 的公司经理一致认为礼仪和个人形象对于获取成功非常重要。美国总统尼克松在 1961 年参加美国总统大选,结果惜败给肯尼迪,就和礼仪、仪表有关。当时大多数美国人认为尼克松是仅次于总统艾森豪威尔的美国政坛第二号人物,在竞选前的民意测验中尼克松以 56∶44 的优势领先于肯尼迪。但在电视辩论中,面对七千万美国电视观众,尼克松由于车祸初愈显得疲惫憔悴、萎靡不振,服饰也松松垮垮,他的对手肯尼迪则衣着合体,精神饱满,气宇轩昂,结果肯尼迪以微弱优势战胜了尼克松,取得了胜利。可见,机遇和成功偏爱讲究礼仪的人。离礼仪多远,你就会离成功多远。

(四)礼仪的操作

具体运用现代礼仪的时候,我们还会经常遇到这样的问题:应该如何进行具体的礼仪操作呢?

礼仪的操作是礼仪理念和方法的统一,礼仪操作时理念为先,倘若我们在礼仪操作时理念是错误的,那么礼仪操作的出发点就是错误的,礼仪操作再周到也是徒劳无益的。

我们讲过礼仪以"尊重"为基本理念,具体操作就是把这一基本理念转化为礼仪行为的过程。这就要求我们在礼仪操作的过程中摆正位置、调整心态。首先,人际交往中每一个人都有自己的位置,都要扮演特定的角色,而且每个人的具体位置、角色往往还不断变化。礼仪操作的过程中,关键要明确自己当前的位置和角色,不越位、不错位、不失位,这样才能正确地运用礼仪。其次,要调整好心态。人际交往中智商和情商同样重要,在运用礼仪进行人际交往的过程中,每一个人都要调整好心态,因为对自己的工作生活、人际关系而言,心态往往决定一切。

调整心态,首先是要"接受对方",就是说在人际交往的过程中,要善意地接受交际对象一切合理的选择。公关人员必须明确在人际交往中,严于律己和宽以待人同等重要。尊重他人,在某种程度上就是尊重他人合理的选择。要在公关实践中体现“尊重”的礼仪理念,“接受对方”是我们首先要进行的心态调整。其次,要注意“换位思考”、“和而不同”,前面我们讲过礼仪的特性决定了礼仪在人际交往中,不仅内外有别、中外有别,甚至国外和国外也不一样,而且礼仪人人有别、事事有别、时时有别。既然操作礼仪强调“以对方为中心”,我们就必须时常进行换位思考,这样才能了解交际对象的需要,而选择正确的礼仪。同样,由于文化、风俗、宗教、地理等因素的不同和交际双方心态、理念、目的的差异,我们要在人际交往中取得成功,就不能将自己的礼仪标准和礼仪判断强加给对方,只有坚持“求同存异”、“君子和而不同”的心态,才能真正地为自己打造出一种良好的人际环境。

礼仪操作的另一方面是必须掌握有效的方法。一般而言,主要是“什么不能做”和“什么需要做”两个问题。有学者归纳为“有所不为”和“有所为”的问题。

在礼仪的操作中必须明确“有所不为”。就是在具体的礼仪操作的时候,首先要注意什么事情不能做,比如,不能说什么话、不能做什么事等等。这些问题不出错,不仅可以使自己避免“出洋相”的尴尬,而且还可以避免失礼于他人。“有所不为”是礼仪操作中我们所要尽量注意避免的,而“有所为”则是我们礼仪操作所努力的目标。“有所为”就是具体礼仪操作的时候,应该了解“需要如何做”和“怎样做得更好”,比如,应该如何讲话,应该怎么做等等。在“有所为”的问题上尽力而为,就会令我们的礼仪操作好上加好。

本章小结:

所谓礼仪是由一系列表现礼貌的具体礼节构成的系统的、完整的过程,是指在人际交往中,自始至终以一定的、约定俗成的程序、方式来表现的律己、敬人的完整行为过程。礼仪的起源有很多说法,中国古代哲学家先后对礼仪起源从多个角度进行了论述,产生了需求起源说、伦理起源说、饮食、男女起源说、风俗起源说等观点,现代学者则大多倾向于祭祀起源说。西方礼仪并没有强烈的教化功能,但是也经历了从奴隶制礼仪到封建制礼仪再到资本主义礼仪的过程。

现代礼仪从内容上来讲,是由礼仪的主体、客体、媒体和环境等四项基本要素所构成的。礼仪的主体,指的是礼仪活动的操作者和实施者,它既可以是个人,也可以是组织。礼仪的客体,也是礼仪的对象,是指礼义活动的具体指向和承受者。它可以是人,也可以是物;可以是物质,也可以是精神;可以有形,也可以无形;可以具体,也可以抽象。礼仪的主、客体既对立又依存,且在一定条件下可以相互转化。礼仪的媒体,是礼仪活动所依托的一定媒介。礼仪媒体实际上是礼仪内容和礼仪形式的统一。礼仪媒体是由人体礼仪媒体、物体礼仪媒体、事体礼仪媒体等构成的。但在具体礼仪操作时，不同的礼仪媒体往往交叉、配合使用。礼仪的环境，是礼仪活动得以进行的特定时空条件，分为自然环境和社会环境。

与其他学科相比，礼仪具有规范性、地域性、时代性、传承性、可操作性等特点。

在宏观上具有一些普遍指导意义的礼仪规律，我们称之为礼仪的原则。主要的礼仪原则有：平等原则、尊重原则、遵守原则、诚信原则、自律原则、宽容原则、从俗原则、沟通原则、适度原则、审美原则等。

当前，礼仪之所以受到社会各界的重视，主要因为礼仪的多种功能既有利于个人，又有利于社会。首先，礼仪是人际交往的润滑剂。运用礼仪可以规范人们的交际活动，有利于构建良好、和谐的人际关系，帮助人们取得交际的成功。其次，礼仪是个人修养、素质的晴雨表。人际交往中，礼仪不仅反映一个人的交际技巧和应变能力，而且反映一个人的气质风度、阅历见识、道德情操、精神风貌，通过一个人的礼仪运用程度，还可以知道此人的教养高低、文明程度、情趣修养和道德水平。第三，礼仪是组织形象的窗口。礼仪是企业组织的重要内容之一，人员的文明素养与组织的未来发展更是密切相关。第四，礼仪是社会主义精神文明建设的助推器。礼仪是构成社会精神文明的基本要素，是人们观察、了解精神文明建设的着眼点，也是纯净社会风气的有效措施。礼仪是反映个人教养的礼仪，人类文明的标志之一，是促进社会主义精神文明的重要力量。最后，礼仪是成功的重要因素。

礼仪的操作是礼仪理念和方法的统一，要坚持正确的礼仪理念。要以“尊重”为基本理念，在礼仪操作的过程中摆正位置、调整心态。调整心态，首先是要“接受对方”。其次，要注意“换位思考”、“和而不同”。礼仪操作的另一方面是必须掌握有效的方法。一般而言，主要是“有所不为”和“有所为”的问题。“有所不为”就是在具体的礼仪操作的时候，要注意什么事情不能做。“有所为”就是在具体礼仪操作的时候，应该了解“需要如何做”和“怎样做得更好”。

思考与训练：

1. 礼仪的起源说主要有哪些？
2. 什么是礼貌？什么是礼节？什么是礼仪？
3. 礼仪构成的基本要素是什么？
4. 礼仪的主要特点和原则是什么？
5. 什么是礼仪的主要作用？
6. 大学生应该如何学习、运用礼仪？

第二章　公共关系的基础概念

公共关系是信誉的竞争，形象的竞争，更是民心的竞争。

本章要点：

由于公共关系是舶来品，中国国内存在着对公共关系了解的一些误区，本章描述这些对公共关系了解的误区和国内外的经典定义，阐述公共关系的含义、公共关系的本质属性和公关的相关概念，讲述公共关系的职能。

第一节　公共关系的含义

“公共关系”一词来自英语 Public Relations，简称 PR。Public 有两种译法：一种是“公共的、公开的”，一种是译做“公众的”。Relations 是 Relation 的复数形式，译为关系、交往等，这里的关系是指多种多样的关系网，而不单指一种关系。综合两个英语词汇的内涵和特点进行分析，将 Public Relations 译为“公众关系”更为确切。因为不同的社会组织，由于其业务特点不同，工作对象不同，会面临不同的公众对象，从而形成不同的公众关系。同一个社会组织，由于不同时期工作的重点不同，也会使其面临着不同的公众，形成不同的公众关系。但因“公共关系”已约定俗成并广为流传，因此这里也称“公共关系”。

通常意义上，公共关系是指一种有目的的传播行为，虽然传播行为在人类原始社会就已产生，但是公共关系的真正产生也不过是 20 世纪初的事情，因此公共关系的发展历程还不是很久远，作为一门新兴学科还存在许多被世人误解的地方。

一、实践中对公共关系的几种误解

(一)公关人员以美女为主

爱美之心,人皆有之。但是目前很多组织在进行公关活动的时候以美女开路,导致公关队伍的"美女化",公关小姐几乎成了公关人员的代名词,社会上也以此来评价公关人员,这给公关的正确发展造成了障碍。学理界对这种现象也颇有微词,这种公关实践给人们造成一种错觉,以为公共关系就是公关小姐。

在公关活动的开展中,或许外貌仪表是一个方面,但更需要的是敏锐的思维,丰富的知识,灵活的技巧和雄辩的口才,靠多方面的能力去感染对方。因此公关并不是脸蛋公关,而是智力公关。

(二)公关手段庸俗不堪

一些组织设立公关部门,在聘请公关经理或公关人员的时候不是看重其是否读过公共关系的相关课程,是否有这方面的能力,而是能说会道,酒量大就可以了。因此有人将公关比作"吃饭公关",这是一种庸俗公关,是以吃、喝、玩、乐等手段拉拢人,借此建立一种酒肉关系网,而不讲政策原则,所以这根本不是公共关系。正确的公共关系也注重请客吃饭,但是它把吃饭当作是一种必要应酬,前提是不违背社会公众利益,讲究公共关系原则。毕竟公关人员是普通人,也注重人与人之间的情感和友谊,并将这种感情和友谊融入公关活动的方方面面,比如公关活动中就有宴请对方、接待对方等,能增进沟通和交流,加深友谊。

(三)公关活动的名人效应

名人效应在公关活动中盛行不衰,组织在举行公关活动时总是花费较多的财力邀请名人或者领导,给这个送礼,给那个送礼,但实际意义可能不大。如果能将名人的出场费切切实实地用在需要帮助的公众身上,那起到的效果会好很多,意义会持久很多。

其实对于组织的公共关系来说,最重要的是做到企业公民应尽的职责,向社会贡献自己的心意,提供满意的服务,讲究信誉,做力所能及的事情。

二、公关关系的经典定义

公共关系发展的历史短暂,相关学科建设较晚,学术界对公共关系的定义界定有多种说法,比较经典的定义有以下几种:

(一)管理说

这是美国公共关系研究和教育基金会的哈洛博士收集了从 20 世纪初期到

1976年之间所写的有关定义，确定了每个定义里的主要要素，抓住了核心的观念，在分析了472个定义后，给公共关系下的定义。他认为“公共关系是一种独特的管理职能，它帮助一个组织建立并维持与公众之间的交流、理解、认可与合作关系；它参与处理各种问题与事件；它帮助管理部门了解民意并对之作出反应；它确定并强调企业为公众利益服务的责任；它作为社会趋势的监视者，帮助管理部门掌握情况的变化，帮助企业保持与社会变动同步；它以良好的、符合职业道德的传播技术和研究方法作为基本的工具”。

这个定义过于冗长，但是对公共关系的基本内涵已经表达清楚，而且突出了公共关系中管理的本性。

（二）传播说

英国学者弗兰克·杰弗金斯在《公共关系》一书中认为公共关系是“一个组织为了达到与它的公众之间相互了解地确定目标而有计划地采用一切由内向外的传播方法的总和。”

这个定义突出了公共关系的传播特性，但他仅仅只是指出了由内向外的传播，而忽略了公共关系的传播应该是双向的传播和沟通。单向的公关传播只能是宣传和说服性传播，比如新闻宣传，而公关强调的是双向传播，即传播的相互交流、相互关系和相互理解。

（三）关系说

美国普林斯顿大学希尔滋教授认为“公共关系是我们所从事的各种活动、所发生的各种关系的统称，这些活动与关系都是公众性的，并且都有其社会意义。”

这一定义强调了公共关系中的关系概念，指出了公共关系在活动中所涉及的关系的多样性。

（四）咨询说

国际公共关系协会在1978年8月提出的对公共关系的定义是“公共关系是一门艺术和社会科学，公共关系的实施是分析趋势，预测后果，向机构领导人提供建议，履行一连串有计划的行动以服务于本机构和公众利益。”

这个定义将公共关系定位在咨询的基础上，指出了公共关系的一个职能，但并没有将公关的概念全部涵盖进去。

（五）形象说

该说法强调公共关系是社会组织为了塑造组织形象，通过传播和沟通手段来影响公众的科学与艺术。

这个定义指出了公共关系的宗旨就是为社会组织树立组织的良好形象。

三、目前国内对公共关系的理解

根据我国的国情和背景，国内有些学者开始对公共关系这个舶来品结合我国的具体情况给出了一些定义，典型的有以下几种：

(1)王乐夫等的《公共关系学》指出："公共关系是一种内求团结、外求发展的经营管理艺术。它运用合理的原则和方法，通过有计划而持久的努力，协调和改善组织机构的对内外关系，使本组织的各项政策和活动符合于广大公众的需求，在公众中树立起良好形象，以谋求公众对本组织机构的了解、信任、好感和合作，并获得共同利益。"

(2)毛经权的《公共关系学》提出："公共关系是一个组织运用各种传播手段，在组织与社会公众之间建立相互了解和信赖的关系，并通过双向的信息交流，在公众中树立起良好形象和声誉，以取得理解、支持和合作，从而有利于促进组织本身目标的实现。"

(3)居延安的《公共关系学》指出："公共关系是一个社会组织在运行中，为使自己与公众相互了解、相互合作而进行的传播活动和采取的行为规范。"这个定义将公共关系理解为一种公众关系，一种传播活动，一种信息交流关系。

(4)张雷在《公关理论精要》中认为："公共关系就是社会行为主体与其相关的个人、群体和组织之间形成的相互制约、相互影响、相互促进的状态，公共关系活动就是社会行为主体为赢得社会理解、建立社会声誉、改善社会生存环境、争取社会各方支持的努力。"

结合公关界对公共关系的经典定义和我国国内学者对公关的概念理解，可以概括出这些定义的共同要素，从而表明公共关系是：

(1)实施一项有计划的长久的方案作为组织进行管理的一个部分。

(2)处理组织与公众之间的关系。

(3)调整公众利益和组织利益，制定调整两者之间相互冲突的政策、程序和行动。

(4)监测组织内部与外部的意识、意见、态度和行为。

(5)确定组织和各类公众之间的双向传播。

(6)塑造组织在公众心目中的良好形象。

四、公共关系的基本含义

综上所述，可以尝试着给公共关系下这样一个定义：公共关系是社会组织借助传播达到与公众的双向沟通，建立并维护组织和公众之间互惠互利关系以树立社会组织良好形象为目的的一种管理职能。

在这个含义中，包括了公共关系内容的基本要素：

(1)公共关系的主体是社会组织，客体是公众，两者的中介是传播。这也是公共关系的三要素，社会组织是公共关系活动的发起者和组织者，公众是公关活动的对象，也关系着组织的生命。组织和公众之间的联系是通过传播这一手段，使双方做到相互了解和信任。

(2)主体和客体之间存在双向信息交流关系，主体发送信息给客体，客体将信息和反应反馈给对方，有控制管理职能。

(3)公共关系以建立并维护组织和公众之间互惠互利关系为精神上和职业道德上的基础。

(4)公共关系的目的明确，通过双方的相互了解来塑造组织的良好形象，达到组织与公众的共同利益的维护。

第二节 公共关系的相关概念

一、公共关系的本质属性

(一)关系性质

很多人在实践中往往把公共关系与人际关系、社会关系混淆在一起，这使公共关系学的研究对象更加难以确定，要了解公共关系，首先必须把公共关系、人际关系与社会关系作一个区分。

1. 公共关系与人际关系

(1)人际关系

人际关系是指社会成员之间通过人际交往而发生的关系，这种关系的建立决定于双方的兴趣、爱好、价值观念和审美情趣等，而且人际关系并不是社会性的，而是私人性的。当然随着个人兴趣、爱好、品味的改变，人际关系也会随之发生改变，比如原先是好朋友的也可能变为一般朋友，只是因为双方的价值观和人生观发生了改变，因此人际关系是一种较为自由的和轻松的关系，不会受到社会强制性规范的影响和压力，当然它也不是完全的自由，也会受到社会道德和自身良心的制约。

(2)人际关系与公共关系的区别

在理论与实践中一直存在着将人际关系与公共关系混淆的困扰，公共关系在一定程度上通过直接或间接的人际关系来体现,但公共关系与人际关系有所不同:公共关系是以一个社会组织为支点,主体是组织,建立与其相关的各种公众对象之间的网状关系;人际关系是以个人为支点,主体是个人、人群,建立与其他个人之间的线性关系。

公共关系的客体是公众;人际关系的客体是人与人群。

公共关系是为了实现特定社会组织的目标去交朋友,结良缘,并树立组织的良好形象;人际关系是为满足个人的需要去交往、去塑造个人的良好形象。

公共关系在交往上,运用一切手段进行传播,如人、报纸、刊物、广播、电视等,有人际传播,也有大众传播,其交往可以是大范围的;人际关系主要运用人际手段的传播,主要是面对面的直接人际传播,其次是电话、书信的间接传播,范围较为狭小。

公共关系的产生基础主要是业务的关系;人际关系的产生基础是人与人之间的血缘、地缘、趣缘。

(3)人际关系与公共关系的联系

公共关系中的主体是组织,组织有时是人际关系中的正式群体。

公共关系的大部分内容实际上采取了人际关系的交往形式,公关运用人际传播为手段之一,比如个人可以作为组织的代表与公众发生联系,个人的仪表、情感、情趣、价值观等都会影响到社会组织的形象。

公共关系是从广义的人际关系演化而来的,公共关系理论的发展与人际关系理论的发展是互相促进,共同发展的。但随着时间的推移和公共关系的发展,人际关系越来越难以包容公共关系,公共关系将成为更加独立完整的领域。

2.公共关系与社会关系

(1)社会关系

马克思曾对社会关系从两个方面提出定义,一种是他认为"社会关系的含义是指许多个人的合作",另一种是认为"社会关系是生产关系,生产关系总合起来就构成为所谓社会关系,构成为所谓社会"。由此人们更多的是从人的社会性这个层面去了解社会关系,因为个人赖以生存的社会有三种基本关系形式,即个人与国家、个人与团体、个人与家庭,而社会关系就是指社会使用政治制度、经济制度、法律、道德、纪律、家规、族规、风俗和习惯等等强制性力量来规范这三者关系。比如子女对父母的赡养,父母对子女的照顾都是属于这种强制性规定的社会关系。

(2)社会关系与公共关系的区别

公共关系是以一个社会组织为支点,主体是组织,建立与其相关的各种公众对象之间的网状关系,如组织与顾客的关系;社会关系是个人与国家、个人与团体、个人与家庭的关系，如公民与国家的关系，上下级的关系。

公共关系的特点是契约性，属于既自由又限制的领域，而社会关系的特点是强制性，一旦违背就会受到法律或纪律等强制惩罚。

公共关系是为了实现特定社会组织的目标去交朋友，结良缘，并树立组织的良好形象；社会关系是为了保护社会的正常运转和发展，以保护个体的生存。

公共关系的产生基础主要是业务的需要；社会关系是天生的，人一出世就注定在某种社会关系里，古希腊哲学家亚里士多德曾说过“人注定是天生的政治动物和社会动物”，为了人类的生存，才设计出了可以保护社会的法律、制度、道德、纪律等。

(3)两者的交叉关系

社会关系和公共关系在一些具体关系中是交织在一起的。比如组织内部的员工关系，首先应当肯定它是一种社会关系，因为员工要受到强制性的组织的规章制度的制约，处在典型的上下级关系之中。但是员工又可以以工会的形式向领导提出意见，比如工资要求，组织制度等，因为员工关系的部分内容是通过签订劳资双方的聘任合同的契约而定的。公共关系学中的说服、诉求可以用到社会关系上，但只能起到辅助作用，不能代替法律和制度。

所以公共关系的“关系”性质特指组织与公众之间传播沟通的关系，组织需要运用传播手段促使自身的生存和发展，协调与社会各方面的关系，以适应社会环境的发展和变化，这也是研究公共关系的起点。

(二)职能性质

很多人不明确公共关系到底是做什么的，在实践中对公共关系活动又存在着那么多的误区，因此了解清楚公共关系的职能是十分必要的，这有助于正确开展公关工作，实现公关活动的目标。

简言之，公共关系就是管理组织与公众沟通的对象、手段、目标等基本要素。

1.对象

组织需要通过公共关系活动实现与公众之间的信息的沟通，把组织希望告知公众的内容都传播出去，这些对象内容包括与组织相关的信息、舆论、形象等无形资产。因此公关的重要使命是搜集信息、传播信息、反馈信息，了解公众对组织的意见、观点和口碑，将组织的整体素质和综合水平展现出来，树立良好的形象。

2.手段

公共关系活动借助的手段毫无疑问就是传播了，公关利用一切传播手段来完成任务，包括亲身传播、人际传播、组织传播、大众传播，借助广播、电视、杂志、报纸、网络等各种媒体。有人认为公共关系主要是通过营销手段，在实践中去支撑市场营销，推出新产品和新服务，宣传它们的用途和促进各方面的销售战略。但是营销基本的目标是确定公众的需要，提供产品和服务满足那些需求，因此其基本责任是满足顾客需要赢得组织的经济目标，而公共关系涉及范围广泛的关系和各类公众群体，包括顾客公众，员工公众，社区公众，媒介公众，政府公众等等，它更关注组织的长远利益。营销和满意的顾客有助于建立和维护与其他各类公众的良好的关系，因此对组织而言，营销和公关是不同的两种管理职能，营销并不是公关活动的手段。

3. 目标

公共关系的目标正如它的定义所指出的那样，是要调整组织与公众的关系，使组织的核心资产达到最大化，树立组织在公众心目中的良好形象。比如养生堂在2006年3月份推出的新的茶饮料"农夫茶"时，请韩国深受欢迎的"大长今"李英爱做形象代言人，并以她的名义为贫困儿童基金会捐款，在贫困地区建立李英爱小学，而且在杭州的钱江晚报上做了一系列的报道，举行了新闻发布会，并请读者去新闻发布会现场与李英爱面对面交流，这些都在无形中提升了组织的形象，实现了组织的公关目标。起到了很好的传播效果。

(三)学科性质

公共关系是舶来品，最早是在19世纪末的美国盛行的，实践先于理论的发展，到20世纪初美国才开始有学者研究公共关系的理论。到目前为止，人们对公共关系学性质的认识尚无统一的看法。比较一致的看法是公共关系学是一门综合性、交叉性的社会应用的边缘学科。它涉及哲学、社会学、心理学、逻辑学、新闻传播学、管理学、舆论学、广告学、经济学等等基础性学科和应用性学科。

国内对公共关系学的学科性质有几种观点：

1. 公共关系学是管理学的一部分

因为公共关系具有对组织的管理职能，该观点学派重点研究组织的传播管理和信息管理。

2. 公共关系学是社会学的一部分

公共关系的主体是社会组织，是社会的一个子系统，必然与社会有千万种联系，该观点学派侧重研究社会组织的管理行为。

3. 公共关系是传播学的一个应用领域

公共关系活动以传播为手段，必须遵守传播规律，因此公共关系学需要研究传播活动和各类传播的特性，如何解决传播中出现的各种问题，比如对组织的不良舆论，如何运用传播进行解决，该观点学派重点是研究社会组织的传播活动。

所以综合起来看，公共关系学是现代管理学的分支，现代社会学的发展，现代传播学的应用。公共关系学是这几者的交叉融合，侧重各部门之间的信息管理，组织自身各部门关系和外部各类公众的关系研究，并研究如何控制舆论和利用改变舆论。

二、公共关系学的分支概念

（一）公共关系状态

公共关系首先呈现的是一种状态，这种状态是不以人的意志为转移的客观存在，比如组织与公众之间保持良好的公关状态，公众对组织的产品质量、服务等的良好评价，组织与公众之间关系和谐、融洽，彼此相互了解和信任，就是一种平衡且良好的公关状态，组织自身应明确意识到这种状态的存在，并自觉地为这种状态的保持或改善进行公关活动，因此公共关系状态是公共关系活动的基础，也是公关活动的结果。比如组织通过调查发现目前公众对组织的评价不是很高，社会舆论一致认为组织的整体素质不是很高，员工的服务态度不好，这时组织要马上自觉意识到这种公关状态对整个组织的生存是不利的，应该提出解决对策，改善这种状态。

古代社会也有类似的公关状态，比如西周时提出的“防民之口，甚于防川”，也有改善与老百姓的关系，促进统治者统治的良好意愿，但那个时候这种观念的提出并不是真正意义上的公关状态，只能算作是一种自发的公共关系状态，统治者作为主体并没有明确意识到有公共关系状态的存在，只是为了维持统治而提出的，并不是自觉地想要改善这种公关状态。

良好的公关状态是组织生存和发展的基础，也是公关活动要追求的，只有达到组织与公众的互相理解、互相合作，才能保证组织在竞争中的胜利，不良的公共关系状态使组织与公众之间失去信任，组织丧失信誉，公众对组织持厌恶、怀疑、甚至是敌对的态度，这时给组织的危害是非常大的，极有可能导致公关危机。

因此，首先要了解清楚组织处于什么样的公关状态，再进行相应的公关活动。一般，评价组织的公共关系状态有两个指标，一是知名度，一是美誉度。知名度是指公众对组织的认知和了解程度，美誉度是指公众对组织的信任、赞许的程度。高知名度、高美誉度对组织而言是状态最好的，而高知名度低美誉度是最糟糕的公共关系状态。在改善公共关系状态的时候，要注意知名度一定要以美誉度为基础，才能保证组织的发展，而美誉度又必须以知名度为条件，两者达到和谐统一。

(二)公共关系活动

公共关系又是一种活动，是公关主体为了改善自身的公共关系状态而采取的行为。任何一个公关主体为了保证其与公众的良好关系，必须不断调整政策，采取相应的行动支持良好状态的持续。从一个组织的接话员态度，门卫的形象，成员的表情和姿势，到组织召开新闻发布会，举行某项大型活动，处理意想不到的危机事件，都是属于公共关系活动。

公共关系活动可以分为两类，一种是属于那些任何社会组织成员都能做到的事情，这些都是日常事务，比如接待顾客投诉、安排例行会议、接听电话、迎来客往等等，这些都可以从细节来展示员工的素质和组织的形象。

还有一种是专题性公关活动，它是需要完整的计划和长时间的筹备才能进行的活动。比如组织进行新产品的发布，召开新闻发布会，公关危机处理，赞助活动等等。

不论是哪种公关活动，在活动中都要把握好真诚、平等、互利互惠的原则，满足公关双方的需要。

(三)公共关系观念

观念是抽象的，无形无影，看不到，抓不住，是人类的一种主观思想意识，人类受观念的支配，在观念的支配下产生行为，公共关系的观念影响、制约着社会组织的政策和行为，因此从这个角度讲公共关系观念体现着组织的经营观念和管理程序，支配着社会组织的公共关系活动的实践。

1. 公众至上

公众是公共关系的客体，是公共关系活动的重要对象，社会组织要塑造良好形象，必须赢得公众的信任和忠诚。对组织来说，树立公众观念是非常重要的，在公关中，公众观念表现为公众利益至上，组织要重视公众的利益，了解公众的需求和意愿，注重公众行为数据库的整理和更新，分析归纳公众需求以更好地开发改进产品等，将其作为组织决策和行动的根据。

现代社会组织众多，要在如此众多的组织中脱颖而出吸引公众的注意，必须要与公众保持和谐的关系，从公众本位的角度出发，维护公众的利益。比如在发生危机的时候，以保护公众的利益为第一原则，向公众提供充足的信息，以保证公众知情权。目前很多企业在企业价值观上都体现了公众的重要性，把公众放在第一位，如 IBM 的口号就是“用户至上，一切为用户服务”。如果有组织不注重公众的力量，往往会导致危机的发生，影响组织的生存和发展。

2.形象塑造

目前很多企业都在研究“形象经济学”，把形象当作重要的经济因素考虑，在公共关系中，形象的意义就更加重要，因为公共关系的根本目的就是为了塑造组织的良好形象。公关观念中的形象观念就是指组织作为主体在进行决策和行动时要重视自身的信誉和形象，为塑造形象而努力。

现在很多组织虽然有形象观念这个意识，但并没有把它落实到行动之中。事实上，形象观念在组织日常工作中的体现更为重要，比如员工的仪表仪容，言谈举止，领导者的工作效率和领导风范，产品的质量问题等等，都反映出组织的形象观念是否贯彻到位。

3.传播到位

传播是公共关系的手段，要进行公关活动离不开传播，传播是否运用恰当直接关系到公关活动的成功与否。组织的经营者和管理者要有强烈的沟通欲望和传播意识，利用适当的媒体和一切传播机会去吸引公众。

因此组织的领导者要掌握传播的基本知识，了解各种媒体和传播方式的优劣，在进行公关活动时要借助传播，同时找到正确的传播方式，这样能使公关活动达到事半功倍的效果。比如进行公关策划活动时遵循传播的真实性和客观性原则，可以借助媒体造势，引发轰动效应，弘扬文化，支持公益，但要避免一味追随商业逻辑，过度炒作，违背传播的原则和规范。

4.协调发展

世界上一切事物都是相互联系的，发展的各种要素、各种力量、各个方面既相互依存、相互促进，又相互制约，协调贯穿于事物发展的全过程，渗透于发展的方方面面，协调不好，就发展不好甚至发展不了。这对组织而言也是十分适用的道理。组织是社会的一个子系统，存在于整个社会当中，存在于各类公众当中，组织只有协调好与社会、与各类公众的关系才能顺利发展。

协调发展要求组织在公共关系中要解决矛盾，协调各方的利益和关系，学会如何在矛盾中求和谐，在动态中求平衡。其实对于组织而言，矛盾无处不在，组织经常会与顾客、媒体等发生关系或产生一些摩擦，这时必须要有协调意识，将各方利益协调好。

随着社会环境的变化，时代的变迁，公众的观念和需求也会发生变化，组织要学会适应时代潮流，协调好各种观念的碰撞。组织只有在协调中发展，在发展中协调，才能实施健康、有序、优质、高效、全面而又持久的发展。

5.互惠互利

组织在与公众发生各种关系的时候要保持利益的一致性和共同性，达到双赢或者多赢,能够互惠互利,满足彼此的需要。公共关系活动其实都是在寻找利益的平衡,组织和公众都有自己的利益追求,利益沟通和协调是组织要完成的任务,对于组织来说要寻找组织和各类公众的利益结合点,并把公众的利益放在至高位置。只要组织处理得好就能做到互惠互利。比如组织如果与媒介关系良好,对两者来说都是有利的,媒介可以把组织当作新闻发布源,从组织那获得最新的信息,组织也可以借助媒介及时把要发布的信息传播出去,同时收到反馈信息,在遇到危机的时候还可以求助媒介的帮助,因此与媒介的关系是组织非常看重的,这也是双方利益双赢的体现。

6.服务至上

服务行业毋庸置疑要注重服务的质量,服务意识至上,对非服务行业,服务理念的树立同样重要,是否有服务意识关系到组织能否获得公众的信任和好感。因此组织要有对社会和他人的奉献精神,担当起重要的社会职责,做好企业公民的角色,如保护环境,关心教育等。

当然以上关于公共关系的各种观念之间也是互相渗透的,不管怎样,作为社会组织,应从小处和大处着眼,自觉树立起各种公关观念,以此作为决策和行动的指导,将各种观念落实到行动中去。

(四)关系概念

前面已经对社会关系、人际关系、公共关系有所阐述,关系的概念也是属于公共关系的分支概念之一。关系是组织与公众之间相处和交往时相互作用和相互影响的行为和状态。前面对关系已有具体描述,这里仅作简单解释:公共关系中的"关系"本质其实是一种利益关系,组织与公众之间是以利益作为纽带的,两者的关系程度也能反映出一定的组织形象,如果组织与某一公众群体是相互理解、信任和融洽的,那么组织的形象就好,相反,如果两者是彼此淡漠而且是对抗的,组织的形象就需要改善。

(五)舆论概念

舆论这个概念与公共关系的相关性也比较大,传播学上,舆论是指绝大多数社会公众对某一事物或问题的公开表达的一致的意见和看法。公共关系学将这个概念引用过来,是指社会公众对组织的政策、行为、人员、产品或服务等所形成的(比较一致的)看法和意见的总和。舆论是社会公众发起的,因此舆论和公众关系之间是相等价的,有什么样的公众关系就有什么样的舆论方向,对组织而言,最重要的就是保持对组织有利的舆论,努力改善对组织不利的舆论,在没有舆论的情况下适时地创造舆论。

比如当一个律师面对一个杀人嫌疑犯,虽然确定他并不是真正的杀人犯,但社会大众一致认为他就是杀人犯，舆论对这个杀人嫌疑犯来说是非常不利的，这时就要靠律师改变这种舆论的能力了。同样对组织也是一样，当绝大多数社会公众一致认为组织的产品质量不过关，导致舆论对组织形象产生很大的破坏作用时，组织就要调查当时当地的公众舆论，了解公众关系，再针对性地提出对策，使舆论的指向朝组织有利的方向改变。

(六)形象概念

形象一词在当今社会中对个人、组织和国家而言都是耳熟能详的一个词语，企业形象关系着企业的生死存亡。如美国的可口可乐、麦当劳、宝洁，欧洲的西门子、诺基亚，日本的松下、丰田，中国的海尔、长虹，几乎全球都家喻户晓，这完全是靠“形象”的提炼，这里的形象就相当于是无形资产，一笔企业巨大的无形资产。

形象概念与社会组织的公共关系有何关联呢？公共关系的目的是追求自身形象这一无形资产的提升，公共关系最重要的内容就是通过公关营造企业形象。比如娃哈哈赞助贫困地区的儿童上学，比如湖南电视台和蒙牛联合举办的“超级女声”，选手们代表了蒙牛所要传达的新时代的女孩独立、自信、热情的形象，从而也塑造了其良好的企业形象和品牌形象。再比如养生堂农夫山泉主办的支援水源地贫困孩子的读书，这些都从一个侧面反映了现代组织对形象的高度关注和投入。而公共关系正是组织形象塑造的最有利工具。因此，我们要了解形象这个概念所包含的东西。

形象在公共关系学中指社会公众对组织的总体特征和行为表现的认知和评价。企业的形象好就意味着组织的关系和舆论状态都良好。

1. 形象的本质是组织的信誉

组织的信誉是组织形象的核心内容和本质，体现在组织的经营管理和服务中。组织的信誉是组织长期积累形成的，并非一蹴而就，因此信誉是组织的无形资产，要好好维护。如果一个组织机构有良好的信誉，对外能吸引更多的公众群体，对内能招聘到优秀的人才为组织所用，就能增强组织的凝聚力和归属感。

组织的信誉来自组织的精神风貌和诚信。组织的精神风貌包含了组织的价值观、风格等，一个组织的精神风貌良好，对组织成员的努力工作和创造力等有直接影响。而组织的诚信更能体现组织的信誉。诚信其实是五千年中国文化史的缩影，是中国一项重要的道德标准。特别是在市场经济体制下，如何处理市场经济与诚信的关系是很重要的，目前很多组织都在建立诚信机制。诚信就是实现承诺，做到言必行，行必果，对于企业来说，企业的业绩固然重要，但更要考察这一企业的诚信，缺乏诚信的企业，永远无法获得长久兴盛。

2.组织的整体形象

正如上所述,社会组织应该将建设和完善组织形象的内涵放在首位,然后构建组织形象的外观。当然,组织在塑造组织形象的时候要注意组织的整体形象,而不是个别形象。

组织的整体形象包括:

(1)产品形象:是指通过产品反映组织的形象,包括产品的质量、功能、外形、名称、商标、包装、价格等构建的形象。这属于组织形象的构成基础,因为公众对组织的认识最早就是从组织生产的产品开始的,公众最早接触的应该就是通过购买或者使用组织的产品,对组织产生第一印象。

比如可口可乐的几种产品系列给人感觉都不同,可乐给人热烈的情感,矿泉水给人淡雅的感觉,雪碧是凉爽的,各种产品都给人以新鲜感,提升了产品的竞争力和形象力。产品的包装也是很重要的,以国外依云矿泉水为例,它的瓶型设计就很有特点,因为它的瓶很容易压扁,这样在回收垃圾时不会占很大的空间。

(2)人员形象:是指通过组织的人员的品行、仪表、仪态、工作能力、职业道德、精神风貌和服饰等构建的组织形象。包括组织的决策者的形象,管理者的形象,一般员工的形象。比如对整个学校而言,学校的人员形象就建立在学校的管理者、教师、学生、后勤等人员的素质、品行上。

人员形象是组织中最具活力的形象,人员素质好,给公众的印象好,就会提升组织整体形象。因此现在的各类组织都十分关注员工的成长和学习,在组织内办培训班,或专门请专家学者进行讲座,提升员工的素质和修养,让员工处于不断接受新知识的状态之中。

(3)服务形象:指通过组织的服务行为和服务观点所构建的组织形象,包括服务的广度、宽度、态度、效率、服务规范、仪表仪态等。比如服务行业都提倡的微笑服务,虽然不是很难,但很多企业都做不到或做不好。服务形象是国内现代社会组织提升自身形象空间较大的一个领域。

现代形象竞争很大程度上是服务的竞争,公众觉得谁的服务好就对谁产生信任,尤其是目前各行各业竞争激烈,通过提高服务质量赢得竞争胜利是一个比较好的策略。

(4)环境形象:即通过组织及相关的环境设施所展现的形象,是组织的硬件形象。包括组织的绿化、标志物、整体布局、建筑物等。建筑物也包括建筑物的空间设计、外部景观、表面装饰、内部装潢和设备等给公众的整体印象。

比如商场环境形象就比较重要,商场的门面装潢、商场内的空气、湿度、温度、绿化装饰、空间大小、货架摆放、灯光亮度等等都影响到顾客的购物心情,因此环境形象越好越能吸引公众的关注，当然不能过度把重心放在环境的布置上，重轻不分。

(5)文化形象：是公众对组织特定文化所形成的认知和评价。包括组织的价值观念、管理观念、历史传统、企业精神、先进人物、职业道德、规范、口号、重大事件等构成组织的文化系列，是组织的软件形象，它不是一蹴而就的，需要长期积累，不断进行挖掘、丰富和完善。

比如宝钢的企业文化形象就包括：

企业宗旨：创造财富，奉献社会。

企业目标："三高一流"——高质量、高效率、高效益，创世界第一流产品。

企业精神：(最高概括)继往开来，团结奋进。继往开来——一是热爱宝钢、热爱祖国的主人翁精神；二是善于学习、敢于创新的进取精神；三是从高从严、一丝不苟的苛求精神；团结奋进——一是顾全大局、互相协作的团结精神；二是奋发向上、勇攀高峰的创一流精神。

(6)标识形象：即该组织区别与其他组织的标志等识别系统所展现的组织形象，能够帮助公众识别和记忆组织的形象。包括组织名称、品牌、商标、徽记、标准字体、标准色彩、包装风格、主题曲、主题词等。

比如太阳神的标志人字形托起一个太阳，就曾经在公众心目中留下深刻印象，主题曲"当太阳升起的时候我们的爱天长地久"成为脍炙人口的一首歌。

(7)组织的自我期望形象和实际社会形象

如果公众对以上形象要素有较好的评价，那么组织的实际社会形象是良好的，如果组织自身觉得在形象策划方面已经考虑得非常周到，而且在实践中也已经做得不错，确定社会公众的认知和评价和组织自身一样，这时组织的自我期望形象就比较好。但是有可能组织所期望的与社会公众实际的评价是不同的，所以组织要调查了解这两者之间是否有差距存在。

组织的自我期望形象就是社会组织希望留给公众的整体形象，实际社会形象是社会组织实际留给公众的整体形象。组织应了解清楚这两者是否完全一致，这有助于组织作出正确的决策。

3. 形象必须通过传播活动去影响公众的观念和态度，这种传播活动靠理性说服和情感诉求去影响对方，最主要就是做到思想沟通和情感交流

很多组织以情感服务赢得众心，就是因为看到这种说服方式的力量，在公众中树立良好的服务形象、员工素质、文化形象等等，让组织形象塑造得比较完美。比如麦当劳的Q+S+C+V，就很好地体现了这点。Q代表了品质，S代表了服务，C代表了干净整洁，V代表了价值。

三、公共关系的三个基本要素

从公共关系的定义就可以知道公共关系由三个完整的要素组成,包括社会组织、公众和传播。这三个要素在公共关系活动中是组合在一起的。

(一)公共关系的主体——社会组织

社会组织是人们有目的有计划地组建起来的一种社会机构,是执行一定的社会职能、完成特定的社会目标、构成一个独立单位的社会群体,也是公共关系的主体以及承担者、组织者、实施者。它决定了公共关系的状态、活动、发展方向。

组织根据性质不同可以分为以下几类:

1. 经济组织

主要是以赢利为目的的社会经济性组织,比如企业、银行,保险公司等。这是最常见的社会组织类型。要组建一个经济组织,必须要有以下几个条件:

(1)人的条件:要有一定数量、较为固定的成员。人是成立企业的必要要素,人是企业的劳动者也是决策者和管理者,要具备一定的智力和体力,人直接影响着组织的运行。

(2)物的条件:要有一定的物质设备,有了设备才能进行产品的生产,同时还要有固定的营业场所,与周边的公众结成社区关系。

(3)内部组织条件:作为一个组织要有明确的社会目标,这是社会组织生存的根本原因。同时还要有规范的行为规章制度,对组织人员的言行举止进行约束。还要有组织的权力分配结构,也是员工的分工合作,这样有利于组织管理的有序性。

(4)外部条件:一定意义上说组织的运行也由其环境决定,组织要在适应环境的同时主动改变环境,实现人与环境的互动。

2. 文化组织

主要是满足人们的各种文化需求而建立的社会团体,如学校,科研单位等。这类文化组织也需要公共关系。学校公共关系的发展是因为民办学校的出现,对生源的竞争,教师的竞争,资本的竞争,因此公共关系在学校的价值越来越明显。国外许多大学的管理者首先都是出色的公关师,能为学校的发展创造良好的环境和条件。

3. 政治组织

主要是在政治领域里的组织,如政府,政党,军队等。作为这些政治组织同样也要意识到公共关系的价值,目前几乎每个政府、政党都十分关注自身形象的塑造，把“施政爱民，创新、务实、廉洁、高效”作为政府的公关形象目标，加强政府管理的民主化和工作的透明度，加强对公务员的改革和素质的提升，这些都是对公关形象的重视。在国外一旦到了大选，各政党之间就会使出浑身解数使用各种公关方式，树立自己的良好形象，吸引公众投票。

4. 其他各种组织

综合了不同类型的社会关系而形成的社会组织，比如基金会等。目前各种基金会也必须借助公关才能实现其目的，因为基金会众多，竞争激烈，有争取捐助的竞争，志愿者的竞争，领导者的竞争等，因此希望通过公共关系来塑造基金会的良好形象，创造基金会发展的有利条件。

(二)公共关系的客体——公众

简单说，公众就是公共关系工作的对象，组织运行中涉及的与组织有利益相关的个人、群体和组织的总和。社会组织形象的评定者是公众，他们是哪些人组成的？他们的特征是什么？都是组织要掌握的资料。

1. 由对公众的定义可以简单了解一下公众的特征

公众范围广，包括个人、群体、社会组织都可以成为公众；公众有同质性，因为他们有共同的问题需要解决，比如对使用某一产品的质量问题，对某一组织的人员服务问题等；公众与主体有利益相关性，正因为公众面临的问题是主体给的，那就需要主体进行解决，维护公众的利益。

2. 目标公众的确定

组织在进行公关活动时必须先确定目标公众，再对其进行研究，才能制定正确可行的公关活动。组织公共关系的内容可概括分两大部分，内部公共关系和外部公共关系。外部公关是为了争取更多的外部公众对组织的理解和信任，从而为组织在外部公众中建立起良好的信誉和形象；而内部公关的目的则在于谋求内部公众的团结和协作，从而提高组织内聚力和竞争力。因此可以将目标公众确定为几类：

(1)内部公众，是指组织内部沟通和传播的对象，是以组织内部全体成员为公众群体的，包括决策层、管理层和员工层。对内部公众进行公关活动可以增强组织的内聚力和外张力。

(2)顾客公众，是指购买和使用本组织提供的产品或服务的个人、团体或组织。消费者公众与组织的经济利益直接相关，只有消费者的购买和使用才能维持组织的资金周转，让组织生存下去。

(3)媒介公众，指的是新闻传播机构以及其工作人员，包括电视台、报社、杂志社等。媒介公众的身份较为特殊，它具有双重性，既是重要中介，又是重要公众对象,因此很多组织都为如何与媒体打好交道而努力。

(4)政府公众,指的是政府各行政机构及其官员和工作人员,即组织与政府沟通的具体对象。与政府公关状态良好,对组织的发展是十分有利的,政府的认可和支持是最具权威性的高度的认可和支持。目前国外企业进入中国内地时看重政府关系,把政府公众放在第一位,打通政府关,才能正式进入中国国内。

(5)社区公众,是指组织所在地的区域关系的对象。企业的经营活动在某种程度上直接或间接依赖社区的贡献,比如交通、水电供应、治安、消防等,良好的社区关系有助于组织的生存环境和组织的公众形象的建立。

(三)公共关系的手段——传播

传播学上给传播下的定义是:传播是信息、思想或观念的交流过程,是人与人之间的信息传递与分享。作为公关的手段,传播是连接组织和公众的中介和桥梁,也是公关的过程和方式,公关活动需要进行组织与公众之间的信息交流,才能取得双方的理解合作。

因此,公关传播是指社会组织通过各种传播媒介,采集与组织有关的信息并将这些信息传递给社会公众,影响公众的态度,形成组织与其公众信息双向交流的过程。组织在进行信息传播时,要了解整个传播的过程和各种传播方式的特点。

1.公关传播的过程

一般的传播过程是传播者通过传播媒介将信息传递给受众并调查所取得的效果或反馈,将这些反应的信息作为下一步行动的依据。

公共关系传播的过程与此相似,简单说,就是公共关系的主体以社会组织作为传播者,通过各种传播媒介,包括大众传播、组织传播、人际传播、自我传播等,将组织发出的信息传递给目标公众,最后收集公众对信息的反馈,调查公众通过这一信息的传播在态度和行为上是否发生改变,是否朝着组织预期的方向发展。了解公共关系传播的过程,有助于组织在公关传播中增加主观能动性,使传播达到组织希望的效果,让公共关系主体准确把握公众对组织的真实态度,通过传播让公众了解自己、信任自己,使组织的预定目标易于实现。

2.公共关系传播的类型

社会组织进行公共关系传播,有几种主要的传播类型:

(1)自我传播:这是个体对信息的自我传递、交流的过程,如思考、回忆、思维等,传者和受传者都是一个人。作为个体的公关人员需要不断进行自我反思和自我交流才能有利于公关工作的进展。

(2)组织传播:主要是组织内部的信息交换,谋求组织的凝聚力和团队精神。在组织内部还分为上行传播、下行传播和平行传播。上行传播是由下往上传播,下级将工作信息和组织信息等传递给上级,比如董事长接待日,报告等。下行传播是从上往下传播,组织一般通过内部杂志报纸电视和广播台以及内部网络将信息沟通的渠道建立起来。平行传播是平级之间的信息交流过程,比如组织内的竞赛、聚餐等都是比较好的沟通方式。

(3)团体传播:是在特定情景下人数不多的一群人按一定的聚合方式所进行的信息传播方式。在公关传播中经常见到的是新闻发布会、记者招待会、座谈会、参观、考察,介于组织和人际传播之间,传者和受者面对面,但不是一对一。

(4)人际传播:是属于个人与个人之间信息交流方式,比如打电话、写电子邮件、接待客人等都属于人际传播方式,信息的交流和反馈都是相当快的。

(5)大众传播:是最为普及的传播方式,通过报纸、广播、电视、杂志等大众传播媒介有目的的对广泛的受众所进行的信息传播过程。它的特点是:受众分散,影响面大,但信息反馈有限。公共关系要运用大众传播,必须了解各种传播媒介的特性,发挥媒介组合优势。

(6)网络传播:是利用第四媒体因特网进行信息传播。网络传播具有超越时空限制,能发送海量信息且互动性强等特点。网络传播孕育者无限的潜能,作为公关传播,应充分利用网络技术为自己所用,公关面临一个新的传播中介,网络公关传播将大有可为。

第三节 公共关系的职能

公共关系以塑造组织形象为目标,为实现这一目标,需要开展许多具体活动和工作,这些形成了公共关系的职能范围。了解公共关系的职能,对公共关系活动的正常有效地开展是十分重要的。当然随着公关实践的发展,公关的地位和职能不断在提高与发展,公共关系的职能是什么直接关系到公关部门的职能定位,随着企业形象竞争与公关专业化发展以及当代公共关系发展特性的要求,企业公关部的职能定位也越来越得到重视。

公共关系的职能复杂多样,国内外学者对此都有研究,但看法并非完全一致,理论上的公关职能与实践中的公关部门的职能也存在着一些差距。

同时还要注意职能与作用是不一样的,不能混淆。职能是指人或组织应该具有的职责和功能,公关职能就是公共关系机构或公关人员的职责和功能。而作用是一种客观的结果，是具体行为产生的效果，公共关系职能的结果才是其作用的体现。本节主要讲述公共关系在公关活动中的职能。

一、搜集信息

公共关系的第一步工作就是从搜集信息开始的。信息从传播学上讲是指消除不确定性的东西，在公关中信息的内容广泛，特别是在经济全球化的今天，社会组织若要进入国际市场参与国际竞争，要有长远的战略眼光，需要收集世界各国的政治、经济、文化、科技、民族的风俗习惯、传统意识等信息。对组织而言，公共关系要搜集的信息主要有：

(1)政治信息，包括国家和政府的政策、立法、决议等与政治相关的信息。组织作为社会的子系统，与整个社会和国家是分不开的，那就必须了解整个大环境的宏观信息，掌握最新信息，以便及时根据国家和政府政策等的变化调整自己的经营方向。

(2)组织信息，包括组织形象的信息，组织的运行情况的信息等。组织形象是由产品形象、人员形象等各个要素构成的，上节已对此有详细讲述，这里要阐述的组织信息主要是通过调查各类公众对组织的评价而得来的，比如公众对组织领导者领导能力、机构设置等的评价，对组织管理水平的评价，对组织一般员工的职业道德、工作能力、服务态度等的评价，对组织产品的评价，以及调查组织目前的经营状况的信息及将来发展的可能空间的信息。

(3)社会信息，包括社会的变化趋势，公众的消费倾向信息，社会环境信息等。组织生活在一个社会环境中，对周边的信息要有敏锐度，善于搜集组织环境中的各类社会信息。

信息搜集后，需要分析其对组织的影响，充分利用其中有利的信息，也要重视对组织不利的信息，想出对策。

二、传播沟通

这一职能是指组织如何通过各种媒介运用各种传播方式，把组织有关信息及时有效准确地传播出去，与各类公众做好双向沟通，争取公众对组织的了解和信任。

企业应该通过公关部门与比较重要的公众沟通。比较重要的公众很多，比如客户、消费者、媒体、政府，甚至公司内部的员工，也是比较重要的受众。

(一)内部传播沟通

企业管理的一个成功要素，就是如何将企业正确的战略以正确的方式传达下去，转变成作业层面的正确的行动。公共关系在这里的传播沟通职能就是如何将企业战略目标以正确的方式向正确的人做正确的传达，然后转化为真实的行动，并将行动后真实的情况迅速反馈到战略的决策层，决策层根据实际情况做相应的变化和调整。

由战略到行动，取得战略的成功必须落实到人，而真正去行动的人是组织的员工，因此与员工做好沟通交流是十分必要的。除了由上往下的下行传播外，组织领导者也要重视由下往上的上行传播。现在国内的一些企业在内部交流方面还是一种从上到下的方式，很多管理者并不想倾听底下员工的意见，觉得员工的反馈是没有任何价值的，但这只是他们的错觉，员工的反馈意见对组织是很重要的，他们作为一般员工做一些基层工作，在看待问题的角度上和发现的问题上与领导者有所不同，他们的意见也有借鉴意义。

公共关系在内部传播沟通上要起到中介作用，一方面，公关人员要做好上行传播，利用各种渠道将组织员工对组织建设的看法、意见、意愿等积极向领导汇报，另一方面，做好下行传播，让员工遵守组织的规章制度，了解组织的经营方针、目标等，消除上下级之间的矛盾，做到上下级的和谐相处。同时，在平级部门之间要加强信息的沟通，相互配合好工作。

如果是一个上市公司的话，在内部传播沟通中还有一个重要公众就是股东，企业公关要和股东保持良好沟通，保证公司的股票不会降价。

(二)外部传播沟通

客户、消费者、媒体、政府、社区等作为组织重要的外部公众，组织也应该通过传播沟通与他们加强外部联系。

比如和社区保持良好的关系的话可以做很多公益的活动，也可以进行一些慈善活动，比如说为希望小学捐款，为受害者捐款，这也是社会关系中很重要的活动。

组织公关部需要互相沟通的群体是非常多的，政府、媒体、内部员工、客户、股东(上市公司)等，这些都是公关部所面临的目标公众，公关需要与这些目标公众保持长期有效的沟通，因此公关部需要建立一个最有效的传播机制，实现最好的传播沟通职能。

多种工作任务都能实现传播沟通的职能，比如撰写新闻发布稿，提供媒体信息；接触联络新闻媒体，让他们发表有关组织的新闻稿、安排记者招待会、组织开放日，周年庆典活动等专题公关活动。

三、协调关系

社会组织在运作中必然会同现实环境和各类公众发生或多或少的摩擦和

矛盾，能否减少这种摩擦和矛盾决定了组织是否能顺利发展。因此组织应当使用各种方法将摩擦和矛盾降低到最低，而其中进行公共关系活动是比较好的方法，这也是公共关系协调职能的体现。公关协调关系的职能分为内外两个方面，搞好组织内部和外部的各种关系，协调联络组织与内部员工、媒体、社区、政府和其他相关公众，可以让组织与现实环境相适应，促进组织的发展。

(一)内部关系协调

组织内部有各种关系，最常见的就是平级同事关系，上下级关系，虽然各人各司其职，但是因为彼此之间有工作联系，而每个人因为认知的不同和利益上的冲突，对工作观点看法见解等不同，再加上信息沟通的不通顺，各部门、各个同事之间势必会产生各种矛盾，公关人员要出面就要协调各方关系，将各部门团结起来，配合领导的工作，增加组织的凝聚力和向心力，使各部门之间协调工作，而不是一盘散沙。

(二)外部关系协调

组织在社会中要生存和发展是不可能孤立的，必然与各类外部公众群体发生联系，但是如果组织与公众发生纠纷等事件，对组织的发展是不利的，而且相对内部关系，外部关系涉及的范围更大，比如与政府发生摩擦，因产品质量问题与顾客发生纠纷，污染社区环境而与社区发生矛盾等等，因而公共关系要更注意外部关系的协调工作。公共关系做好组织与外部关系的有效协调与沟通，可以为组织建立和谐的社会环境。

四、决策咨询

决策咨询职能是公共关系人员搜集有关舆论、社会发展趋势、社会新现象、政治和立法、媒体报道等信息，把这些信息提供给组织领导层，并就如何解决组织面临的危机向他们提出建议，协助拟定和选择决策的方案和职能。

目前公共关系的这个职能在国内还不是很明显体现出来，一般情况下组织把公共关系的职能简单定位在收集信息和传播沟通上，比如撰写新闻稿，领导的发言稿，年度报告，维持组织与政府、与各方利益主体的良好关系，而这些仅仅是在从事“文字匠”的工作，公关人员被排除在管理层之外，不参与组织的战略方案的制订，这是对公关职能的不完整看待。其实，组织的公关部应该担当起管理者的角色，成为组织管理层的一部分，而不仅仅是联络者和传播者。公共关系要参与决策的制定，要进行战略思考，将自己的职能向“战略管理”和“参与决策”这一职能定位的核心方向努力发展。

随着社会的发展和人们生活水平的提高，以及外资企业的进入，企业的经营环境和竞争环境变化很大，公共关系的职能由原来的只做技术性的文字工作和策划工作应该进一步发展深化，辅助组织管理者和决策者，参与决策制定。如何使公共关系的职能向参与决策的方向发展，就要做好各方面的工作。首先，从理论上对公共关系的职能进行正确的定位，不能对公关从业人员造成误导；其次，整个公关行业应该加强交流，包括与国外成功的公关部门和公关公司进行接触，学习借鉴他们的经验；最后加强公共关系从业人员的素质和能力，转变观念，具备研究发展趋势和问题分析的能力，学会进行战略思考，为组织提供咨询和决策的意见。

以上各种职能是属于公共关系的主要职能部门，当然社会组织的规模和范围不同，公共关系职能的侧重点也会有所不同，但基本上还是遵循以上各职能，并期待随着环境的变化有更好的职能的发展。

中国企业正在向国际化迈入，与国际接轨，公共关系将会在现有的基础上有更好的发展前景，在企业的生存和发展中被赋予新的使命。对公共关系职能的重新理解和设置，对公关部门进行正确的定位，将公共关系的职能完全发挥出来，将有利于企业在国际竞争中取得胜利，加强中国企业在国际竞争中的地位。

本章小结：

公共关系在当今飞速发展的社会中已成为一种普遍现象，成为一种有目的的传播行为，许多组织运用公共关系来塑造组织自身的形象，建立信誉。从公共关系引进中国以来，人们一直存在着对公共关系的误解，把公共关系当作是一种美女或者名人行为，或者只是一种简单的人际关系，这给公共关系在实践中的运用造成一定的障碍。在本章中首先分析了目前社会对公共关系的误解，真正了解公共关系的本质。公共关系发展至今，学界对其概念的解释有很多种各有其精辟之处，最典型的就是管理说、传播说、关系说、咨询说和形象说，这几种解释各自阐述了公共关系的某一方面特征，总结这些概念，给公共关系下一个相对明确的定义，即公共关系是社会组织借助传播达到与公众的双向沟通，建立并维护组织和公众之间互惠互利关系以树立社会组织良好形象为目的的一种管理职能。这个定义中包括公共关系的三个基本要素即公共关系的主体是社会组织，客体是公众，两者的中介是传播，以达到双向信息交流的关系。

在概念澄清中要区分几种比较容易混淆的关系，包括公共关系与人际关系，公共关系与社会关系。人际关系是指社会成员之间通过人际交往而发生的关系，这种关系的建立决定于双方的兴趣、爱好、价值观念和审美情趣等；社会关系是生产关系，生产关系总合起来就构成社会关系，当然这几者之间也有联系交叉点存在。本章中对公共关系的职能性质也有一些阐释，了解其职能有助于正确开展公关工作，实现公关活动的目标。公共关系的对象内容包括与组织相关的信息，舆论，形象等无形资产，传播方式包括亲身传播、人际传播、组织传播、大众传播，借助广播、电视、杂志、报纸、网络等各种媒体，希望达到的目标是调整组织与公众的关系，使组织的核心资产达到最大化，树立组织在公众心目中的良好形象。本章对公共关系的学科性质也有简单的介绍，由于公共关系属于管理学的一部分，社会学的一部分，又是传播学的一个应用领域，因此公共关系是一种交叉学科。

在公共关系具体实践中要掌握公共关系状态、公共关系活动与公共关系观念，树立起公众至上、形象塑造、传播到位、协调发展、互惠互利和服务至上的观念，这些观念树立与否并是否在实践中运用进去，直接关系到公共关系能否达到预期的目标。本章还提出关系、舆论、形象三个与公关息息相关的概念，着重对公关的三个基本要素：公共关系的主体——社会组织，公共关系的客体——公众，公共关系的手段——传播进行深入的阐释，以更好地理解公共关系的概念。对公共关系的职能包括搜集政治、组织、社会等信息，内外部的传播沟通和协调及决策咨询等进行了具体的阐述，以此希望能对公共关系在实践中的职责和功能有更深刻的理解。

思考与训练：

1. 在实践中公共关系的误区是什么？
2. 公共关系的基本含义是什么？
3. 公共关系观念是什么？
4. 公共关系与人际关系、社会关系的区别是什么？
5. 公共关系的职能是什么？

第三章　公共关系与礼仪

恭谦有礼，人人欢迎。

——托马斯·福特

本章要点：

礼仪是处理公共关系的一种重要的技术手段。公关场合，懂得和操作公关礼仪会使公关人员受到更广泛的欢迎和尊重。公共关系是公关人员的一张“特别通行证”。但是公关礼仪有别于一般人际交往礼仪的地方，主要表现在：行为主体不同、注重内容不同、目的不同、适用范围不同等四个方面。公关礼仪具有塑造形象、信息沟通、协调关系、联络感情等作用。公关礼仪的要求从人员修养的角度来说主要是自觉诚恳、注重社会效益、严禁、尊重等原则；从效益要求的角度来说主要是重视礼仪、强调第一印象、明确总体目标。学习本章需要明确的是，公关礼仪是传统人际礼仪在现代公共关系事务中的运用和发展，公关礼仪必须遵循诚信、平等、沟通、尊重等多项原则，其内容丰富、形式多样。讲究公关礼仪是建立组织与公众和谐关系的重要条件，它有助于协调组织与公众之间的各种社会关系，有助于营造和谐融洽、文明进步的人文氛围。

一、公共关系与礼仪的概述

（一）公共关系学与礼仪的关系

公共关系学研究的是组织所面对的公众关系。公共关系是交际活动中每一位成功者所必须妥善处理的，而礼仪则又是处理公共关系的一种重要的技术手段，公共关系除了着眼于塑造公关人员良好的公关形象外，更重要的是塑造和维护组织形象。

礼仪是公共关系工作不可缺少的一部分。如果公共关系工作是舟，礼仪则是桨；如果公共关系工作是机器，礼仪则是润滑油。正因为礼仪与公共关系有密切的关系，二者不可分割，再加上有的人对公关工作不甚了解，对公关礼仪产生了误解或歪曲。这种误解和歪曲，有的来自认识上的片面，有的来自实践中的偏误，有的来自理解的狭窄，有的来自迎合一部分人的不健康心理。针对一些误解和歪曲，此处有必要消除对公关礼仪的几个误解：

1. 公关工作不等于礼仪

有的人认为，只要在工作中注意了礼仪，就是做了公关工作，这是将公关工作狭隘化和简单化了。公共关系工作是社会组织处理社会公众关系的工作。社会公众分为内部公众和外部公众，内部公众包括职工公众、股东公众、董事公众等等，外部公众包括顾客公众、社区公众、经销商公众、政府公众、新闻媒介公众等等。处理如此众多的公众关系，必须要有一定的目标指向，而不是盲目而无目的的。这个目标指向，就是有利于社会组织一定目标的实现。它需要运用一系列公关技能，如社交艺术、口才艺术、写作艺术以及办公室自动化等手段，需要开展一系列公关实务，如建立一定的工作程序、开展新闻活动、编印刊物、制作宣传资料和广告、进行谈判、举办各种专题活动、市场营销等，才能达到目的。而礼仪，在其中只是一种社交态度和方法，以协调与社会公众的关系。即使是当它作为具体的公关活动如签字仪式、典礼、宴请、会议等活动时，也仅仅是公关工作的一部分，不能拿礼仪与公关工作相提并论。在工作中注意礼仪，是公关工作的需要，但公关工作绝不仅限于此。如果把公关工作离不开礼仪，礼仪促进公关工作的关系，看作可以互相替代的关系，那就把公关工作简单化了。

2. 公关礼仪不等于"拉关系"

还有人认为，公关礼仪就是不择手段，拉关系，搞公共关系的人员是一群搞不正之风的人。从表面上看，公共关系讲究礼仪与拉关系的目的有相似之处，都希望通过人际关系的沟通，使本企业、公司得到理解和支持。但从本质上分析，坦诚的公关礼仪活动，与拉关系有天壤区别。公共关系是以公开、公平的方法竞争，争取公众的了解与支持，例如召开记者招待会、展销会，正当、合法的促销活动、广告等等，向社会介绍本企业的产品和形象。即使请客、送礼，也是建立在讲究职业道德的基础上，并且尊重他人，以诚相待。公关工作是一项高尚的工作。搞公关工作的人，要有较高的文化修养，遵守公共关系的行为准则。而"拉关系"，往往采用庸俗的手段进行私下交易，如搞公关小姐美人化、推销产品回扣化、交际活动吃喝化、疏通关系礼物化，往往通过出让企业利益，损害社会利益，推销伪劣假冒产品等，捞个人好处或使企业误入违纪之途，实不可取。

公关礼仪，是一种在公开场合广结善缘、协调关系的艺术，不能把它庸俗化为"拉关系",也不能误解为"拉关系"。

公共关系是一种社会活动,社会成员都在自觉、不自觉的充当公共关系的主体和客体,都在从事公共关系活动。正如马克思所说:"人是各种社会关系的总和。"虽然公共关系的定义告诉我们,公共关系是一个社会组织运用传播的手段使自己和社会公众相互了解、相互适应的一种管理活动。但是这里的组织和组织、群体和群体、组织和群体之间非人格化的关系是与个体的关系密不可分的。公共关系学要求以客观事实为依据,以公众利益为导向,以沟通为桥梁,注重形象塑造的长期性和创造性。这些都贯穿于公关人员的基本道德范畴中,渗透到组织形象的塑造中。通过社会组织的行为,创造社会的和谐,实现各个组织的协调互惠、共同发展。

礼仪学研究的是人类文明发展过程中长期积淀下来的约束人们社会行为的规范,这些行为并不单单是技巧和方法,礼仪的精髓其实是人们对真、善、美的追求。

综合公共关系和礼仪学的基本原则和精髓,我们不难看出,二者都是追求人与人之间、社会组织与社会组织之间的和谐,都是以对真、善、美的追求为本质的。这些也就是公关礼仪的基本原则和精髓。

(二)公关礼仪的概念

那么什么是公关礼仪呢?公关礼仪是社会组织的有关人员为了树立、维护个人和组织的良好形象,构建个人和组织与内外公众和谐关系而应当讲究和遵循的尊重他人、讲究礼节、注重仪表、仪态等的礼仪规范。

公关礼仪是以社会组织为主体,以社会公众为客体进行研究的。值得注意的是,社会组织是公关礼仪的一般主体,但是组织的公关工作人员代表组织直接处理内外公众关系,他们是从事公共关系活动和公关礼仪的现实主体。公关人员的言谈举止、风度修养都必须遵循礼仪的要求。社会公众是公关礼仪作用的对象,在公关礼仪形成及实施过程中,社会公众既接受礼仪同时又反馈并创造礼仪,成为公关人员的作用对象;又以自己的礼仪反作用于公关人员,因此社会公众的礼仪也具有公关礼仪的意义。公关礼仪的主体是多元的,同样客体也是多元的,且主、客体的构成常常是变动的、可转化的。

公关礼仪的目的是塑造良好的组织形象,内求团结,外谋发展。组织形象是社会公众对于组织行为的整体评价和看法,是组织行为及其文化在公众心目中的投射。组织形象的建立和维护,总离不开公关礼仪的作用。公关礼仪不仅是促成组织形象定位和提高的有效手段,更是一种目的化的组织形象,也就是说:讲求公关礼仪就是注重组织形象。

公关礼仪的基本手段是传播和沟通，是利用各种传播媒介，将信息有计划地与社会公众进行交流，并借以此增进感情的活动。传播沟通有人际传播、大众传播、群体传播、组织传播等形式，这些形式都是公关礼仪所必须借助的手段和方法。公关礼仪正是借助和依靠语言、非语言等手段、人际传播和大众传播的方式来实现组织与社会公众之间的沟通的。

公共关系礼仪在公关活动中有着十分重要的意义。

第一，公关礼仪是公关人员的"特别通行证"。礼仪在一定程度上反映着一个人的道德修养和文明程度。作为一名公关人员，要在各种不同的场合接触不同的公众，所以，良好的心理素质、深厚的文化修养和底蕴以及多样的活动技能、丰富的礼仪知识，都是公关人员所必须具备，并能时时加以操作和运用的。讲礼仪、懂礼貌、尊重和关心他人，以礼仪作为约束自己言行的外在标准，就能顺利地进入各种社交圈子，并赢得公众的欢迎和尊重，这一点对于公关人员来说，非常重要。

第二，公关礼仪是塑造组织形象的基础。从公共关系的角度来说，礼仪是一个组织形象的表现。讲究礼仪有利于树立组织良好的形象，并促进组织自身的发展。公共关系的最终目标是树立组织良好的形象，以创造最佳的社会关系环境。影响组织形象的因素虽然很多，但是公关人员对于礼仪规范的遵守，是塑造组织形象诸多因素的基础。每一个社会组织的公关人员往往都代表自己的组织和公众进行交往，因而，在公关活动中，公关人员的言谈举止、仪容仪表、一言一行不仅体现他个人的修养、风度、审美和素质，更重要的是体现着组织整体的形象。公关人员落落大方、稳重端庄、彬彬有礼的形象会使公众感受到其所代表的组织的精神，可以佐证其所代表的组织的诚信和成熟。公关人员的任务就是为树立组织良好的形象与公众进行广泛而深入的社会交往，熟练地掌握并遵循礼仪规范，可以大大提高交际的成功率。成功的社交可以为树立组织良好的形象创造条件，从而增强组织的吸引力，提高组织的知名度，扩大社会关系网络，创造出有利于组织发展的最佳社会人际环境与和谐融洽的社会关系网络，为组织带来社会效益和经济效益。

第三，公关礼仪是组织和公众之间的润滑剂。礼仪能在组织和公众之间架起友谊、理解和信任的桥梁，公关人员就是运用礼仪架设公众和组织之间这座桥梁的建筑师。讲究礼仪不仅有利于组织和公众之间进行良好的沟通，而且有利于协调组织和公众之间的关系，巧妙、艺术地处理各种复杂的关系，减少交往之中的冲突，避免摩擦，扫除彼此之间的障碍，促进和谐，为组织创造一种宽松融洽的社会气氛，达到相互了解、相互信任的目的，赢得公众的信赖和支持。

（三）公关礼仪和一般交际礼仪

现代社会生活中的礼仪、个人行为的礼仪，乃至于宗教礼仪，都具有公共关系色彩，这里我们都纳入公关礼仪的范畴来考察，其中最重要的是交际礼仪。

按照表现形式和所借助的手段来看，礼仪的实施一是通过有声的语言；二是通过行为、表情、动作等非语言元素。礼仪的类型丰富多彩，《礼记》中就有："礼仪三百，威仪三千"的说法。一般来说我们把礼仪分为三大类：第一，个人礼仪；第二宗教礼仪；第三就是交际礼仪，即人与人之间、个人于社会组织之间的交际礼仪，或称公共关系活动的礼仪。

但是，公共关系礼仪作为人类礼仪发展的新成果和新阶段，是传统人际礼仪在现代公共关系事物中运用和发展，有着区别于一般人际礼仪的地方：

第一，行为的主体不同。一般的人际礼仪主要是一种个人人际间的行为，其主体是人或行为人自身。一般人际礼仪是人际沟通手段，本身不是一种职业、一种专门化的社交艺术，其作用结果也往往作用于个人。公关礼仪则主要是一种组织行为，其主体是组织或组织化了的公关者个人。公关礼仪反映的是组织行为，是组织行为的重要组成部分。公关礼仪通过公关人员所表现出来的个人行为，并非纯粹的个人行为，而是一种代表组织和围绕目标体系运转的组织化了的个人行为，这种行为代表和最终结果的承受者不是公关人员本人，而是其所代表的组织。公关礼仪可以说是一种系统化、专业化、专门化的产业或职业，是一种具有一定经济色彩、政治内容和文明形式的行业。

第二，注重的内容不同。一般人际礼仪注重情感的沟通，满足于彼此之间情感的互动和交流，其目的主要是满足人们情感的沟通需要。一般人际礼仪没有很强的人为色彩、功利色彩，目的的合理性不突出。公关礼仪更注重利用大众传媒来沟通组织和公众的关系。公关礼仪是试图超越情感的范畴，寓情于理，力图实现情理和利益的和谐统一。因为公关礼仪试图超越感情的范畴，因此公关礼仪讲究策划、创意和传播效应，看重公众的评价和反应，主体性、能动性比较强烈，目的性、工具性的特点十分突出。

第三，目的不同。一般人际礼仪主要目的在于完善其自身，虽然公关礼仪中公关人员自身的修养、素质依然十分重要，但是更重要的目的是完善组织，树立和维护组织良好的形象。公关礼仪讲的公关人员自身的素质要求，是要求公关人员将自身素质的提高同组织形象的提高结合起来，公关人员自身的形象必须服从于组织的形象和组织的目标。

第四，适用范围不同。一般人际礼仪总是具有特定的地域性和民族性，而公关礼仪更注重礼仪的普遍性和共同性。公关礼仪主张按照国际惯例和世界通用的标准形成一套跨文化、跨国家的国际礼仪。公关礼仪承认礼仪的民族性，主张尊重其民族性，发扬其世界性，把礼仪的民族性和世界性有机地结合起来。

(四)公关礼仪的类型

公关礼仪主要的划分方式有两种：内外区分和按公关的对象区分。

1. 内外区分

内外区分是指着重于礼仪服务的对象的内外区别，对公关礼仪进行的分类。内外区分将公关礼仪分为两大类：国内礼仪和涉外礼仪。前者指本国范围内通行的一些礼仪规范和区域特征；后者指参与外事活动应遵循的礼仪规范。

2. 按公关的对象区分

按公关对象的不同，公关礼仪可分为内务礼仪、公务礼仪、商务礼仪、个人社交礼仪。

内务礼仪：在家庭中，亲朋好友之间应酬交往时应遵循的礼仪规范，包括家人间的问候、祝贺、庆贺、赠礼、宴请等。

公务礼仪：指公务活动中，应遵循的礼仪规范，包括公务行文礼仪、公务迎来送往的礼仪，公务公见会谈的礼仪、公务宴请招待的礼仪。

商务礼仪：在商务部门工作应酬中应遵循的礼仪规范，如商务接待、商务谈判、商务庆典等礼仪。

个人礼仪：个人参加社交活动时应遵循的礼仪规范，包括一些基本的礼节，如握手、介绍、交谈、馈赠等。

二、公关礼仪的作用和职能

为了实现公共关系中的“人和”，保证有良好的公共关系状态，就要懂得尊重他人的各种需要，讲究礼仪。公关礼仪的主要作用有：

1. 塑造形象的作用

塑造形象，是现代社交礼仪的第一职能，包括塑造个人形象和组织形象两个方面，两者密切相关。公关礼仪通过直接塑造公关人员良好的个人形象，间接塑造了组织形象。礼仪是个人内在修养的外在显露，因此，公关人员良好的礼仪修养反映了组织良好的员工素质，从而塑造了良好的职工形象，而组织的职工形象是组织形象不可缺少的组成部分。

2. 信息沟通的作用

沟通信息，是现代社交礼仪的第二职能，包括三种类型：一种是言语礼仪；一种是饰物礼仪；一种是行为表情礼仪。

在公共关系的交往中，人的主观能动性被充分调动，各种传播媒体在人的不同交往形式中，发挥信息沟通的作用。或者是人与人的直接交往，如聚会、访问、谈判等，或者是人们运用报纸、刊物、广播、电视、电话、宣传资料、实物、书信进行的间接交往。交往中促进了信息的流动，达到了人与人之间的信息沟通。有人做过统计，科技人员的专业信息，20%—50%是通过文字材料得来的，大量的信息来自文字以外的渠道，如访朋聚友中获得。公共关系中的各种交往形式，无疑对加强社会组织与公众之间的联系，促进信息的沟通，起了积极的作用。

3. 协调关系的作用

公共关系礼仪借助于一定的外部形式，如问候、握手、邀请、迎送、慰问、预约等等，能够促进公共关系的协调。一个组织与公众的关系是丰富多样的，有内部公众关系，如职工关系、干群关系等，有外部公众关系，如顾客关系、新闻媒介关系；在为实现公关目标所进行的社会交往中，公共关系人员遵守公共关系礼仪，这样才能与他人保持一种平等、互相尊重、相互帮助的关系，避免出现交往中的人际障碍和摩擦，使相互之间的关系协调发展，促进社会组织工作的顺利开展。

4. 联络感情、广结善缘、消除误解的作用

每一个社会组织为了求生存求发展，不仅要巩固现有的公众关系，还要广结善缘，拓展多方面的、新的关系，以求得到更多公众的理解和帮助，创造出良好的生存与发展的内外部环境。联络感情是公关礼仪的又一大职能，其中最重要的情感特征是真诚，以真诚的心换取他人之心，以真诚的行为款待他人，以真诚的语言取悦他人。真诚是成功的一半，所以在公关场合，尤其需要付出一颗真诚的心，方能收获温暖。

三、公关礼仪的表现

(一)语音礼仪:可分为语音、口头语和书面语言礼仪三种礼仪形式

语音礼仪:语音礼仪是通过不同的语音、语调、语气变化来表示对于公关对象的尊敬、友好和善意的意思，即通过声音的高低、音色、语速、声调等来暗示不同的意义。具体操作时要注意，首先，声音表达要让人感到真实、朴实、自然；其次，音量要控制得当，需轻柔时勿高亢，需低沉时勿喧哗；再次，音调要注意抑扬顿挫、和谐有致。

口头语礼仪:口头语礼仪通过口头语言的方式表达的各种礼仪，即以谈话的方式表示礼节。表达要注意时间原则、地点原则、对象原则。

书面语言礼仪：书面语言礼仪是通过书面语的方式表达的礼仪，用于非面对面人际交往时所运用的。通过感谢信、贺电、函电、唁电、请柬、祝词等书信形式来传情达意。其具有两大特点：一是礼节性；二是规范性。

(二)身体语言礼仪：分为表情语言和动作语言

表情语言礼仪：表情语言礼仪通过人的脸部各种各样的表情来传递的礼仪。人的脸部是人世间最丰富多情的一道风景线，包括眼、眉、嘴、鼻、颜面肌肉的各种变化以及整个头部的姿势等。比如人的眼睛是人的表情语言中最丰富的，"眼语"是人类灵魂的一面镜子，通过其可以观察到对方是否喜欢你、支持你。所谓深沉的注视表示崇敬，横眉冷眼指仇敌，眉来眼去指情人暗送秋波。比如对方在说话的时候，公关人员如能身体稍倾向于对方，面带理解的微笑，就是向对方传达一种友善、鼓励、尊重的信号，会更容易得到对方的好感和接纳。

动作语言礼仪：动作语言礼仪通过人的各种身体的动作传达礼仪。人的身体动作非常多，有手语、肩语和其他肢体语言等，如"摇头不算点头算"等都是动作语言。其中手语是语义中最丰富的动作语言，如用大拇指表示赞扬、了不起(一些国家表示"想搭顺风车"，希腊等国该动作是挑衅性的手势)；伸出小拇指表示鄙视；在人背后指点表示不礼貌；拇指朝上表示好，朝下表示坏；向上同时伸出中指和食指成"V"字，手心向外，表示胜利(手心向内在欧洲一些国家是侮辱性动作)；用拇指和食指圈成"O"形表示 OK(有些国家和地区例外，如在日本则表示现金)。

(三)饰物语言礼仪：通过服饰、物品等语言符号表达一定的思想和情感意义的礼仪行为

在饰物语言礼仪中，一种是由服装、饰物化妆美容等代表的礼仪，一种是通过各种物品代表的礼仪。首先，服饰和物品昭示着社会风尚。其次，服饰和物品是一种情感的象征。再次，服饰和物品是一种美的演绎。比如：结婚戒指应该带在左手无名指上等等。

此外，公关礼仪还有一些表现形式在后面的章节我们会详细阐述，在此不再一一赘述。

四、公关礼仪的原则

(一)诚信原则

讲究诚信，是公关礼仪的一项根本原则。所谓的"诚"就是诚实、真诚，是指在人际交往中不欺骗对方，说话做事客观公正。"信"是指说话算话、言行一致，也就是信用、信任。诚与信结合起来，就是要求公关人员在待人接物中要真诚

有信、遵守诺言、诚实无欺、实事求是。

诚信本质上说就是对人对事的一种实事求是的态度,是待人真心真意的友善表现。诚信,首先表现为对交际对象不欺骗、不虚伪、不侮辱,正所谓:"骗人一次,终身无友"。心底无私天地宽,诚信的交际,才能收获真诚。孔子说:民无信不立,与朋友交,言而有信。在社交场合,尤其要讲究一要守时,与人约定时间的约会,会见、会谈、会议等,决不应拖延迟到。二要守约,即与人签订的协议、约定和口头答应的事,要说到做到,即所谓:言必信,行必果。故在社交场合,如没有十分的把握就不要轻易许诺他人,许诺做不到,反落了个不守信的恶名,从此会永远失信于人。

公关礼仪需要遵循诚信原则,缺乏诚实和信用的礼仪只能是矫揉造作的假客套,是虚情假意的周旋和应付。从公关的角度来说,诚信原则要求公关人员在交往伊始就要真心诚意,对于交往对象要以诚相待,不能虚伪造作,更不能轻视和嘲笑对方。

(二)尊重原则

尊重原则是公关礼仪的情感基础。正所谓"恭敬之心,礼之端也",任何礼仪都是要求尊重对方的,只有真诚尊重方能使双方心心相印,友谊地久天长。

一般来讲尊重是包含尊人和自尊两方面的意思。尊人指的是对待他人的态度,这种态度要求承认和重视每个人的人格、尊严、情感、爱好、社会价值以及各方面合理的权利和礼仪。尊人,从社会角度来说,是一种重要的社会道德规范;对个人来说,是一种良好的道德品质。自尊则是一个人对自己的态度,是自我意识的一种表现形式。一个人能够尊重自己,保持自己的人格和尊严,就叫自尊。

尊人和自尊并不是相互矛盾的。自尊的人并不是要我行我素、目中无人,尊人的人也不是要点头哈腰、毫无自尊。其实,尊人和自尊是尊重的两个方面,是相辅相成的。一个真正懂得尊人的人,必然懂得自尊。一个深谙尊重原则的人必定既不会不切实际的抬高别人,也不会故意贬低自己;不会对他人傲慢无礼,也不会对自己求全责备。

尊重原则在公关礼仪中的运用,是指公关礼仪必须遵循尊重公众、尊重组织和尊重自己的统一。公众是现代公共关系的对象,是与组织发生、可能发生或将要一定关系发生的群体或个人。公关人员只有尊重公众,才能更好地与公众沟通,赢得理解、支持、合作和信任。组织是公关人员服务其中并以此作为自己生存和发展基础的社会共同体,是具有共同目标的人有意识、有计划的集结。公关人员只有依靠组织、尊重组织,才能爱岗敬业,也才能真正为组织接受。此外，每一个个体都是组织的一员，也是公众的一部分，尊重组织、尊重公众本身就内在的包括尊重自己的因素。一个懂得尊重组织、尊重公众的人也会懂得尊重自己，同样的道理，尊重自己的人也必然会尊重组织和公众。

（三）平等原则

追求平等的交往，是人们在交际中共有的人性要求。公关礼仪涉及的平等主要指的是道德和人格的平等。道德上的平等要求公关人员对一切公关对象一视同仁地尊重其价值和尊严，不管其在现实生活中所处的地位如何。道德上的平等是指公关人员一定要树立"每一个人都生而有人格，其人格是平等的，且都应予以尊重"的观念。平等在交往中，表现为不要骄狂，不要我行我素，不要自以为是，不要厚此薄彼，更不要傲视一切，目空无人，更不能以貌取人，或以职业、地位、权势压人，而是应该处处时时平等谦虚待人，唯有此，才能结交更多的朋友。

平等是现代公关礼仪的第一要义，也是现代公关礼仪所应遵循的重要原则。平等待人即是不厚此薄彼，对任何公众都一视同仁，不应根据对方的地位、身份、财富等情况区别对待。不能因为对方地位显赫就曲意谄媚、一味讨好；也不能因为对方地位低下而漠然置之、爱答不理。将平等的原则运用于公关实践中，要求公关人员帮助别人而不看作是对别人的恩赐，得到帮助而不形成对别人的依赖，不卑不亢，求人而不失自主，被求而不故显高傲。平等，要求一视同仁的对待公众。对过去的公众、现在的公众、未来的公众位高者、权重者、位卑者、无权者都能平等的以礼相待，无矛盾时这样，矛盾激发时依然这样。

（四）适度原则

适度的原则是交往中把握分寸，根据具体情况，具体情境而行使相应的礼仪，如在与人交往时，既要彬彬有礼，又不能低三下四；既要热情大方，又不能轻浮谄谀，要自尊不要自负，要坦诚但不能粗鲁，要信人但不要轻信，要活泼但不能轻浮。

公关礼仪的实际操作中适度原则十分重要，无论做什么事都应该当行则行，当止则止，有板有眼，把握好分寸。比如，到别人家做客，既不能显得局促不安，过分扭捏，也不能大方得过火，举止随随便便。交谈时，不说不笑，紧绷着脸，别人问一句答一句，那自然就会显得和周围轻松、融洽的气氛格格不入，要是只管自己高谈阔论，甚至打打闹闹，无视他人的存在，也难免引起他人的反感。

同样都掌握了礼仪规范，有些公关人员运用起来让人赏心悦目，有些公关人员使用起来却总让人感觉走了味儿、变了样儿，让人不舒服，其原因往往就和公关人员是否真正掌握了适度原则有关。事实上，适度的原则渗透在公关礼仪的方方面面，可以说每一礼仪的细节都离不开适度原则。公关人员在公关实践活动中运用每一礼仪，都要注意时间、地点和对象，注意把握分寸，适可而止。

（五）宽容原则

宽容是一种较高的境界，容许别人有行动与见解自由，对不同于自己和传统观点的见解的耐心公正的容忍。站在对方的立场去考虑一切，是你争取朋友的最好方法。宽容是待人的一般原则，也是公关礼仪所必须遵守的基本原则。宽容指的就是以宽大的胸怀容忍别人不同于自己的观点、个性甚至缺点、错误。宽容原则就是在公关工作中对待公关对象要宽容大度、心胸坦荡的处事原则。表现为对待公关对象的意识、信仰、行为、习惯等都能够给予足够的尊重和理解；对于别人的过失和错误不多加追究，给予善意的原谅；对别人不同的观点不采取压制等极端手段，求同存异，主张以说服、劝导的方式调节矛盾。

公共关系以转化公众的态度为重心，转化公众态度就是要转化中立力量，甚至变反对力量为支持力量。同时还要转化一般支持力量为坚决支持力量。也就是说不仅要转化公众态度方向，还要转化公众态度强度。转化公众态度就要通过具体的公关活动和公关礼仪去缩小组织与公众的距离，化解敌意、误解和偏见，赢得更多的支持，因此宽容的原则在公关和公关礼仪中是必不可少的。在公关活动中，公关人员要遵循宽容原则，才能设身处地地对待和处理同公众的关系，即使公众有一些不同的意见、不同的声音，也能够体谅对方，不过多纠缠，不过多强求，将心比心，这样就可以拉近与公众的距离，从容地跨越公关交往的障碍，转化公众的态度。所以公关礼仪应始终遵循宽容原则。

（六）沟通互动原则

所谓互动，实际上讲的是交往的效果。互动就是要和交际对象在公关交往中相互间进行良性的反馈。既要了解对方，更要被对方了解；要能敏锐地感受到对方的反映和感受，以及对方的变化，善于调整，随机应变。实现互动的途径就是沟通。公关人员在公关交往中使用公关礼仪时，要始终注意进行积极而有效的沟通，实现互动的交际目的。公关活动中，时时刻刻也离不开沟通和互动。积极沟通，实现互动，是公关礼仪的一个重要原则。

公关人员要想让别人更好地了解自己，必须积极沟通。因为只有别人真正了解你，才能对你做出正确的回应，才能真正实现互动。这种了解首先是通过公关人员的言谈举止反映的。这就要求公关人员的言谈和举止要符合礼仪规范，把自己的意图以最佳的方式传递给对方，以实现最有效的沟通和互动。要实现有效的沟通和互动，公关人员还应该注意具体问题具体分析，随机应变，不能墨守成规。公关工作中以不变应万变，是不能很好地回应对方的，因此无法形成有效的互动。

(七)注重形象原则

现代社会中个人和组织的形象备受重视。公关活动中，公关人员的个人形象就代表了组织形象，二者是一体的，所以应该更加留心，千万马虎不得。公关人员的形象主要包括：仪表、举止、表情、谈吐、服饰和待人接物六个方面，后面的章节我们会一一讲解，这里不多加赘述。这六个方面有些是内在的，有些是外在的，公关人员的形象实际上就是由内、外两个方面构成的。只有内在美和外在美和谐统一，才能塑造出高雅得体的公关人员形象，也才能更好地彰显组织的良好形象。

(八)自信原则

自信是社交场合的一份很可贵的心理素质，一个有充分信心的人，才能在交往中不卑不亢、落落大方，遇强者不自惭，遇到磨难不气馁，遇到侮辱敢于挺身反击，遇到弱者会伸出援助之手。

五、公关礼仪的要求

公关礼仪是在公共关系交往中，表现出的对交往对象尊重、恭敬的行为规则，以通过个人来树立组织的良好形象。它看似简单，却受公关交往的主、客观因素影响，并对公关人员的素质与修养、公关礼仪的效益提出了较高要求。

(一)公关交往的因素

公关礼仪是在公关交往中进行的，公关交往受到许多因素的制约，能不能正常地进行公关交往，关系到公关礼仪能否实施与实现。影响公关交往的因素有：

1. 交往目的

公共关系工作是有目的，有计划的工作，公关交往是在这种目的和计划下进行的，如建立某种关系、联络感情、沟通思想、取得支持等。

公关目的有近期的和长远的。近期目的是关注于满足眼前的需要，如举行一次剪彩仪式为了提高仪式的规格，引起新闻媒介的关注，公关人员想方设法邀请知名人士进行剪彩。长期目的关注于通过交往，建立和深化某种关系，以满足将来的特定需要。如在内部公众关系上，一个聪明的领导人，会从管理工作的长远目的出发，进行感情投资，搞好同上下左右的各种关系，而不因为眼前不需要就放弃一些作法。

公关的目的性，决定了社会组织的人员，不以个人好恶、个人兴趣、个人习惯来左右自己的行为，而是要求他们服从公关目的这个大局，全力以赴，在改造客观世界的同时，改造自己，为公关交往做出努力。

2. 双方教育程度

文化教育程度的较大差别，会影响交往的深入。这种文化教育程度，不完全是从学历的角度，而重在实际的文化知识和修养。在实业界，我们看到，有一些担任了企业要职的人，他们并没有正规大学的毕业文凭，但知识面广，社会分析能力强，业务精通，是一般刚刚毕业的大学生所不能比拟。当然，一名大学教授与一名目不识丁的文盲，决不会有多少共同语言，其交往是极其一般而表层的。而一个受文明洗礼过的彬彬有礼的儒商，与一位口吐秽言缺乏文明修养的个体户在一起，也会有心理的隔阂。

当然，教育程度的差别在一般人际交往中，更能表现出其在交往中的障碍，因为“人以群分”，更符合“自由交往”的一般人际交往的法则，而公关交往的目的性，淡化了这种障碍所引起的个人好恶的情感。

3. 交际使用的语言文字

语言文字，是人类交往的工具。语言文字互不相通，就会造成交往的极大困难。现在世界上的语言有 4 千来种，所到一处，语言文字就成为相互交往的通行证。没有这张“通行证”，就会孤立、寂寞。由于语言文字不通，阻碍了不同国家、不同地区、不同民族之间的交往。即使是同一国家、同一地区、同一民族，也有不同的语言文字或由不同发音、吐字习惯而形成交往障碍。

4. 双方风俗习惯

人们生活在不同地区，属于不同民族，会有自己特定的历史和文化造成的不同的风俗习惯。这些风俗习惯往往通过日常的生活方式反映出来。如：

饮食习惯。如英国人每天四餐，即早餐、午餐、午后茶点和晚餐，而许多国家一日三餐。日本人爱吃鱼，而德国人不爱吃鱼。

宗教习惯。如伊斯兰教徒不吃猪肉，也忌谈猪；在斋日里，日出之后、日落之前不能吃喝。在佛教国家，不能随便摸小孩的头顶；天主教徒忌讳“十三”这个数字，不能十三人同桌进餐，尤其是“十三日星期五”，遇到这种情况一般不举行宴请活动。

节日习俗。如西方愚人节，这一天人们可以任意开玩笑；巴西的狂欢节，这一天男女老幼倾城而出，尽情狂欢。

如果不了解各民族的风俗习惯，在交往中就会乱分寸，把握不住在交往中应该做什么、怎样做，不理解对方言行举止的含义，就会出现交往困难。

5. 双方个性心理

一些不良的个性心理倾向，会妨碍公关中的交往。

自卑心理。在公关交往中，身材矮小、容貌丑陋、性格内向、不善言谈等，都会引起有关当事人的自卑心理。尤其当他们面对面容漂亮、身材修长的公关小姐和英俊潇洒的公关先生，自如而自信地与交往对象侃侃而谈时，更为自惭形秽，悲从中来。自卑心理源自心理上的一种消极的自我暗示，常常表现为对自我价值进行否定，因而悲观、缺乏勇气，他们害怕被别人轻视与排斥，不敢表现自己，也不能自如地与他人交往，这样，就会给公关工作带来影响。

情绪障碍。每个人都有喜怒哀乐等情绪，有时候会高兴，有时候会沉闷不快，有时候会生气。而把这些个人情绪带到公关工作中来，就容易出现这样的情况：高兴时快人快语，不假思索；沉闷不快时一声不吭，把客人晾在一边；生气时遇见客人有求，态度生硬，甚至无理拒绝。这样，都会对公关工作产生不良影响。公关工作要保持稳定的情绪，安详、和蔼、愉快、平等地待人，就不能为个人情绪左右，而要学会调节、控制自己的情绪。

社交恐惧。公关交往很多情况下表现为人际直接交往，而有些人缺少社交经历，在与人交往，特别是在公众场合下露面，会脸红、心慌、冒汗、浑身不自在。正是由于这种体验，使得有社交恐惧心理的人，在行动上竭力避免参加社交活动，回避出头露面的大型场合，因而不利于公共关系的开展。这就要求对社交存有恐惧心理的人，要自觉克服这种心理。在交往中，不必过多地考虑别人会怎么看，解脱心理上的束缚；并注意学习各种接人待物的技巧，加强自信心；在交往前，对需要自己做的，做好充分准备，包括仪表、言谈、实务等，这样才能有把握地进行交往。

影响公关交往的因素有很多，这里择要而论。公关交往能否正常进行，直接关系到公关礼仪的实施和功能的发挥。如果语言不通，风俗习惯不懂，你再礼貌可能也难以使信息传达过去；在公关交往中存有个性心理障碍，连正常交往都不能进行，更何况施礼。要正常地进行公关交往，就必须针对影响公关交往的主、客观因素，具体情况具体分析，对症下药，加以注意防范和调整。

(二)公关礼仪的要求

1. 公关人员的修养要求

公关人员修养的要求包含公关人员活动准则和公关人员素质两个方面。

(1)公关人员礼仪活动的准则

自觉诚恳准则：充分认识公关礼仪的重要作用和影响，从内心出发，从需要出发，进行礼仪操作。

注重社会效益准则：一言一行都要注意将要产生的社会效益和社会影响。要树立组织良好的形象，提高组织的美誉度。

严谨、尊重准则:作风严谨、不轻浮、不骄躁,待人以礼,随时注意自身良好的形象。

其实这些不仅仅是适用于公关人员的礼仪准则,也是组织每个成员都应该注意的,如果组织成员都能以公关人员的礼仪准则要求自己,待人接物,就能够真正树立组织良好的形象。

(2)公关人员素质

文化知识

公关礼仪人员要经过相当的文化教育,并非仅仅是一个"好人"、"知礼之人"就够了,而应该有一定的文化涵养和较广博的知识。文化涵养是思维的基础,也是掌握公关技巧的基础。广博的知识是从搞好公关礼仪工作所需知识范围来说的,包括语文写作知识、新闻编辑知识、广告学知识、美学知识、心理学知识、传播学基础、营销学、管理学知识、礼宾知识、艺术修养,并懂一门外语。有了这些,公关礼仪人员在公关工作中,就能写,会说,什么人也能交,什么工作也会干。如果没有一定的文化知识,要你写公关书信不会,要你结交朋友而无话可谈,怎么能够胜任工作呢?

性格类型

经心理学家分析,有的性格类型不如某种性格类型更适合做公关工作。

内向型性格。属于这一类型性格的人,顾虑多,过于谨慎,缺乏实际行动,不喜交际,适应环境比较困难。一般来说,这种人不适宜做公关礼仪工作。

外向型性格。与内向型相对,感情外露,自由奔放、当机立断、不拘小节,独立性强,善交际,活动能力强。一般来讲,这种人通过纠正某些性格问题,如率性妄为、不拘小节等,可能成为一个较好的公关人员。

容貌气度

公关礼仪中我们十分注重"第一印象",气质不凡、风度翩翩、服饰美观的人,往往给人以好感,增强人际吸引,使人在初次交往中就产生良好的第一印象。第一印象是以后交往的依据,如果对某人第一印象好,就说明对方对他产生了一定的吸引力,他就会有进一步接近的欲望,从而继续交往,增进关系。如果第一印象不好,就说明对方没有对其产生吸引力,也就不会有进一步接近对方的愿望,交往也就可能停止。

需要指出的是,我们所说的容貌气度并不完全指相貌。诚然,相貌出众对于公关交际有一定的帮助,但是,如果把相貌美丽与否当作公关工作的必要条件就大错而特错了。容貌漂亮天生,可遇不可求,但可以做到端庄,并转化为一种高贵脱俗的气质,这就需要有内在的文化涵养,有才能和智慧。气质的美不像容貌的美那样易逝,有助于永葆公关礼仪人员的魅力。搞公关礼仪工作的人，尽可能地有较好的外貌和身材，但这不一定做得到人人都有，而不凡的气质、翩翩的风度、美观得体的仪表则要求公关礼仪人员人人具有。

2. 公关礼仪的效益要求

公共关系的整体利益是公共关系的目的，公关礼仪是实现目的的最主要的手段，公关礼仪是公共关系的翅膀和羽翼，因此公关礼仪有一些效益要求。

（1）公共礼仪和公共关系的目的，以及其他公关手段是一个整体，公关礼仪不能脱离其他公关手段和方法独立存在，各种公关手段在运用的过程中也不可能离开礼仪的运用，所有的方式和手段都是为了实现公共关系的目的。

（2）公关礼仪必须重视"第一印象"的作用，重视"四分钟光环效应"，这在心理学上叫做"晕轮效应"。也就是说，人际接触的前四分钟的直觉往往直接影响交往的全过程，重视"第一印象"的作用就是重视形象的作用。

（3）要把提高组织知名度、美誉度作为公关礼仪活动的直接目标，整体社会效益则是总目标。

本章小结：

公关礼仪是社会组织的有关人员为了树立、维护个人和组织的良好形象，构建个人和组织与内外公众和谐关系而应当讲究和遵循的尊重他人、讲究礼节、注重仪表、仪态等的礼仪规范。

公共关系除了着眼于塑造公关人员良好的公关形象外，更重要的是塑造和维护组织形象。礼仪是公共关系工作不可缺少的一部分。必须明确的是：公关工作不等于礼仪，不能把公关工作简单化了。公关礼仪也不等于"拉关系"，不能把它庸俗化为"拉关系"。公共关系和礼仪学都是追求人与人之间、社会组织与社会组织之间的和谐，都是以对真、善、美的追求为本质的。这些也就是公关礼仪的基本原则和精髓。

公关礼仪是以社会组织为主体，以社会公众为客体进行研究的。但是，公关礼仪的主体是多元的，同样客体也是多元的，且主、客体的构成常常是变动的、可转化的。公关礼仪的目的是塑造良好的组织形象，内求团结，外谋发展。组织形象是社会公众对于组织行为的整体评价和看法，是组织行为及其文化在公众心目中的投射。公关礼仪的基本手段是传播和沟通。传播沟通有人际传播、大众传播、群体传播、组织传播等形式。公共关系礼仪的重要意义在于公关礼仪是公关人员的"特别通行证"，是塑造组织形象的基础，是组织和公众之间的润滑剂。公关礼仪主要有塑造形象，信息沟通，协调关系，联络感情等作用。公关礼仪主要表现在：语音礼仪、身体语言礼仪、饰物语言礼仪等等。

公关礼仪的原则有：诚信原则、尊重原则、平等原则、适度原则、宽容原则、沟通互动原则、注重形象原则、自信原则。

公关主客体之间公关交往的目的、教育程度、使用的语言文字、风俗习惯、个性心理等影响公关交往的因素决定了公关礼仪具有两方面的要求：公关人员的修养要求和公关礼仪的效益要求。

公关人员的修养要求包含公关人员活动准则和公关人员素质两个方面。

公关人员礼仪活动的准则包括三条：自觉诚恳准则、注重社会效益准则、严谨和尊重准则。公关人员素质包括：文化知识、性格类型、容貌气度三个方面。

公关礼仪的效益要求包括：公共礼仪和公共关系的目的，以及其他公关手段是一个整体，公关礼仪不能脱离其他公关手段和方法独立存在；公关礼仪必须重视“第一印象”的作用；要把提高组织知名度、美誉度作为公关礼仪活动的直接目标，整体社会效益则是总目标等内容。

思考与训练：

1. 什么是公关礼仪？
2. 公关礼仪和一般交际礼仪的关系是什么？
3. 公关礼仪的主体、客体和目的各是什么？
4. 公关礼仪的原则是什么？
5. 公关礼仪的作用是什么？
6. 公关人员的素质要求有哪些？

第二篇　个人形象礼仪

第四章　个人的内在素质

既要懂行，又要有才能，这两点都是难能罕见的。
如果不结合在一起，就很难收到好效果。

——歌德

本章要点：

由于公共关系活动的复杂性、广泛性、创造性、和灵活性，需要公关人员具有良好的职业素质、修养和气质。公关人员应具备的基本职业素质应包括广泛的学科知识、较高的思想政策水平、较合理的能力结构、健康良好的心理素质等多个方面。除此以外，还应该具备品德修养、知识修养、智能修养和礼仪修养。

第一节　基本素质

素质一般指人们在日常工作生活中所表观出来的知识、个性、气质、能力等方面的基本品格，是一个人从事各项活动能力的各个要素的总和。每个人都有其基本素质，对从事各种职业的人各有其不同的素质要求。从公共关系的角度分析，素质则是指公共关系人员应具有的先天素养和品格。从事公共关系工作，公关人员必须具有一定的基本素质。其中，知识素质是做好公关工作的基础，业务素质是根本，能力素质是关键。

一、知识素质

拥有完整的知识体系是公关人员整体素质的重要内容。公关人员的知识素质主要表现在以下几个方面：

1. 公关的基本理论和实务知识。公共关系的基本理论是指导公关实践的法宝。它包括:公共关系的基本概念、定义及特征;公共关系的产生、发展史;公共关系的主要职能及其在决策管理中的作用;公共关系的工作原则和实施程序;公众的分类及影响方法;公共关系组织机构的类型及设置原则;公共关系从业人员的素质及培训。公共关系又是一门应用性很强的学科,公关人员除了掌握基本理论外,还应熟悉各种公共关系实务知识。它包括:公共关系大众传播与人际传播的种类、特点及传播技巧;公共关系调查分析的方法与步骤;公共关系策划知识;公共关系评估途径与方法;社交礼仪常识;撰写公关文书技巧;演讲的运用;专题公共实务活动的选择与开展;几种常见的行业公共关系等。

2.公关的边缘学科知识,公共关系是一门新兴的"聚合型"的边缘学科。它与众多学科之间有着极为密切的相关性。认识和了解公共关系与其他学科之间的相关性,不仅有助于扩大知识面、开拓眼界,还能加强对公共关系自身更深层次的理解和认识。

3.开展特定公关工作所需要的专业知识。公关人员在工作中经常会根据环境的变化和工作的需要,从事某些特定公共关系活动。例如,处理某化工厂与所在社区间因环境污染问题而造成的纠纷,必然要涉及一定的环保知识和某些化工知识。开展某些特定行业的公共关系,需要掌握相应的行业专业知识。

4.有关组织自身的知识。在公关活动中,一个成功的公关人员对组织的情况了解越多,越能客观全面地分析问题、解决问题。相反,公关人员对组织情况一无所知或一知半解,就很难做出符合客观情况的结论和决策。

二、职业素质

公关礼仪人员的职业素质,主要包括以下几个方面:

1.高尚的道德

道德是指人的品质与品德。公关活动是塑造组织及个人形象的创造性活动,是一项旨在征服公众的工作。这就要求公关人员自身具有良好的道德。优良的道德本身就是一种魅力,如果一个人的人格品性很美,举止言谈很有魅力,在做公共关系工作时,就会形成积极的"光环效应",人们就会不自觉地信任他,而这一光环则来自于公关人员自身的公道正直的行为和真诚严谨的态度。公关人员应做到道德高尚、心胸博大、谦虚谨慎,待人恭敬而有礼,举止高雅而得体。

2.友善的性格

公共关系工作需要与社会各界公众建立联系、加强往来,这就要求公关人员既要适应环境、善于交际、富有感染力和吸引力,又要善解人意、耐心和蔼、有较强的亲和力和忍耐力。这种和善的性格有利于折中对立的观点,缓解矛盾,与各种类型的公众建立一种和谐、融洽的关系。

3. 澎湃的情绪

热情是做好公关工作的基石。在公关交往中，公关人员的情绪会自觉或不自觉地感染他人。如果公关人员情绪高昂，他人就容易认同公关人员带给他们的信息；如果公关人员的情绪低落，他人会感觉受到了冷落，从而怀疑公关人员带给他们的信息，以至于怀疑公关人员所代表的组织。

4. 敏捷的思维

现代组织中的公共关系活动在千变万化的环境中进行，要适应这种不断变化的环境，公关人员就必须勤于思考，善于分析，及时地捕捉、鉴别和利用各种可靠的信息，为组织的管理决策奠定强有力的基础。环境的多变性，必然会导致公共关系工作的复杂性。公关人员如果盲目地工作，很可能会造成不良的后果。而遇事能够冷静地思考、综合地分析，就可以对复杂的问题做出正确的判断和决策。公关工作是有计划有步骤的活动，要求公关人员必须具备发现问题、分析问题和解决问题的能力，运用丰富的想像力和创造力去策划各种公共关系活动，使公关活动既能适应客观环境的需要，又能促进组织各项活动的开展。

5. 卓越的胆识

公关人员在开展公共关系活动时，不仅要立足于现实，还要着眼于未来。公关人员要对组织的未来进行规划与设计，制定高标准的公共关系长远目标和达到公共关系目标的发展战略方案，这是促使组织不断发展的重要保证。长远目标是组织努力的方向，而一切公共关系工作都要从眼前做起，从每一件小事做起。这就要求公关人员要有胆识，能够从战略的角度来分析组织目前的公共关系活动，按照远景规划来要求和指导组织目前的公共关系工作。

6. 奋进的精神

每个组织都应当从组织的整体利益来观察社会，开展公共关系活动，为树立良好的组织形象而努力。组织要想不断地扩大信誉度，让社会公众满意，就应该勇于开拓，不断进取，对公关工作提出更高的目标，并努力争取更好的公共关系效果。同样，公关人员也应当具备进取精神，不断努力，这样才能称得上公关工作的合格人才。

7. 弹性的态度

公关人员应当具有全方位、多角度观察问题的能力，例如，从总经理的角度统观组织全局；从一般管理人员的角度观察组织的平面；从职能部门的角度观察企业的局部；从职工的角度观察组织的存在等。一个问题从不同的角度去分析，就会得出不同的结论。公关人员通过综合分析，就可以对具体问题得出较为全面的结论。这就是弹性的要求，是公关人员处理好各种问题所应具备的科学态度。这种态度可以帮助组织选择合适的策略，从而实现公共关系的目标。

8. 高雅的礼仪

从本质上看，一个人的文化素质和个人修养主要是通过礼仪来进行外在表现的。同时，礼仪规定着人际交往的尺度，是以人与人之间的相互交往和彼此关系为关注点，在调节人际关系方面，发挥着重要作用。因此，具备优雅的礼仪，是公关人员应具有的基本素质之一。

三、能力素质

公关人员的能力素质，主要体现以下几个方面：

1. 组织能力

组织的各项公共关系活动，例如各种纪念活动、重大的庆典活动、新闻发布会、展览会和日常的接待工作，都需要公关人员进行周密的计划和精心的组织。每一项公共关系活动的组织策划和具体实施工作. 都必须有公关人员参加，并起主导作用。这是公关人员的重要职责，也是公关性质对公关人员提出的特殊要求。

2. 协调能力

公关活动是一项有计划，有步骤的活动。公关人员要做大量的事务性工作，收集整理有关信息，确定公关工作目标和相应的计划，协调各方面人员，负责实施、组织领导每一项具体活动，随时控制整个工作过程、及时进行调整和修正，处理应急事件……诸多千头万绪的繁杂工作要求公关人员必须具备较强的组织协调能力，尤其是一些重大的专题活动更需要做到计划周全、安排合理，以保证活动有条不紊地进行。

3. 社交能力

社交是公关人员适应现代社会发展的需要，是做好公关工作的基础。公关人员应从一点一滴小事做起，不断培养和提高自己的社交活动能力，加强与社会公众的交往，树立组织良好的形象，排除阻碍人际交往的心理障碍，扩大与社会各界来往的范围，以保证公共关系工作顺利开展。

4. 表达能力

公关人员的表达能力主要是指口头表达能力和书面表达能力两种。能写会道是公关人员应该掌握的两项最基本的传播技巧。公关人员在与各类公众接触中，有时要介绍组织的各方面情况，有时要阐述自己的观点，有时要论证一个具体的项目，所有这些都要求公关人员必须具备良好的文字功底和写作技巧。同时还要求公关人员要口齿伶俐、能言善辩，能清晰准确地表达出自己的思想观点。

5.创新能力

公关人员只有在公关活动中具有策划创新能力，才能使公关工作富有新奇感和挑战性。组织开展公共关系活动，尤其是重大的公共关系活动，一般没有现成的模式可供遵循。公关人员只有根据环境的态势、企业的要求设计出新颖独到、令人耳目一新的公关活动，才能引起公众对企业及其产品的关注。这就要求公关工作要不断创新，如创新信息沟通的途径，创新与公众联系的方式，创新公共关系方案等。这一切都要求公关人员具有较强的策划创新能力。

第二节　基本修养

一、品德修养

1.品德修养的含义

品德修养是指一个人的道德意识、信念、行为和习惯的磨炼及提高的过程，也指一个人在道德品质方面所进行的自我锻炼、自我教育和自我改造的功夫和达到的境界。它可以自动地指导人的行为，自觉地贯彻执行礼仪规范。道德品质修养的实质就是用正确的思想和文明行为克服和纠正错误的思想和不良行为。孔于曾说："修己以安人"，"修己以安百姓"。而今社会不仅需要"依法治国"，更需要"以德治国"。道德品质修养也是公关人员的基本素质要求。

品德修养主要包括政治修养、思想修养、道德修养、心理素质修养和学习成才修养等方面。公关人员应加强品德修养，自觉地将社会道德原则和规范转化为自己的道德行为和道德习惯，不断地提高自身的道德素质和水平。

2.加强品德修养，塑造高尚人格

所谓人格是一个人的品德，是人的尊严、价值和品质的总和，是人在社会化过程中形成的道德品质和行为习惯，是一个人在一定社会中的地位和作用的统一。品德修养是形成和完善人格的基础和前提，而人格正是品德修养的综合性概括和具体表现。塑造高尚人格就是要做到遵守法律和公民道德规范，不损害社会和他人的事；遵守社会道德，达到较为理想的境界，成为道德典范、道德楷模和道德榜样。

公关人员完善人格，主要表现在对人和对己两个方面：对人要尊重、友爱，关怀和帮助；对己要自尊、自爱、自立、自强。这两方面既是完善人格的基本要求，也是公关人员道德品质修养的具体表现。学习和实践是加强道德品质修养、塑造高尚人格的基本途径。要认真学习马列主义、毛泽东思想、邓小平理论和江泽民“三个代表”重要思想，学习道德修养的基本知识和理论，用科学的理论和先进的文化指导自己的行动。在道德实践中，不仅应了解“应该怎样做”，而且懂得“为什么这样做”。要积极参加社会实践。俗话说：“纸上得来终觉浅，绝知此事要躬行。”公关人员要加强品德修养，在日常生活中养成良好的品德行为；严格遵守公民道德行为规范，养成良好的行为习惯；要强化职业道德意识，遵守职业道德行为规范。

3. 公关人员品德修养的要求

(1)热爱本职工作，真诚守信。塑造组织的良好形象，为组织的生存和发展创造良好的环境，是公关人员的根本任务。公关人员要热爱本职工作，对工作极端负责，有强烈的职业责任感，能充分履行本职工作的社会责任、经济责任和道德责任。在对待职业的态度上要体现客观真实的原则。“真实”是公共关系的生命所在，缺乏“真实”，就不能取得公众的信任和支持，就不能有效地开展公关礼仪工作。公共关系的真实性原则要求公关人员真诚守信，说话、办事、做人都要表里如一，实事求是。

(2)廉洁奉公，不谋私利。公关人员只有为公众、组织、国家谋利益的义务，而没有谋个人私利的权力。公共关系的工作性质和特点，决定了公关人员拥有较多的社会关系，且掌握着一定的权力。这些关系和权力，不仅对组织有利，而且对小人也有用。因而，廉洁奉公、不谋私利对公关人员来说十分重要。公关人员必须始终把国家利益、公众利益、组织利益放在首位，在任何时候都不能自私自利。

(3)公道正派，谦虚团结。公共关系事业是高尚的事业。公关人员应有高尚的品德，要做到为人正直、处事公道、作风正派，公私分明、不拿原则做交易。那些投机钻营、圆滑虚伪、趋炎附势、傲慢自大、浮躁狭隘、争功夺利、妒贤嫉能的行为，都是背离公共关系职业道德的行为。

二、知识修养

公关人员应该具有一定的知识结构。公关人员的知识结构包括公关礼仪的基础知识、专业知识、相关学科的知识，呈“T”型知识结构。在这种知识结构中，“T”的横杠是指一般的礼貌、礼节、礼仪等基础理论知识，竖杠则是指礼仪的专业知识。公关人员应从以下几方面加强自身知识修养。

1. 学习礼貌、礼节、礼仪知识，使自己功底扎实

公关人员应加强对国内外礼貌、礼节、礼仪知识的学习，掌握公关礼仪所需要的比较宽厚、扎实的基础理论，熟悉精通公关礼仪的基本理论知识、与各类公

众沟通的知识，提高自己的礼仪修养。

2.广泛浏览科学文化知识，使自己博学多才

现代化社会的人必须懂得更多的科学文化知识，接触更多的情趣高雅的艺术作品。包括语言知识、新闻知识、广告学知识、美学知识、心理学知识、传播学基础、营销学知识、管理学知识、礼宾知识、艺术修养，并懂一门外语。这是自身修养和人际交往的需要。一般来说，有修养的人大都是科学文化知识丰富的人。

3.学习社会知识，不断实践

学习公关礼仪时，要以主动积极的态度，坚持理论联系实际，把自己学到的礼仪知识应用于社会生活实践的各个方面。公关人员要适应各种特定的服务对象，如在公司、企业、旅游、餐饮、娱乐等不同场合，必须具备相应的社会知识，时刻以礼仪的准则来规范自己的音容笑貌、言谈举止。要想养成良好的礼仪修养，就要多实践，不要怕"出洋相"，也不要自卑。通过各种人际交往接触，不断锻炼提高，在文明礼貌气氛较浓的环境中接受熏陶，培养良好的礼仪习惯。

4.加强文学修养，陶冶情操

公关人员要加强美学修养，按照美的规律来创造美，探讨美的本质、美的追求、如何创造美。公关人员对身体美、心灵美、行为美、语言美等应有正确的理解，对生活美、环境美、艺术美、情感美应准确地鉴赏和把握，从而陶冶情操，提高审美情趣。

三、智能修养

智能是指人的智力和能力，即人的聪明才智和完成一定活动的本领。智能修养包括观察能力、记忆力、思维力、想像力、注意力、表达力、理解力、反思力。公关人员应加强智能修养，锻炼超群的观察、分析和解决问题的能力，具备创造性的思维和策划能力，加强实践动手能力，全面提高智能修养。

公关人员基本智能修养的培养要从以下几方面着手：

(1)观察力。观察是一种特殊形态的知觉，是人们知觉事物的主要形式。知觉是人们对直接作用于感觉器官的客观事物及其客观规律的整体反映过程。观察则与思维相联系，它不是孤立的。

(2)记忆力。记忆是人对客观事物和自身经历的识记、保持和再现的心理过程。记忆力是指人对过去经验的识记储存和再现的能力。公关人员工作范围广泛，面对的事件头绪多、时效性强，需要良好的记忆品质，这些品质包括敏捷性、准确性和持久性。

(3)思维力。思维是人脑对客观事物间接和概括的认识过程。人们对事物

间接和概括反映的能力，就是思维力。思维力是公关人员智能修养的核心要素，其他诸要素都是为之服务并受其支配的。同时，思维力还是智力活动的方法，没有思维力，智力的发挥和发展都是不可能实现的。

（4）想像力。想像是指人脑对原有的感知形象进行改造加工，并且形成新形象的心理过程。想像力就是这种形成新形象的能力。想像力是任何创造活动的前提，没有想像力就没有创造力，而没有创造力的公关人员是不可能取得较大成绩的。

（5）注意力。注意是指心理活动对一定客观事物的指向和集中。注意力就是一个人按照预定目标，在特定时间，把心理活动指向特定对象的能力。在公关人员的智能活动中，注意力起着组织和维持的作用。如果没有注意力的参与，智力活动乃至一切心理活动就难以顺利而有效地发生、发展和形成。

（6）表达力。表达能力是指人们运用语言和文字来表达主观对客观的感受、看法的能力。公关人员的表达力表现为文字表达力和口头表达力两种形式。在社交公关活动中，公关人员的口头表达能力的强弱直接决定或影响着其成败。口头表达力在解决口齿不清、普通话或英语语言不过关等基本问题之后，还应注意既要言之有物、言之有理，还要简练生动、条理分明。

（7）理解力。理解力就是对于问题的把握能力。理解能力依赖于正确、全面的观察，依赖于思维能力的深入运用，同时也依赖于“设身处地”从对方立场思考问题的想像。只有理解了的行动才能是正确的行动，只有理解的思想才能是创造性的思想。公关工作不能依靠直觉和本能，不能对冒险过分依赖。清晰的公关计划必须建立在理解的基础之上。

（8）反思力。反思是总结历史经验教训，有利于自身工作能力的不断提高。没有反思力的人，不能在社会中取得长久的成功，因为，没有反思就没有对经验和教训的总结，一切行动总是处于对现实的不断反思之中。人是善于总结的动物，在总结性反思中，人跨越旧我、迎来新我，无论是事业还是生命的质量，都只有在反思中才能获得不同以往的意义和价值。

四、礼仪修养

1. 礼仪修养与道德修养

礼仪修养与道德修养是密不可分的。在社会生活中，人们的礼仪不是自发形成的，主要是在交往实践中逐步形成的。公关礼仪是社会道德的一种载体，是人生道德的具体化。公关礼仪修养是个人内在修养和素质的外在表现，是人心灵美的必然外在表现。

人类的进化也包括道德理论和道德实践的进化。人们依据时代的发展，从时代的需要出发，不断提出新的道德思想和道德实践，制定符合时代要求的道德准则和规范，以调节和约束人们的行为。

公关礼仪作为人生道德在社交领域中的表现形态，体现着时代的行为规范和准则。由此可见，一个人的公关礼仪修养水平的高低，是受其道德修养水平的制约的。因此，大力加强道德修养对于提高礼仪修养水平是十分重要的。

(1)道德的含义。道德是人们共同生活的行为规范和准则，是社会意识形态的一种表现形式。在我国，现阶段的道德主体是社会主义道德，是社会主义精神文明的重要组成部分，包括社会公德、职业道德和家庭美德三个方面的内容。

社会主义道德建设的基本要求是爱祖国，爱人民，爱劳动，爱科学，爱社会主义。这就体现了广大人民群众的共同利益，是人人必须遵守的社会公德。我国人民的传统美德，如诚实正直，勤劳节俭，团结互助，尊老爱幼等，也是社会主义社会道德的重要组成部分。

职业道德是职业人员在从事职业活动中应当遵守的行为规范。人们的社会交往，常常与其职业联系在一起，以至于自觉不自觉地就成为了某个企业团体或某种职业的形象代表，因此，每个人都应当严格遵守职业道德，自觉维护本企业、团体及所从事职业的社会形象。

(2)学礼先修德。社交中所表现出来的道德修养不是先天的，而是后天修习得来的。注重公关礼仪，必须提高自身道德修养。

首先，要树立正确的人生观，全心全意地为人民服务，不提高道德修养，注重公关礼仪只能是空谈。其次，要热爱祖国，爱国主义是我国各族人民的优良传统和崇高的思想品德。再次，人格上要自我完善，要做到以诚待人，表里如一。真诚待人是一个人健康人格的重要标志。在社交中，讲真话、重诺言、守信用是取信于人的基础，也是公关活动成功的前提。

2.礼仪修养与自我完善

礼仪修养是通过人们的日常活动表现出来的。对于整个社会来说，礼仪是社会文明程度、道德风尚和生活习俗的真实反映，是人们自身思想水平、文化修养和交际能力的外在表现。因此，在实践中不断地自我完善就成为礼仪修养的前提条件。

3.礼仪修养与组织形象

公关工作的最终目的是树立和维护组织形象，公关人员的礼仪修养与维护组织形象二者的关系密切。

(1)礼仪修养是塑造组织形象的前提条件，公关人员代表着组织形象，其礼仪修养是公司的企业文化、道德风尚和企业形象的真实反映，礼仪修养水平高低直接影响组织形象的好坏。礼仪修养是塑造组织形象的前提条件,公关活动中必须加强公关人员的礼仪修养,提高其整体素质。

(2)组织形象是公关人员礼仪修养水平的综合体现。良好的企业形象是一个企业的无形资产和无价之宝.绝大多数公共关系定义都强调公关工作的一个重要目的即塑造组织的良好形象。组织的良好形象,必须以组织的良好行为和优质服务为基础,要求公关人员必须具有良好的礼仪修养,时刻牢记知名度和美誉度对组织的生存和发展的价值,要时时刻刻像保护眼球一样维护组织的形象。中国国际信托投资——中信公司在成立十周年时,公司的一位负责人曾用这样一句话来概括中信公司成功的原因,那就是“像爱护眼睛一样珍惜信誉”。他说,信誉是公司的根基,正如一座大厦一样,有好的基础,才能巍然屹立,公司有了好的信誉,才能不断发展。所以说,公关人员的礼仪修养是塑造组织形象的前提;反过来,企业形象的好坏也取决于公关人员的礼仪修养水平的高低。

第三节　气质风度

气质和风度是个人内在素质的重要内容,公关人员要提高个人内在素质,首先要从培养良好的内在气质和风度入手。

一、内炼高雅的气质

1. 气质的含义

气质是人在心理活动和外部活动中所表现出来的相对稳定的个性特征、风格以及气度。风格是某一事物主要的思想特点和艺术特色,气度是人的气魄和表现出来的度量。气质是一个心理学上的名词,指的是决定一个人心理活动的全部动力,并为个体所独有的心理特点。公元前 5 世纪,古希腊著名医生希波克拉底就对人的气质进行了研究。后来古医学家把气质分为四种基本类型:多血质、胆汁质、黏液质、抑郁质。

气质是高级神经活动类型在人的行为和活动中的表现,是指人的相对稳定的个性特点。因此,气质最能反映人的心灵,同时也最能直接显示人的文明程度。一个内心宽容、善良的人,多有着淳朴的气质;一个奋斗、拼搏的人,多有着坚毅的气质;一个谦虚、谨慎的人,多有着稳健的气质;一个心直口快、助人为乐的人,多有着热情的气质……较完美的人,则表现着一种综合的气质,更有超俗的魅力。作为一名公关人员在社会交际和公关活动中应该表现出高雅的气质,展现出超凡的个人魅力和扎实业务素质。

尽管气质是最稳定的一种心理特性，但是良好的气质是可以通过后天的长期的培养和塑造获得的。公关人员应有意识地加强个人气质的后天培养，通过不断的学习和业务实践完善自己。

气质之美来自内心的修养。良好的气质是与人的知识素养、道德修养、文明程度相一致的。因此，首先要培养良好的气质，就必须努力学习文化知识，使自己具备完善的知识体系；其次树立正确的世界观和人生观和价值观，加强思想品德的建设；再次还要有积极乐观的生活态度，正确的认识世界和自我；与此同时还应该增强自信心，用心体验生活，励炼坚韧和沉稳的性格和从容应对、波澜不惊的处事态度。

2.如何内炼高雅的气质

气质高雅的表现特征是仪表修饰得体，言辞幽默不俗，态度谦逊。公关人员在待人接物上，应沉着稳重，落落大方，彬彬有礼。气质高雅的人易受人尊重、喜欢，被认为办事稳重，有分寸，有高度的责任感。这种气质给人的感觉是诚恳、实在，不虚妄，容易让人产生信任感。美丽的容貌，时髦的服饰，精心的打扮，能给人以美感，但这仅是外表的美，是肤浅而短暂的。气质给人的美是不受年龄、服饰和打扮局限的。公关人员的真正魅力主要在于热情而不轻浮，大方而不傲慢的高雅气质，这是一种内在的人格魅力，具有人际吸引力。公关人员可以通过以下几种方法来内炼高雅气质：

(1)培养高雅的兴趣

兴趣是个体以特定的事物、活动及人为对象，所产生的积极的和带有倾向性、选择性的态度和情绪。兴趣和爱好品味的高低会直接影响和表现一个人的个性特征的优劣。例如，对公益活动感兴趣，乐于助人，对高雅的音乐、美术有兴趣和爱好，反映了一个人个性品质的高雅；反之，对占小便宜感兴趣，对低级、庸俗的文艺作品有兴趣和爱好，则表现了一个人品味的低俗。

兴趣和爱好有时受遗传、环境、年龄、文化层次、时代的影响。作为公关人员，在社会交往当中接触的人比较多，文化层次又比较高，培养高雅的兴趣既能使双方寻找一致话题拉近彼此之间距离，又能够使人智力得到开发，知识得以丰富，眼界得到开阔，并会使人善于适应环境，对生活充满热情。

培养高雅的兴趣是内炼高雅气质的重要方法之一。公关人员可以通过接受文学艺术的熏陶，用丰富的知识充实自己的内心世界，如读书、欣赏音乐、跳舞、醉心琴棋书画、品茶、练瑜伽等等，因而形成独具魅力的气质风度。

(2)增强自信心

自信是一种积极性，是自我评价的积极态度。它是成功不可或缺的条件，也是成就事业的原动力之一。在社会交往中，自信是个人气质的重要内容，也是赢得对方信赖和尊敬的基础。

爱默生说"自信是成功的第一秘诀"。马克思说:"伟人之所以看起来伟大,只是因为我们在跪着,站起来吧!"成功学的创始人拿破仑·希尔说:"自信,是人类运用和驾驭宇宙无穷大智的唯一管道,是所有'奇迹'的根基,是所有科学法则无法分析的玄妙神迹的发源地。"奥里森·马登也说过这样一段耐人寻味的话:"如果我们分析一下那些卓越人物的人格物质,就会看到他们有一个共同的特点:他们在开始做事前,总是充分相信自己的能力,排除一切艰难险阻,直到胜利!"只有具备自信心理素质的人,才能在挫折面前,毫不自卑,在成绩面前,从不自负,始终以自强不息、积极进取的态度而奋斗,从而达至最终的成功!美国作家海伦凯乐,在一岁半就双目失明,命运是凄惨的,可她凭着对自己的信心,顽强地活了下去,后来,她又靠着不懈的努力,最终被哈佛大学录取,成为举世瞩目的残疾作家。

自信不能停留在想像上。要成为自信者,就要像自信者一样去行动。我们在生活中自信地讲了话,自信地做了事,我们的自信就能真正确立起来。面对社会环境,我们每一个自信的表情、自信的手势、自信的言语都能真正在心理中培养起我们的自信。同时还要有坚强的毅力,爱迪生认为自信和坚强意志是伟大人物最明显的标志,他说:"不管环境变换到何种地步,他的初衷与希望仍不会有丝毫改变,而终于克服障碍,以达到期望的目的。"自信心强的人,一般总具有坚强的毅力,毅力又总是同精力结合在一起构成意志坚定的品质。一个具有坚强毅力的人,他不会因成功而骄傲,也不会因失败而气馁;成功能催其不断奋进,失败也能勉他再接再厉。

公关人员的自信体现在诚恳自然、不卑不亢、落落大方。对于来访的客人,热情相待,彬彬有礼,登门拜访诚恳礼貌;面对同事落落大方,面对上级不卑不亢;面对工作怀有轻松应对的心态,面对挫折有不畏艰险的信心。

(3)树立鲜明的个性与特色

现代心理学一般把个性定义为一个人的整个精神面貌,即一个人在一定社会条件下形成的、具有一定倾向的、比较稳定的心理特征的总和。指一个人区别于其他人的独特的精神面貌和心理特征。

在社会交往中,公关人员既是一个独立的个体,又是某个组织形象的代表,其形象应该是共性与个性的统一。首先应明确,作为公关人员,是企业、组织当中的一员,应该有一般的职业素养,但同时,我们又应强调公关人员自己的独特的个性和特色,或是热情,或是稳重,或是机敏,或是踏实,或是幽默,都可以形成自己独特的风格,更会给人留下深刻的印象。个性贯穿着人的一生,影响着人的一生。正是人的个性倾向性中所包含的需要、动机和理想、信念、世界观,指引着人生的方向、人生的目标和人生的道路；正是人的个性特征中所包含的气质、性格、兴趣和能力，影响着和决定着人生的风貌、人生的事业和人生的命运。

个性倾向性是人的个性结构中最活跃的因素，它是一个人进行活动的基本动力。个性倾向性决定着人对现实的态度，决定着人对认识活动的对象的趋向和选择。

具有个性的公关人员在进行公关活动的过程中，无论何种情况，都会保持一个原本的自我，会根据实际的情况恰到好处地表现自己独有的一切，包括声调、手势、语言等，而不会趋炎附势，丧失自己的立场和特色。

(4)形成外向的性格

性格就是人比较固定的、持续的行为方式倾向。性格决定着人的行为方式及特点兴趣，表现出行为的倾向性，反映了一个人独特的行为方式，是与他人区别的重要标志。

性格按不同的原则和标准可以分为不同的类型。以心理活动的倾向可以分为外向和内向两种。内、外向的概念首先是荣格(C. G. Jung)于1913年在他的《心理类型学》一书中提出的。他认为在与周围世界发生联系时，人的心理一般有两种指向，他称为定势。一种定势指向个体内部世界，叫内向；另一种定势指向外部环境，叫外向。内向性格是安静的、富于想象的、爱思考的、退缩的、害羞的和防御性的，对人的兴趣漠然；外向性格是爱交际、好外出、坦率、随和、乐于助人、轻信、易于适应环境。荣格认为，纯粹内向或外向性格的人是很少的，只是在特定场合下，由于某种情境的影响而倾向于一种占优势的态度，大多数人是介于内向和外向之间的中间型。

通过上面的介绍，作为一名公关人员，在人际交往中应该提倡开朗的性格。他应该是善交际、善言谈、洞察力强，具有合作、友善、助人、负责、等特性；他们喜欢社会交往，经常出入社交场所，关心社会问题。热情而不急躁，活泼而不轻浮，果断而不鲁莽。只有把美的外貌和高雅的气质、良好的品德、优美的语言结合起来，才能展现出人格、气质、外表的一个完整的美好形象。

性格测试：

下面有50道题，请根据自己的实际情况做出回答。符合的，则把该问题后面“＋”圈起来；难以回答的，则把“?”圈起来；不符合的，则把“－”圈起来。

1. 与观点不同的人也能友好往来＋ ? －

2. 你读书较慢，力求完全看懂。＋ ? －

3. 你做事较快，但较粗糙。＋ ? －

4.你经常分析自己、研究自己。＋？—
5.生气时,你总不加抑制地把怒气发泄出来。＋？—
6.在人多的场合你总是力求不引人注意。＋？—
7.你不喜欢写日记。＋？—
8.你待人总是很小心。＋？—
9.你是个不拘小节的人。＋？—
10.你不敢在众人面前发表演说。＋？—
11.你能够做好领导团体的工作。＋？—
12.你常会猜疑别人。＋？—
13.受到表扬后你会工作得更努力。＋？—
14.你希望过平静、轻松的生活。＋？—
15.你从不考虑自己几年以后的事情。＋？—
16.你经常会一个人想入非非。＋？-
17.你喜欢经常变换工作。＋？—
18.你常常回忆自己过去的生活。＋？—
19.你很喜欢参加集体娱乐活动。＋？—
20.你总是三思而后行。＋？—
21.使用金钱时你从不精打细算。＋？—
22.你讨厌在工作的时候有人在旁边观看。＋？—
23.你始终以乐观的态度对待人生。＋？—
24.你总是独立思考回答问题。＋？—
25.你不怕应付麻烦的事情。＋？—
26.对陌生人你从不轻易相信。＋？—
27.你几乎从不主动制定学习或工作计划。＋？—
28.你不善于结交朋友。＋？—
29.你的意见和观点常会发生变化。＋？—
30.你很注意交通安全。＋？—
31.你肚里有话藏不住,总想对别人说出来。＋？—
32.你常有自卑感。＋？—
33.你不大注意自己的服装是否整洁。＋？—
34.你很关心别人会对你有什么看法。＋？—
35.和别人在一起时,你的话总是比别人多。＋？—
36.你喜欢独自一个人在房内休息。＋？—
37.你的情绪很容易波动。＋？—

38. 看到房间里杂乱无章,你就静不下心来。＋ ? －

39. 遇到不懂的问题你就去问别人。＋ ? －

40. 旁边若有说话声或广播声,你总无法静下心来学习。＋ ? －

41. 你的口头表达能力还不错。＋ ? －

42. 你是个沉默寡言的人。＋ ? －

43. 在一个新环境里你很快就能熟悉了。＋ ? －

44. 要你同陌生人打交道,常感到为难。＋ ? －

45. 常会过高地估计自己的能力。＋ ? －

46. 遭到失败后你总是忘不了。＋ ? －

47. 你感到脚踏实地地干比探索理论原理更重要。＋ ? －

48. 你很注意同伴们的工作或学习成绩。＋ ? －

49. 比起读小说和看电影来,你更喜欢交游和跳舞。＋ ? －

50. 买东西时,你常常忧郁不决。＋ ? －

计分与测试结果:

题号为奇数的题目(1、3、5、7、9……),每圈一个"＋"计 2 分,每圈一个"?"计 1 分,圈"－"的计 0 分;题号为偶数的题目(2、4、6、8、10……),每圈一个"－"计 2 分,每圈一个"?"计 1 分,圈"＋"计 0 分。最后将各道题的分数相加,其和即为你的性向指数。

性向指数在 0—100 之间。由性向指数的数值就可以了解一个人内倾或外倾的程度。

总分性格倾向性 0—19 内向;20—39 偏内向;40—59 中间型(混合型);60—79 偏外向;80—100 外向

外向:具有较高的反应性和主动性。脾气暴躁、不稳重、好挑衅、但态度直率、精力旺盛。能以极大的热情工作、并克服前进道路上的障碍,但有时会表现缺乏耐心。当困难太大而需要特别努力时,有时显得意志消沉,心灰意懒。他们可塑性差,但兴趣较稳定。

偏外向:会对一切吸引他注意的东西,作出主动的、兴致勃勃的反应。行动敏捷,有高度的可塑性。容易适应新环境,善于结交新朋友。易动感情,姿态活泼、表情生动,言语具有表达力和感染力。精力充沛、坚定、有毅力。但在平凡和持久的工作中,热情易消退,表现出萎靡不振。

偏内向:不易动感情,也不易外露,态度持重、交际适度,对自己的行为有自制力。心理反应缓慢,遇事不慌不忙。可塑性差,不灵活但有条理,能冷静持久地工作。因循守旧,缺乏创新精神。性格一般表现为内向,对外界的影响很少作出反应。

内向：具有较高的感受性和较低的敏感性，他们的心理反应速度缓慢，动作迟钝，说话慢慢吞吞。多愁善感，易动情感，但表现微弱而持久。不善于与人交往，在困难面前优柔寡断，在危险面前表现出恐惧和畏缩，受挫折后常心神不安，不能迅速地转向新的工作，主动性较差。不能把事情坚持到底。富于想象，比较聪明，对力所能及的事情表现出较大的韧性，并克服重重困难。

(5)树立乐观豁达的态度

乐观是人们对事业前途充满信心的一种精神面貌，是成功者具有的品质。一般的说，具有自信心的人，总是乐观主义者。公关人员要有乐观豁达的态度，对生活、对工作、对事业，无论多么艰难困苦，他们都会以积极的姿态去面对，相信自己可以战胜困难，相信前途是光明的。正是这种乐观的情绪，使他们的自信心逐步得到发展与巩固。

二、外显优雅的风度

风度是内在气质的外在表现。只要是美的气质，就会表现出美的风度。美的气质通过美的表情、美的动作、美的仪表、美的语言表现出来，就形成了美的风度。

1.风度的含义

风度是一个人气质和修养的外在表现，是仪表、神态、言谈、举止的综合协调的整体表现。风度是一个综合概念，它不是指某个人的某一表情动作，而是指人在日常行为中表现出来的仪表、神情、姿态等的总和，是指人的全部生活姿态所提供给人们的综合印象。

风度有多种类型，如政治家风度、企业家风度、学者风度等等。因此，不同的职业，可营造出不同的风度。三尺讲台上，仪表端庄，语言流畅，神态自如，是教师的风度；车水马龙中，英姿飒爽，手势洒脱，指挥自如，是交警的风度；人流穿梭的柜台前，笑容可掬，包装麻利，计价准确，是售货员的风度；把脉听诊，准确判断，细致入微，给患者以信心，是医生的风度……生活中，每个人的风度都是不同的。而作为一名公关人员，他的风度则是衣着得体、举止高雅、成熟稳重、敏锐机智、自信乐观。

风度美虽表现在外表，却发自内涵。“腹有诗书气自华”。一个人有深厚的教养和坚定的信仰，自然能表现出一种吸引人的风度。长相美并不等于风度美，一个缺乏教养、内心世界阴暗的人，即使长相再美，也表现不出美的风度；如果举止粗野、谈吐庸俗，则更会使人感到厌恶。

2.如何具备优雅的风度

(1)人文素养

据《大不列颠百科全书》的解释,“人文,是指人的价值具有首要的意义。”人文的概念包含了“人”与“文”两个方面,体现了对人的关怀和对文化的关切。“人文”是潜移默化的、长远的、隐性的东西。所谓“素养”,一般来说,就是指人们后天形成的知识、能力、习惯、思想修养的总合,“人文素养”是人的整体素养之中的重要组成部分,具有人文素养的最典型标志是具有人文精神,它使一切追求和努力都归结为对人本身的关怀。

一个具备人文素养的人,才是一个热爱生命,善待生活的人。公关人员应掌握人文知识、领悟人文精神,不断充实自己。首先加强学习,尤其是历史知识和哲学知识,学习如何处理现实生活中的人与自然、人与社会、人与人、人与物之间的关系。其次要怀着一颗感恩的心,感恩不是一种心灵的负担,而是一种美德。有了一颗感恩的心,你将学会理解、学会宽容、学会主动地帮助别人,由此建立正确的价值观,充实自己的人生;同时要加强诚信教育,培养诚实守信的良好品质才能赢得对方的信任和尊重。最后应经常内省,内省是自我观察、自我分析、自我认识、自我矫正、自我完善、自我提升的过程,是个体在头脑中对问题进行反复、严肃、执著的沉思,是对过去的经验反馈,同时又是做出新计划和行动的依据,这对于自我改进和提高是大有裨益的。

(2)职业素养

职业素养包括职业意识、职业道德、职业态度,它是提升个人和企业的核心竞争力。除了公关的基本业务素质之外,职业素养还包括忠诚度,团队合作精神、敬业精神、服从和勤奋。

职业素养和个人的风度是相互促进的。良好地风度是个人职业素养的体现;同时一个职业素养很高的人也必将拥有高雅的风度。

(3)心理素质

心理素质是一个人的性格品质、心理能力、心理动力、心理健康状况及心因性的水平或质量的综合体现。它们共同组成广义的心理素质的内在结构。各因素间相互联系,互为基础和条件。

心理素质属于非智力因素。包括人的动机需要、兴趣爱好、信念理想、气质性性格、人生观、价值观、世界观等因素。合理的信念追求、积极乐观的人生态度等都是人们心理素质的重要内容。心理素质居于人的整体素质的核心,其各方面分别构成其他素质发展的基础。

无论是一般的公关活动如接待、上门拜访还是特殊的公关活动如酒会、谈判、典礼等,公关人员都应该以良好的心理素质为基础和前提。只有这样,才能以健康的心态面对周围的人和事；才能具有良好的自我认识能力和较强的控制能力，积极的投身于工作；才能用积极、有效的方法解决问题，寻找处理问题的新思维和新方法；才能够以积极、沉着的心境面对可能出现的一切问题、挫折或是失败，以正确的态度看待成功，不会因为失败而踌躇不前，也不会因为成功而沾沾自喜，从而形成不断进步的良好的心理动力源泉。

(4)情商水平

情商(EQ)又称情绪智力，它主要是指人在情绪、情感、意志、耐受挫折等方面的品质。是一个人的情感和社会技能，表示与情绪有关的智力，属于非智力因素。以往认为，一个人能否在一生中取得成就，智力水平是第一重要的，即智商越高，取得成就的可能性就越大。但现在心理学家们普遍认为，情商水平的高低对一个人能否取得成功也有着重大的影响作用，有时其作用甚至要超过智力水平。情商的水平不像智力水平那样可用测验分数较准确地表示出来，它只能根据个人的综合表现进行判断。

美国心理学家认为，情商包括以下几个方面的内容：一是认识自身的情绪。因为只有认识自己，才能成为自己生活的主宰。二是能妥善管理自己的情绪。即能调控自己；三是自我激励，它能够使人走出生命中的低潮，重新出发。四是认知他人的情绪。这是与他人正常交往，实现顺利沟通的基础；五是人际关系的管理，即领导和管理能力。

心理学家们还认为，情商水平高的人具有如下的特点：社交能力强，外向而愉快，不易陷入恐惧或伤感，对事业较投入，为人正直，富于同情心，情感生活较丰富但不逾矩，无论是独处还是与许多人在一起时都能怡然自得。因此，作为公关人员应不断地提高自我的情商水平，才能轻松自如的应对职场中纷繁复杂的人际关系和繁文缛节。

本章小结：

公关人员个人的内在素质包括基本素质、基本修养和气质风度。

完整的知识体系、业务素质和能力素质是公关人员整体素质的重要内容。公关人员应该完善自我的知识体系，掌握与公关相关的基本理论和专业知识；同时从品德、性格、情绪、思维、胆识等方面内炼业务素质；而组织、协调、社交、表达四方面的能力素质则是提升公关人员内在素质的关键。

公关人员应该加强品德修养，塑造高尚人格，应该具有一定的知识结构和较高的文化涵养，基本智能修养和礼仪修养。加强品德修养，不断地提高自身的道德素质和水平，具备一定的知识结构和较高的文化涵养，具备创造性的思维和策划能力，加强实践动手能力，加强公关礼仪修养是提高公关人员基本修养的重要途径。

气质和风度是个人内在素质的重要内容，公关人员应该通过内炼高雅的气质和外显优雅的风度，在社会交往中凸现个人魅力。其中培养高雅的兴趣、增强自信心、树立鲜明的个性与特色、外向的性格、乐观豁达的态度是内炼高雅的气质的有效途径；而塑造良好的风度可以通过加强人文素养、职业素养、心理素质、情商水平来达到。

思考与训练：

1. 你如何看待公关人员的个人的内在素质？
2. 公关人员的个人基本素质包括什么内容？
3. 什么是品德修养？
4. 公关人员的基本修养包括什么内容？
5. 谈谈礼仪修养与组织形象的关系？
6. 如何内炼高雅的气质？
7. 怎样才能塑造良好的风度？

第五章 个人的外在包装

端庄的仪表与整洁的服饰就是最好的推荐信。

——原一平

本章要点：

公共关系人员注重礼节和礼仪对于搞好公关工作是十分重要的。孔子说："礼者，敬和也"，他要求人们在交际活动中互相尊重，友好相待，对交往对象要重视、恭敬，个人的外在包装即个人的形象礼仪也是其中的一个重要的方面。

双方在接触时，首先看到的、感受到的就是对方的外在形象，包括服饰、妆面和发型等，并且往往也是通过这些"以貌取人"的。个人的仪表美不仅是自重自爱的需要，更是尊重对方的一个重要表现。

公关人员个人的仪表符合公关礼仪的要求，不仅反映出个人的修养，而且很大程度上代表了所在社会组织的形象。良好的个人形象不仅令对方产生信任和好感，而且还会促使双方合作顺利完成以及长远的合作；相反，如果公关人员在工作中不注重个人的形象礼仪，举止精俗、缺乏素养，对方便会觉得组织整体的素质低下，欠缺管理，甚至会认为组织整体的实力不强、信誉度不高。

本章主要探讨公关人员的个人外在包装，主要包括发型、化妆和服饰三个内容。

第一节 发型礼仪

发型是一门艺术。它能美化和突出人的某些优点，也能体现一个人的精神面貌和审美情趣，同时也能反映出一个人的气质。

优美的发型，增强了人们在交往中自信心。不同的职业，不同的年龄，不同的场合中，不同的发型所产生的效果都不一样。

公共关系人员更应该注重自己的发型。他们的发型应该既有女性发型的普遍特征，又具有职业要求的特殊性；既要朴素，又要体现职业人士的精明干练；既要保守，又要大方得体。

一、发型礼仪的基本准则

1. 整洁

整洁原则是发型礼仪的最基本准则。

头发处在人的仪表最显著的部位，而且发型的变化比较丰富，是较为重要的一个装饰部位，所以比较受关注。头发的整洁显得尤为重要。

首先是经常清洗头发。洗涤头发主要是为了去除灰垢、清除头屑、防止异味等。经常洗发有助于头发的保养。洗发要注意几点：一要有正确的洗发方式，水温保持在40℃，选用适合自己发质的洗发剂，使用护发素，手法正确等等；二是要勤洗头发，清洗的次数可因地区和个人情况而异。

其次是定期修剪头发。无论是男士还是女士，头发的修剪都是十分必要的。男士的头发不易太长，短发可以给人精神抖擞的感觉。而留长发，遮住眼睛或是鬓角太长等都会让对方感觉邋遢、不修边幅，不稳重，办事不牢靠；而女性头发太长会让对方觉得不利索，不敬业等等。所以定期修剪头发，使发型庄重、简约、大方、高雅，可以使人在公关活动中更自信、更有魅力。

最后是保持发型。可以用一些定型膏或者啫喱水，固定已有的发型。同时梳理头发也可以使头发整齐，但在工作的场合不要当众梳头（尤其是在饭店）或是用手指代替发梳，这是十分不礼貌的，而且所产生断发或头屑对于个人形象或是组织形象都是一种严重的损伤。

2. 得体

一个好的发型，必须符合其本人的年龄、职业、身份、场合等等。发型是个人形象塑造的重要组成部分，不同年龄的人其发型的样式和风格是不一样的。年轻人的发型可洒脱、活泼一些，但也不可一味地追求流行，因为流行发型不太适合职业人士，尤其是染发对个人形象的损害尤为明显，过分地追逐潮流只会给人留下轻浮、经验不足，不够稳重的感觉。年纪稍大的更应该注重发型的整洁和庄重；不同的职业对发型的要求也不一样，比如从事化妆品销售的人员其发型可以更活泼，富有青春活力一些，而从事接待或谈判的人员，其发型还是应该庄重一些。不同的身份对发型的要求也不一样：主管和普通员工对发型的注重和要求肯定是不一样的。场合也是一个重要的衡量标准：出席音乐会、舞会、宴会、派对等等，可以让自己的发型华丽一些；在庆典、会务等场合，发型、发式还是简洁和朴素一些。

3. 协调

协调主要包括发型与自身的协调、与周围环境的协调、与公关主题的协调三个内容。

发型与自身的协调主要是指发型应配合服饰和妆容、与年龄以及与自身的条件相协调几个方面。发型、服饰、妆容往往是相互配合的，比如女士穿旗袍时，头发一般会盘起来，绾成髻，决不可蓬松凌乱。男士着燕尾服时，披着长发或顶着光头，无论如何是配不上的，其最合适的发型是往后梳理的背头。个人的发型还应与年龄相协调，不同年龄的人其气质、阅历不一样，年轻人不要做一个老气横秋的发型，而年纪大的人也不要去做一个过分时尚的发型。最后发型还要与个人的自身条件相协调：

(1)与脸型相协调。最好是根据自己的脸型来选择发型，因为圆形脸、方形脸、椭圆形脸等对发型的修剪要求是不一样的。

(2)与身体的比例相协调。发型高度与身材的比例应符合达·芬奇所说的“黄金分割”规律，也就是说头长是身长的1/7，这样才具有美感。如果说头长已经超过了身长的1/7，那么发型高度加头长必然超过了身长的1/7，这就是一种发型与身高的失调，男士宜留平头，而女士则宜选择短发；反之，如果头长不到身长的1/7，则可以选择稍高或蓬松的发型。

发型与周围环境的协调主要是指发型与组织的风格与要求、当代的审美观相一致。作为一个公关人员，组织统一的着装、统一的风格是必须遵守的，所以发型作为其中的一个环节，也必须符合组织整体的风格与要求，不可标新立异，独树一帜。譬如染发、追逐潮流等等。发型还要与当代的审美观相一致。不同的时代，发型的要求和风格不一样，比如在清朝，男性留长辫子是一种美，而在今天，就是一种怪异的表现；又比如在古代，女子要留长发，“平头髻”、“凌云髻”等等，而现代女性则以简约、大方为主要特征。时代的审美观决定了人们对发型的评价。

发型与公关主题的协调主要是指发型在不同的公关活动中应该有不同的风格。不同的公关活动，发型也应随之变化，既体现公关人员良好的审美水平和素质，又增添了生活的情调。

总之，发型的特点是提倡简约大方。反对复杂奢华，以体现敬业精神，避免在公务活动中被人误会为准则。

4. 美观

发型是一种艺术，既然是艺术就要讲究美感。无论是长发、短发、直发还是卷发，无论是在何种场合、什么身份，都要坚持美观的原则。这也是发型要求的基本原则。“爱美之心，人皆有之”，对于美好的事物，人们总是乐意接受的。美的发型赏心悦目，对于第一印象和整体印象的塑造是十分关键的。

二、发型礼仪的应用

发型礼仪是个人形象礼仪的重要组成部分。

现在发型的式样丰富多彩，在选择发型上除了根据自身的主观偏好以及客观条件之外，更应该根据所从事工作的客观实际情况来选择相应的发型。也就是说，公关人员在日常性公关活动和专门性公关活动中，其发型的选择和装扮应该有所变化。

发型以简洁、整齐、大方为准则，最好为短发，体现工作人员的精干。

女性即便是要留曲线优美的长发也应该到肩部为止，不宜太长，最好是能够将长发扎起来，以免总是摆弄或处理垂下的发丝。在有必要使用发卡、发绳、发带或发箍时，应朴实无华。绝不要在工作岗位上佩带彩色、艳色或带有卡通、动物、花卉图案的发饰。其色彩宜为蓝、灰、棕、黑，并且不带任何花饰。额头前的刘海儿不宜太长，以免遮住眼睛。

男性的鬓角不宜太长，不宜使用任何发饰。

头发的颜色也是需要注意的，染发是一大禁忌，尤其是夸张的色彩更是不礼貌的一种表现。

在一些特别的礼仪场合，比如舞会，发型可以多变、随意、动感、潮流一些。可以配合服装选择不同的发型，同时可选择一些饰发产品来增加发型的华丽感。也可选择假发以便临时之需，这是职业女性经常采用的一种简便易行的方法。

晚宴的发型比较讲究，男性可吹发、定型，以显示稳重又潇洒，女性盘发也好披肩发也好，直发也好卷发也好，都要讲究“造型”，优雅大方，妩媚动人。

第二节　化妆礼仪

俗话说：“三分人才，七分打扮”，这句话是很有道理的。靳羽西曾说过：“世界上没有难看的女人，只有不懂得如何把自己打扮得体的女人。”天生丽质、花容月貌并不是人人都有的，但是再平庸的脸上也会有闪光之处，所以我们可以通过一些美容技巧和化妆技巧，扬长避短，且把自己的潜在美充分地挖掘出来。这种美不仅是局限于个人体验的一种美，更是具有社会意义的审美体验。

化妆是现代女性重要的自我美化活动。在职业活动中，依照惯例，化妆是一种基本的礼节。它不仅是工作的需要,更是尊重他人的一种表现。

一、化妆的作用

1. 修饰保护

化妆的目的一是修饰、美化面容,二是保护皮肤。

化妆是对皮肤的一种保护。现代社会,经济的发展带来城市的污染,空气中的有害物质越来越多,加之紫外线的辐射,皮肤受到的威胁越来越大。素面朝天对皮肤的伤害是很大的。比如说干性皮肤,这种皮肤在寒风烈日、空气干燥的环境中缺水的情况会更加严重。如长期不加以护理会产生皱纹,所以干性皮肤必须通过适当的皮肤护理促使其恢复正常生理功能,以防未老先衰。早晨,宜用冷霜或乳液滋润皮肤,再用收敛性化妆水调整皮肤,涂足量营养霜;晚上,要用足量的乳液、营养性化妆水、营养霜。

2. 尊重他人

尊重可以使双方在心理需要上感到满足、愉悦,进而产生好感和信任。礼仪所表达的意义主要就是尊重,把自己最好的一面展现给别人就是对对方的尊重。想像一下,一个不修边幅、大大咧咧的人作为一个公司形象的代表接待你,你会觉得自己被重视和尊重了吗?

3. 体现良好的精神面貌

化妆可以提高女性的自信心,增添个人的魅力。人们都会说用新的面貌去迎接新的一天,这个新的面貌中化妆品可以起到如虎添翼的效果。化妆品的色彩和勾勒出的线条感是其他效果达不到的。

二、化妆礼仪的基本准则

1. 自然

自然是化妆的最高境界。化妆的目的是美化脸部,使自己更生动、漂亮。但如果浓妆艳抹或是很生硬,就会适得其反,让人觉得反感。高超的化妆技术是不着痕迹,被人认为确实长了这样一张姣好的面容,拙劣的化妆技术则让人一眼识别出粉饰的痕迹,显得很假,像带上了一副面具。当然,要达到自然的效果取决于几个方面,比如化妆技巧的掌握、化妆经验的积累、化妆品的品质还有自身肤质的条件等等,从整体上来看应该达到体现层次、点面到位、淡浓相宜的效果。

2. 美化

化妆可以美化和突出脸部的某些优点,掩饰和弥补某些缺陷,这也是人们喜爱化妆的根本原因,所以美化原则是化妆的前提。如果一个妆面不能够给你带来美化的目的和效果，也就是丑化了你的形象，那么这样的妆不化也罢。

3. 适度

过犹不及常用来形容做事过了头，我们做任何事情都要掌握“度”，把握好分寸，化妆也不例外。过分的依赖和迷信于美容，浓妆艳抹的上班是不可取的。这不仅对自己的皮肤是一种伤害，而且给对方带来不舒适的心理感受，影响了正常的交往和工作的开展。

4. 协调

主要包括妆面本身的协调、整体协调、身份协调、主题协调四个内容。

(1)妆面本身的协调：化妆是一门艺术，但更是一门技术。妆化得怎么样从妆面上可以直接看出来：不同部位的色彩搭配是否恰当，浓淡是否协调等。

(2)整体协调，是指脸部的妆面还须考虑与衣服的样式、颜色与发型的风格等。整个打扮必须是和谐一致的。比如说衣服选择绿色系的，那么眼影、口红可以选择一致的色系，而整个妆面可以偏冷色调，这样可以取得良好的整体效果。

(3)身份协调：是指公关人员化妆时要根据自己的身份特征和职业特点进行考虑。比如说管理层以上的职业人员可以根据自己的收入选择一些品质较好的化妆品，在化妆时要注意色彩的选取要与年龄、个人风格相协调，以淡雅、端庄、稳重为基调，不可过分轻佻；普通职员可根据自身情况选择化妆品，并根据工作性质来化妆，比如说如果是专门从事公关、礼仪、接待等工作的人员，需要表现出一定的人际吸引魅力，化妆就不能太单调，但也不能太艳俗，要符合当代人审美情趣，浓淡相宜，自然大方。如果是一般的职业人员，保证自然、清丽、稳重就可以了。

(4)场合协调

首先是考虑妆面与公关主题的协调：在日常性公关活动中，以淡妆为宜，只需修饰眉毛、眼睛和嘴唇，节省时间，简约而不简单。在专门性公关活动中，比如说参加大型的晚宴、舞会，为了与礼服相配，按照礼仪的标准，可以适度的化浓妆，光彩照人，魅力四射，这是对主人和宾客的尊重。其次是化妆的地点，化妆通常是在家里或宿舍完成的，根据社交礼仪的要求，在公共场合众目睽睽之下化妆或补妆是不礼貌的，是一种既不尊重自己也不尊重周围人的一种行为。如果确有必要化妆或补妆，应该到洗手间里进行。

总而言之，美容化妆不可随心所欲，也不可敷衍了事，更不可张扬个性。

三、几种常见的妆面

1. 工作妆

工作妆主要是工作场合的妆容。工作场合包括日常工作场合以及特定工作场合。日常工作场合主要是办公室;特定工作场合,如谈判、各类庆典、展示性活动场合等等。工作场合化妆应为淡妆,粉底要接近肤色,薄薄地施于脸部,眼影要配合服装的颜色,清爽明快,颜色不宜太多。眼线以细、轻为宜。睫毛膏可以省去或轻轻刷上一层。腮红也以看上去自然、淡雅为宜,不可太突出和明显。口红颜色的选择以接近唇色为准则,不可太明艳、太夸张。

办公场合,指甲的修饰须注意以下几点:第一,不要涂抹艳丽的指甲油,可使用透明或无色的指甲油;第二,不要对指甲进行装饰,现在流行"美甲",尤其是年轻女性喜欢在指甲上绘制一些优美的图案,办公场所指甲还是素面朝天的好;第三,不要留长指甲,长指甲不仅会影响工作的效率,比如操作电脑、打电话等,而且从卫生的角度来看,还是要勤剪指甲的好。

2. 舞会妆

与工作妆不同,舞会妆是浓妆。因为舞会的场合灯光比较昏暗,气氛较为轻松。妆容应显得光彩绚丽、热情奔放。粉底遮盖力要强,即要有一定的厚度,保持要持久。散粉可以让皮肤看上去晶莹剔透。眼影可画得绚丽一些,夸张一些,用色也可大胆一些,比如说金色、银色眼影。睫毛膏选用加长、加浓、卷翘的类型。腮红可浓重一些。口红的色彩可以选用明艳亮丽的,比如玫瑰红色,甚至是带珠光的,也可选用唇彩。

在舞会上,出汗是难免的,所以应随身携带化妆盒,以便及时补妆。

指甲也可作些修饰,比如涂抹色彩艳丽的指甲油,或在上面绘制一些图案等等。

3. 晚宴妆

晚宴妆的妆容应大方、干净,体现气质。粉底与皮肤的颜色不可相差太大,且粉底要有一定的厚度。再将散粉均匀细致地打在脸上定妆。可利用在脸颊两侧涂刷较浓的色彩产生的阴影效果和腮红使脸部获得立体的效果。用咖啡色眉笔修画眉毛。眼影同样也是要配合服装的样式、颜色,浓淡适宜,色彩可多达 3 种。眼线可画得略粗。睫毛膏可选择浓密型。唇膏颜色不可太夸张。但可用明亮的来增加唇部的立体感。

指甲可涂抹指甲油,但色彩的选择较为重要,选择一些雅致、略显高贵的色彩,不要太浓,太艳丽,以免显得俗气。

四、化妆技巧的运用

(一)色彩的选择

色彩对于妆面的整体效果是十分关键的。

众所周知,对美术绘画来说,色彩选择得当,绘出的图画就使人赏心悦目,如果色彩运用不当,就会使绘出的图画极不协调,有失美感。同样的,化妆色彩的运用也像绘画一样,十分重要。

1. 化妆色彩要与个人的内在气质相吻合。人的气质特点各不相同,有人是清纯可爱型,有人是高雅秀丽型,也有人是浓艳妖媚型等等,各种色彩也有它所代表的特点,所以清纯可爱型者要选择粉色系列的化妆色彩,忌浓妆和强烈的色彩;高雅秀丽型者可选择玫瑰或紫红色系的色彩,眼影尽量不用对比强烈的颜色,以咖啡色、深灰色最合适;浓艳妖媚型者可选用热情的大红色,眼影可采用强烈的对比色,如用深绿或深蓝色作为眼部化妆时的强调色。

2. 化妆色彩要与个人的年龄相吻合。例如,年龄较小的女孩可尽量用淡色,如粉红色系口红(粉红、粉桔);年龄稍大的女孩可用较深或较鲜艳的色彩,因为深色及鲜艳的色彩会给人醒目的感觉,看起来也较成熟。

3. 化妆色彩要与个人的肤色相吻合。它包括三个方面的选择:一是粉底的选择,以下颌与颈部连接的部位肤色来试粉底的颜色,最好与肤色完全一致或比肤色浅一度的颜色,千万别选太白或太暗,与自己肤色差异较大的颜色。二是腮红的选择。对于肤色较白的人,可以选粉红色系列;而肤色较深的人,应选用咖啡色系列,使肤色看起来更健康。三是口红的选择。浅色有银光的口红有使嘴巴显大的效果。口红与肤色的搭配也有学问,皮肤较黑的人,不可涂浅色或含银光的口红,因为浅色口红会与肤色形成对比,使之显得更为黯淡。而肤色较白的人较幸运,任何颜色皆可用。皮肤较黑的人必须特别注意色彩的选择,避免用黄、粉红、银色、淡绿或浅灰色口红,可涂暖色系较偏暗红或咖啡系的口红,将皮肤衬托得较白且协调。

4. 化妆色彩应与服饰的颜色协调。这里更注意以下几点:①着浅色如粉色系列的服装,在化妆时色彩应该素雅,与服装的颜色一致。②着深色单一色彩的服装,可选择临近或同色系的彩妆搭配。比如着绿色或蓝色服装,可选择对比色系的彩妆,如大红色、橙色来搭配。③着黑、灰、白颜色的服装,可选择较鲜艳、较深、无银光的彩妆来搭配。④着红色系有花纹图案的衣服时,可选择图案中的主要色彩或同色系但深浅不同的色彩来搭配。⑤着有花纹图案的服装,其中主要色彩是蓝、绿色系,则化妆色彩可采用对比或对比同色系的色彩来搭配。

⑥眼部化妆的色调,可选用与服装相同或对比色来搭配。

(二)化妆的步骤:

1. 基础护理部分:"洁肤、调肤、润肤"

A. 洁肤:

健康靓丽的皮肤由适当的清洁开始,洁肤用品能溶解及清除化妆品、油脂和污垢,且不伤害皮肤。用太热或太冷的水冲洗会刺激皮肤,破坏皮肤的化学平衡,造成毛细血管的破裂;洗脸的时候不要用力搓拉皮肤,因为这会使娇嫩的皮肤松弛变形,甚至引起毛细血管的破裂及细纹的产生。

B. 调肤

使用化妆棉和爽肤水或营养水来进行调肤,这个过程非常重要。因为调肤不仅能清除脸部残留的油脂和化妆品,而且能把肌肤还原到弱酸性的最佳状态,为下一步润肤做好准备工作。

C. 润肤

润肤用品不仅提供皮肤所需的水分以保持皮肤湿润,同时也使肌肤更为丰盈,减少细纹。

2. 底妆的上妆技巧

A. 粉底的选择

色彩:至少须准备三种颜色(深色、浅色、中间色)的粉底,最好的是透明度较佳的粉底液。近来流行的黄色基调粉底较自然也较适合大多数的东方人;偏粉色基调的粉底则可以改变气色,使脸色较为红润。无论选用哪种基调的粉底,在使用时要注意两个原则:一是要选用与肤色最接近的,二是要三种不同色彩的粉底相互配合。使用顺序为:浅色在先,使用在 T 字部位(额头、鼻梁);而后使用中间色,也就是与你肤色最接近的色泽,作为整个脸部的底色。最后才用深色,用以修饰脸形,如两颊、下巴等处。

类型:油性肤质可选用无油配方的粉底液;干性肤质可选择含滋润配方的粉底。

B. 避免"面具"效果

也就是说,涂粉底时,发际一定也要打上粉底,否则会像戴了面具一样非常不自然。事实上,重视化妆者甚至连耳朵都必须打上粉底。

C. "眼袋"的处理

眼袋颜色较深者,可把淡色的遮暇膏细细涂在眼袋下方,在隆起部位抹上深色遮暇膏,轻轻拍匀,这样可以模糊隆起与低陷的界限。这两种颜色融合的程度非常重要,一定要自然。无论是因为遗传原因还是熬夜,有了眼袋都是很难消除的。化妆只是修饰，要想避免眼袋，应该保证睡眠质量，并辅助使用其他的修护产品，这是平时应该注意的。

3.眉妆的上妆技巧

古人认为：面之有眉，犹屋之有宇。女性的峨眉舒卷，被喻为"七情之虹"，眉毛可以变化脸部的整体感觉，透过眉毛可以感受一个人的感情和个性。双眉的修饰，在化妆当中是一个不可省略的步骤。

眉毛的缺陷可以用眉笔或者一些修眉的工具来进行修饰。比如说：眉毛太短：这种眉毛可将眉尾修得尖细而柔和，再用眉笔将眉毛画长些；眉毛高而粗：这种眉毛可剃去上缘，使眉毛与眼睛之间的距离拉近些等等。所有眉型中最理想的是如同细弦月般的弯眉。

4.眼妆

眼睛是灵魂之窗，以下为不同眼形的修饰方法：

日常公关礼仪的眼影，只需从眼尾往眼头位置淡淡地晕染均匀，看起来有点轮廓就足够了。深灰色或深褐色的眼线要用棉签或者小刷子晕染均匀，与眼影自然过渡，不可有脱节。珍珠光泽的银色眼影画于上眼帘、向眉处渐弱。

黑色睫毛膏打造深邃双眸，可以适当刷一些。大多数女性眼部化妆采用深褐色睫毛膏可以取得较为满意的效果，比如说红棕色、咖啡色睫毛膏等。特别要注意的是避免过度强调黑眼线，因为东方人的黑眼珠加上黑眼线反而让眼睛失去已有的光芒，可以使用棕色、灰蓝色等。

眼影色彩的选择：根据自己的肤色、年龄、个性、服装、场合等来进行选择。比如黄色基调的皮肤适用淡绿或者紫色；特殊的公关礼仪场合眼影用色可以可以夸张和浓烈一些，比如说使用梅红色眼影、金色和古铜色眼影等。

5.唇妆

口红是化妆包里不可或缺的要件，嘴唇的修饰透露出一个人的品性和教养。唇部化妆首先要确定自己适合的颜色，同样需要根据自己的实际情况而定。口红颜色也很多，一般来说，年轻女性宜选用玫瑰红等稍显暗淡的口红，中年以上女性宜选用大红等略显明亮的口红。当然，这种选择并无定论。涂口红时，先用凡士林等唇膏或透明唇油滋润唇部，用旧的软毛牙刷清除干燥坏死的表皮(每周一次)，然后用纸巾轻按，擦掉唇上的浮色，再涂上一层唇膏。这样，油亮度更高，也不易掉色。一般的公关环境中，唇部的修饰不可太夸张，避免太鲜艳、另类，同时也避免使用过深或者过浅的颜色，否则唇部不会突现。唇线是勾勒唇部的有效工具，但有时候，也可以不用描唇笔，用中指快速简略地在唇上着色，稍稍不齐的唇边看起来更加自然。

理想的唇型，是上下唇丰润饱满，口角微微上扬。

6.定妆

用于定妆的有蜜粉和散粉两种。蜜粉，又叫定妆粉，一般都含精细的滑石粉，有吸收面部多余油脂、减少面部油光的作用，可令妆容更持久、柔滑细致。轻柔地扫上蜜粉，能够修饰、固定妆容，化妆品不会轻易移位或剥落，同时它能吸走面上的油脂，令妆容保持光泽，可以延长妆容的持久度。此外，散粉与蜜粉相比，还有遮盖脸上瑕疵的功效，散粉会令妆容看上去更为柔和，呈现出一种朦胧的美态，尤其适用于日常生活妆。

蜜粉分作透明和略带色彩的两种。透明蜜粉的作用是维持粉底原色，增加肌肤的透明度，令面色更健康自然。而象牙色碎粉较贴近东方女性之肤色，可缔造出较自然又柔和的妆容效果。至于略带粉红、紫色或黄色的蜜粉，则能发挥调整肤色的作用。像肤色偏黄的脸，使用紫色蜜粉可以令肤色呈现动人的光泽。若是出席晚间重要活动时，则应选择质感较亮丽的蜜粉，可以令你变得明艳照人。

最后可以刷上腮红。腮红是修饰脸型、美化肤色的最佳工具。刷腮红的位置也比较好确定，只要对着镜子微笑，两颊凸起的笑肌位置就是了。以画圆的方式刷上腮红是最常见、也最简单的方法。太大的刷子会沾过多的颜色在脸上，所以要选择中号的刷子刷腮红。一般的公关场合，腮红自然、淡雅就可，千万不要刷成“红脸团”。

五、化妆的礼节

(1)工作时间不可化妆：工作时间化妆是对客人、同事、上司的一种不尊重。

(2)异性面前不可化妆：异性面前化妆难免有搔首弄姿的嫌疑。

(3)不在公共场合化妆：公共场合化妆极其不礼貌，有损于个人形象，且应是避免过量地使用芳香型化妆品。

(4)不要共用或借用化妆品：共用借用化妆品的现象普遍存在，但不仅从礼仪的角度来看或是从健康的角度来看都是不好的。化妆品属于私人用品，在工作中借用他人的化妆品是非常不礼貌的，既有失公关人员的品位又让对方感觉到不舒服。同时，化妆品可能成为疾病传染媒介，比如母女共用、夫妻共用，这些都是有害的。人的肤质存在差异，选择化妆品应因人而异。儿童因皮肤稚嫩，对化妆品的安全性、无刺激性要求更高，不宜使用成人用品；而儿童化妆品成分亦不适于成人使用。因此，不要乱用他人化妆品化妆，也不要将自己用过的化妆品随意借给别人。使用化妆品，还是各用各的好。

(5)学会补妆：工作中，应当尽力避免自己的妆面出现残缺。但职业女性每天要应付各种繁忙的工作，早晨精心化好的妆到了中午早已经“面目全非”，妆容很容易受到破坏，所以掌握快捷而有效的补妆技巧就显得尤为重要了。

一般情况下，你在吃过中饭到下午上班之前的这段休息时间可以进行补妆。首先用棉纸轻按整个面部，把原有的粉底晕开，然后用粉扑沾少量半透明的干粉轻拍整个面部，尤其要注意发际、耳根和下颏等处，让整个妆面成为一个整体。这个步骤的目的是去掉面部油腻的感觉，掩盖粉底产生的裂纹。然后用一把柔软的刷子重新刷一遍腮红，选用和早晨同样的颜色。最后是抹口红。如果有可能最好在吃中饭之前把口红用棉纸擦掉。女士们已吃了够多的口红，为健康着想还是尽量少吃为好。

第三节　服饰礼仪

一、服饰的内涵

古人云“服者，人之彰也”，俗话说“人要衣装，佛要金装”，英国前首相撒切尔夫人曾经说过：“衣着美丽整齐，使人看了有赏心悦目之感……，个人的服装常可以衬托出这个人的气质。”古今中外，服饰在经历了最原始的御寒、遮羞的基本作用之后，日益突显的是它的多层次的符号内涵。服饰是一种社会符号，是一种情感符号，也是一种审美符号。无论是个人还是社会组织，都应充分重视服饰的审美属性。

服饰在公关交际活动中有着丰富的内涵，它体现着经济发展水平和社会潮流，体现着传统习俗和交际礼仪，它也体现着个人的审美和文化素养水平。公关人员在交往活动中，要正确认识和处理服饰与业务活动成功与否的关系问题。

服饰，有广义和狭义之分，广义的服饰应当是服装、饰品、美容化妆三者的统一。狭义的服饰仅指衣着穿戴。

二、服饰的穿着原则

服饰对于公关人员是十分重要的，它可以体现公关人员良好的精神面貌、自身的修养素质和高效的工作能力，公关人员的服饰的整体要求是：庄重得体、朴素大方。

服饰的选择和搭配绝不是一种随意的行为，而是需要遵循一定原则的。这些原则可以统一为“协调”，这种和谐产生的美感是一种自然之美。协调既包括服饰与个体的一种协调，即主观上的协调；亦包括服饰和周围环境与服饰本身的协调，即客观上的协调。

(一)主观上的协调

主观上的协调主要是指服饰与个体之间搭配、和谐的整体效果。包括个体的性别、年龄、肤色、体形等因素。每个人都有自己的特点和具体情况，只有根据自己的实际情况来选择和搭配衣服，扬长避短，服饰才能在你的职场中发挥自己的独特作用，让你挥洒自如，助你一臂之力。

1. 性别

服装原本具备较明显的性别特征，随着社会的发展，服饰的很多元素在性别上表现得越来越模糊。比如说颜色，原来红色、粉色等色彩是女性的偏爱，而现在男性的服饰大胆地使用了红色、粉色；再比如说款式，女性服饰的男性化，男性服饰的女性化趋势也越来越明显了。但在工作环境中，尤其是公关人员，应严肃对待工作，要选择正式、符合自己性别身份的衣服，避免奇装异服，避免花哨，避免哗众取宠。

2. 年龄

年龄是每一个人在选择服饰时的重要标准之一。每个年龄阶段的服饰风格各异，公关人员在挑选和购买衣服的时候一定要参考自己的年龄，年轻一点的在颜色、款式、用料上都可以更明亮更新潮一些，而年长者则要注重服饰给人的稳重、雅致、成熟之美。无论哪个年龄阶段的人都有自己独有的味道，只要你的穿着跟你的年龄相协调即可。

3. 肤色

肤色即人的肌肤颜色。人的肤色通常可分为黑、黄、红、白四种，这是由遗传基因决定的。美的肤色是健康的肌体、肤色与经脉的集中体现。我们都知道，中国人是黄色皮肤，但每个人具体的肤色又有差异。有的是偏黑的皮肤，有的则白皙无暇。但无论是黑皮肤还是白皮肤，健康和青春才是最重要的。

肤色也是人们在选购服装时的重要考虑的一个方面。因为有的颜色穿在身上会使皮肤显得暗淡、更黄，人显得比较慵懒、疲惫；有的颜色把我们的肤色衬托得红润、白皙，人的整个精神面貌也随之变得焕然一新了。对于黄皮肤的中国人，传统的审美习惯是在黄皮肤基础上白里透红，才是赏心悦目的肤色，才是自然美的极致。归结为一点就是：服装的颜色能够影响、甚至改变人的肤色在他人感官中的印象。

公关人员大多从事对内、对外的沟通交流工作，代表的是整个单位的形象，所以更应该擅长根据自己的肤色来选择服饰。

肤色呈病黄或苍白色的人，最好不要穿紫红色的服装，以免使其脸色呈现出黄绿色，也不要穿纯白色的衣服，脸色的白与衣服的白联成一体，这两种情况都可以加重人的病态感；同时也一定要避免穿黑色的服装，黑白分明或者颜色过深，会凸显肤色的苍白感。

淡黄或偏黄皮肤：皮肤偏黄的宜穿蓝色调服装，例如酒红、淡紫、紫蓝等色彩，能令面容白皙，但强烈的黄色系如褐色、橘红等则可免则免，以免令面色显得更加黯黄无光。

对于一般皮肤白净的人来说，对服装的颜色不需非常挑剔，穿什么颜色的衣服都比较好看。色系当中尤以黄色系与蓝色系最能突出洁白的皮肤，令整体显得明艳照人，白色、黑色、大红、淡蓝色、淡粉色等等都有不错的效果。白颜色，凸显纯净、活力；黑颜色，凸显高雅、动人；大红色，凸显白洁、鲜明。

皮肤较黑的人，皮肤呈暗黄或浅褐色者，尽量不要穿深颜色的衣服或者和肤色接近的颜色，尤其是深褐色、黑紫色、黑色、咖啡色的衣服，这些颜色会使你的皮肤看起来暗淡无光，更加黝黑。在观赏者的眼睛里，你的精神状态也会变得很差。因此，可以选择一些较为鲜亮的浅色调，比如说浅红色、浅蓝色、米色、黄色等等。这样的选择既可以弥补和掩饰自己的不足，又能使自己变劣势为优势，凸显自己的特色与风格。

随着社会经济的发展，服饰的颜色也是多种多样，人们都会根据自己的偏好和眼光来进行选择，在消费的过程中慢慢寻找到适合自己的颜色。公关人员更应该通过反复的观察和比较，找准适合自己的、能完善整体形象、能够扬长避短的主色调。

4. 体形

每个人的身材与体形都不尽相同，高矮胖瘦，情况各异。服饰的选择要考虑体形，其实就是我们所说的衣服要合体。身材较高的人，上衣可以适当加长，颜色以深色为宜，宽大圆领的风格可以让你的身材变得矮一些；身材较矮的人则相反，不宜穿宽大的衣服，最好选择合身的套装。上衣可以小一点，凸显腿部，颜色的选择上注意色调的一致性。在款式的选择上以简单直线为宜。身材较胖的人应选择小花纹、竖条纹的衣料，衣领以“V”型领为佳，在颜色上注意选择冷色调的服装，因为冷色调较之暖色调具有更强烈的视觉收缩感，从而显得“瘦”；身材较瘦的人正好相反，应选择印有大花图案或宽格条纹的衣料，这样宽大的衣服会使身材变得宽阔起来，因为暖色调有一种扩张力。

公关人员一方面应该根据自己的体形来选择能够使自己扬长避短的服饰，另一个方面应该尽力完善自己的体形，使得自己的体形变得更加优美，更符合一名公关人员的要求。

(二)客观上的协调

客观上的协调主要是指服饰与着装环境之间或服饰自身的和谐的整体效果。包括着装的时间、地点、目的,服饰自身的款式、色彩搭配等因素。着装的外部环境情况各异,服饰之间的搭配又有其规则,只有具体情况具体分析,才能穿得得体,显示出自身的品位和素养。

1. TOP 原则

TOP 原则是国际通用的着装规范,也是服饰的最基本原则。TOP 分别是英语中 Time、Place、Occasion 三个单词的缩写,意思是时间、地点、场合。“TOP 原则”的基本含义是要求人们要以时间、地点和目的这三个主要因素为导向,来选择和搭配服饰,并努力使自己的穿着符合不同时间、不同地点、不同场合的要求。

TOP 原则中的时间:这里的时间有三层含义,一指的是每天早、中、晚三段时间的不同;二指的是每年的春、夏、秋、冬四个季节;三指的是时代间的差异。对于公关人员来说,自己的着装、打扮一定要考虑时间的不同含义。

每天都有早晨、日间、晚上三个时段构成,早晨、日间一般情况下日常工作比较多,所以日常性的公关活动居多,比如会客、接待、会议等等,服饰以整洁、严谨的西装居多。在时间上,以 18 小时为一个划分点:之前为日间礼服的穿着时间,之后为晚间礼服的穿着时间,这一习惯源于早年欧洲的贵族社会,将下午六点以前称为“白昼”,六点以后是“夜视”,六点之前和之后用的礼服是不同的。晚间的宴请、舞会是人们放松和加深沟通和交流的一个重要活动,人们也特别重视这些专门性的公关活动,其礼仪的要求也相对严格。

一年由春、夏、秋、冬四个季节构成,每个季节的气候和气温都不同,季节的变化影响着人们在心理和生理上对着装的选择。夏天由于天气闷热,服装追求简单,透气性好,配色求清凉,复杂、累赘、色彩浓重的服饰会让对方感觉到烦躁和闷热。冬天则不然,冬天气候干燥、寒冷,所以保暖是第一原则,但绝不是越厚越好,所以对服装的材质要求较高,那些既不显臃肿又保暖的服装是最理想的选择,深颜色可以达到稳重的效果。

时代的潮流是选择服饰的大背景。现在是 21 世纪,服饰的款式和风格已经有很大的改变,公关人员尤其要有时代的敏感性,在一些专门的公关场合,比如说晚宴、舞会等对服饰的要求比较高,也是显示个人的眼光和品位的重要时刻,所以要坚持一个原则:把握时代的潮流和节奏,既不要落伍,也不要追求超前。

TOP 原则中的地点:服饰的穿着因公关活动的地点而不同。比如说在自己家里接待客人，可以穿着舒适的休闲服；如果是去公司或单位拜访，穿职业套装会显得专业；外出时要顾及当地的传统和风俗习惯，如果去教堂或寺庙等场所，就不能穿过于暴露的服装。

TOP原则中的场合：场合是选择服饰所应考虑的基本要素之一。与顾客会谈、参加正式会议时，衣着应庄重考究；听音乐会或看高雅演出时，最好着正装；出席正式宴会时，则应穿中国的传统旗袍或西方的长裙晚礼服；而在朋友聚会、郊游等场合，着装应轻便舒适。举一个例子：如果你要参加一个派对，收到请柬上注有“WHITE（白领结）”的字样，表明这一宴会需着燕尾服出席，但如果请柬上写的是“BLACK TIE（黑领结）”，则指着用无尾晚礼服。因为按规定，白领结只能配燕尾服，黑领结则必须同无尾晚礼服相配。明确了男子应着用大礼服还是小礼服，女子的礼服自然也随之决定。不过，当今须着用燕尾服才能入场的“派对”屈指可数，礼服穿着规则本身也在简化，一些本该着燕尾服的场合，现在穿无尾晚礼服也可对付了，无尾晚礼服大有升格为大礼服的趋势。

2. 职业

对于一个公关人员来说，服装就是个人的“名片”，同时也是公司形象的真实体现。服饰的美是通过高雅、得体、整洁、大方等具体属性来表现的，许多企业家都十分注重员工的服饰，要求他们在公众面前不落俗套、穿着考究，是很有美学道理的，因为这对塑造公司的良好形象大有好处。

公司一般要求员工穿着职业装，因为职业装不仅是对服务对象的尊重，同时也使着装者有一种职业的自豪感、责任感，是敬业、乐业在服饰上的具体表现。所以有一些服装是不适合在办公室场合穿的，比如吊带衫、吊带裙等，吊带装虽美，但也不能不分场合、时间和身份。尤其是职场中人，衣着和装扮会直接影响到一个人的工作状态和工作效率。还有在工作中及正式场合，着装不应过于单薄紧身，内衣不应外露，佩带的饰物以少为好。“云想衣裳花想容”，爱美是女人的天性，但对于职业女性来说，最关键的是适合。

3. 色彩

(1)服饰与色彩

诗人泰戈尔说过：“美丽的东西都是有色彩的。”早在一万八千年以前，我们的祖先就将兽牙、贝壳等涂上颜色用来装饰自己，随着社会经济的发展，服饰的色彩千变万化，现代人也正体验和享受着服饰色彩给我们带来的美丽与乐趣。

色彩、款式、面料是构成服装的三大要素，但是人们感观服装的第一印象是色彩。色彩向人们传递着很多的信息：首先色彩体现了本人的审美情趣，个性、对颜色的偏好，艺术涵养等，俄国画家康定斯基说：“色彩隐藏着一种力量，虽然少为人们所感觉，但却是真实的、显著的，而且感应着整个人体。”其次，服饰中的色彩体现了服饰本身的内涵、情趣、风格等。同时,色彩本身对服装具有装饰作用:优美图案与和谐色彩的有机结合,能在同样结构的服装中,赋予各自不同的装饰效果。

(2)服饰色彩的搭配

服饰色彩的搭配是服饰的搭配中重要的一个方面。

《诗经》的《邶风·绿衣》中有"绿兮衣兮,绿衣黄裳"之句,意思是绿色的上衣宜搭配黄色的裙子;汉乐府《陌上桑》中有"缃绮为下裙,紫绮为上袄"的描写,说明紫色绸缎的短袄宜配黄色的绸裙子。从以上两个例子我们可以看出,古人已经对服饰的配色有所讲究和研究。

服装的美不美,关键在于配色。不仅要适合年龄、身份、环境和风俗习惯等,更主要的是色调的统一、和谐。

中国传统服装色彩大都以艳丽为美,以红、黄、蓝三原色为主色,而现代社会中服饰色彩的搭配,千变万化,只要达到了对比和谐的目的就是一种美。

色彩搭配原则:

A. 同种色相配:比如:青配天蓝,墨绿配浅绿,咖啡配米色,深红配浅红等,同类色配合的服装显得柔和文雅。

B. 邻近色相配:比如:红色与橙红或紫红相配,黄色与草绿色或橙黄色相配等,"近似色的配合效果也比较柔和"。

C. 对比色相配:比如:黄色与紫色,红色与青绿色,这种配色比较强烈。

补色配合如:红与绿,青与橙,黑与白等,补色相配能形成鲜明的对比,有时会收到较好的效果。

4. 服饰本身的搭配

正确的着装,应当基于统筹的考虑和精心的搭配。其各个部分不仅要"自成一体",而且要相互呼应、配合,在整体上尽可能地显得完美、和谐。若是着装的各个部分之间缺乏联系,"各自为政",哪怕再完美也毫无意义。着装要坚持整体性,重点是要注意两个方面:其一是要恪守服装本身约定俗成的搭配。例如,穿西装时,应配皮鞋,而不能穿布鞋、凉鞋、拖鞋、运动鞋。其二是要使服装各个部分相互适应,局部服从于整体,力求展现着装的整体之美,全局之美。

三、服装穿着的基本要求

杰出的文学家莎士比亚曾经说过:"如果我们沉默不语,我们的衣裳与体态也会泄漏我们过去的经历。"通过穿衣风格,基本可以看出一个人的内涵、品位、修养和做人的态度,但无论在什么场合、什么年龄、什么职业,服装的穿着都有它最基本的要求:

1.整齐

着装首先应当整齐。不允许它又折又皱，不熨不烫。服装必须合身，袖长至手腕，裤长至脚面，裙长过膝盖，尤其是内衣不能外露；衬衫的领围以插入一指大小为宜，裤裙的腰围以插入五指为宜。不挽袖，不卷裤，不漏扣，不掉扣；领带、领结、飘带与衬衫领口的吻合要紧凑且不系歪；如有工号牌或标志牌，要佩戴在左胸正上方，有的岗位还要戴好帽子与手套。其次，着装应当完好。不应又残又破，乱打补丁。至于存心自残的"乞丐装"，在正式场合亦应禁穿。

2.清洁

任何情况之下，人们的着装都要力求整洁，避免肮脏或邋遢，令人生厌。衣裤无污垢、无油渍、无异味，领口与袖口处尤其要保持干净。以任何理由搪塞应付而穿脏衣，都没有道理。着装应当卫生，对于各类服装，都要勤于换洗，不应允许其存在明显的污渍、油迹、汗味与体臭。

3.挺括

衣裤不起皱，穿前要烫平，穿后要挂好，做到上衣平整、裤线笔挺。

4.大方

款式简练、高雅，线条自然流畅，便于岗位接待服务。它的具体要求，一是要忌穿过露的服装。在正式场合，袒胸露背，暴露大腿、脚部和腋窝的服装，切应忌穿。在大庭广众之前打赤膊，则更在禁止之列；二是要忌穿过透的服装。倘若使内衣、内裤"透视"在外，令人一目了然，昭然若揭，当然有失检点。若不穿内衣、内裤，则更要禁止；三是要忌穿过短的服装。不要为了标新立异，而穿着小一号的服装。更不要在正式场合穿短裤、小背心、超短裙这类过短的服装。它们不仅会使自己行动不便，频频"走光"、"亮相"，而且也失敬于人，使他人多有不便；四是要忌穿过紧的服装。不要为了展示自己的线条而有意选择过于紧身的服装，把自己打扮得像"性感女郎"，更不要不修边幅，使自己内衣、内裤的轮廓在过紧的服装之外隐隐约约。

5.合体

着装应当照顾自身的特点，要做到"量体裁衣"，使之适应自身，并扬长避短。着装应创造并保持自己所独有的风格，在允许的前提下，着装在某些方面应当与众不同，切勿穷追时髦，随波逐流，使个人着装千人一面，毫无特色可言。

四、职业男士的服饰礼仪

男士在交际过程中，不仅仅要有丰富的知识、雄辩的口才和敏捷的思维，还要有良好的个人形象，服装对于个人形象的塑造起着重要的作用。一般的男士礼服有以下几种：

1. 中山服

中山装是中国现代服装中的一个大类品种，它具有我国民族的特点，穿着简便、舒适。它前门襟有五粒扣子，带风纪扣的封闭式领口，上下左右共有四个贴袋，袋盖外翻并有盖扣，下身是西裤。作为礼服用的中山装面料宜选用纯毛华达呢、驼丝锦、麦尔登、海军呢等。不同场合穿用，其颜色的选择也不一样，作礼服用的中山装色彩要庄重、沉着，而作便服用时色彩可以鲜明活泼些。

穿着时，应将前门襟、风纪扣、袋盖扣全部扣好，有人图一时的舒适而敞开领口，这样会使自己在众人眼里显得不伦不类，有失风雅和严肃。衣兜只是一种装饰，所以不宜放置杂物，避免凸凹不平，同时应当配擦亮的黑色皮鞋。

中山装的优点很多，主要是造型均衡对称，外形美观大方，穿着高雅稳重，活动方便、行动自如、保暖护身，既可作礼服，又可作便装。其缺点是领口紧、卡脖子等。

2. 晨礼服

通常晨礼服的上装为灰色或黑色，后摆为圆尾形，下装为深灰色黑条裤，戴黑礼帽打灰领带，穿黑色皮鞋，在今天作为白天穿着的特别礼服，穿着场合一般在各种典礼和仪式上。

3. 大礼服

大礼服也叫做燕尾服或大晚礼服，常由深色高级衣料制成，前身较短，后身较长而下端分开像燕子尾巴。裤子一般是背带，配白色手套，可以戴大礼帽，配黑色的皮鞋和袜子。

其作为晚间的正式礼服多在典礼、供夜间的仪式、舞会或正式宴会上的穿着。最正式的晚礼服应该是燕尾服佩领结。

无尾晚礼服原是燕尾服去掉“尾巴”转化而来，与此相配的衬衫必须是胸前打褶，领子为标准领或燕子领的白衬衫，使用饰扣或链扣，同时按规定应系蝶形领结。此外，单排扣无尾晚礼服还应着背心或腹部饰带。腹部饰带本是用来代替背心的，用丝绸或缎子制成，与领结相配，皮鞋只能穿黑色的漆皮舞鞋。

装饰手绢是礼服必需的饰物，不同的叠法能为礼服的前胸增添不同的风采。不仅是燕尾服或无尾晚礼服，自由自在的休闲西服上衣的胸袋里若插上一方装饰手绢，同样别有情调。

五、男女兼用礼服——西装

一般通常用“西装革履”来形容一个人的正规打扮，可见在正式场合西装是目前世界各地最常见、最标准、男女皆用的服饰。西装的最大特点是简便、舒适，它能使穿着者显得稳重高雅、自然潇洒。

选择西装以合身、平整、挺括为标准。

大部分男人并不知道自己所穿西装的实际尺寸，在流行 power suit 的年代，一度强调大垫肩、松垮线条的西装，让许多男人误以为这样穿才能撑得起男人的架势。但是事实上，一套西装能够穿得体面，最重要的条件就是“合身”。在合身的前提下，综合脸形、身高和肩宽的比例，选一套适合自己体形的服装，是穿着西装的第一要素。

当穿好西装后，两臂自然下垂时，两肩以及前后襟应无褶皱，两袖的褶皱不明显，衣领要平整、无翻翘之处。穿着西装时一定要系好领带，要保持西装整洁、挺括，皱巴巴的西装是不能穿出去当礼服的。西装所要求的是平顺的线条，因此只要是在平顺之外凸出的部分，都是破坏西装外形的最大元凶，最常见的情况就是口袋里放置过多的物品。其实就整套西装来说，包括裤子的口袋在内，所有设计在外部的口袋都只是一种装饰，真正能够放置物品的只有西上装的前胸暗袋。因此，一套新西装的口袋封口线，其实并没有拆除的必要。有些人常会在西上装外部口袋放东西，其实这是很不礼貌的。

西装纽扣的功能主要在于装饰。在非正式场合，无论是单排扣，还是双排扣，都可以不扣以显示自然潇洒；在正式或半正式场合，则应将单粒扣扣上，或将双粒扣上面一粒扣上，个别西装有三粒扣的，应将三粒中的中间一粒或上面两粒扣上。

西装上衣的几个前襟外侧口袋，统统是作装饰用的。除左上方的口袋可以根据需要置放折叠考究的西装手帕外，别的口袋不应放入任何东西，以保证西装的“笔挺”。普通的西装可以用来做非正式的晚礼服，但一定是圆摆的西装。商务正装要求更宽松，一粒扣或两粒扣的西装均可。

西装的搭配禁忌

整体说来，西装是必须成套穿着的，整套西装的外套不能当成外套来穿，特别是双排扣的西装外套。一般可以当成外套来搭配的，是休闲外套，这些款式通常采用织纹较粗的料子，大部分品牌都设计有与这些单件外套配套的裤子，但是款式上绝对比成套西装看来轻松，也比较具有休闲感。

西装的搭配禁忌上，还有常出现的短袖衬衫搭配西装的错误。一般说来，西装里面应该搭配长袖衬衫。在衬衫的选择上，也有几个重要的细节，例如可以打领带的衬衫应该具有硬领与有足够可打领结的领台空间。一般说来，适合打领带的衬衫都比较正式，同时在领子上自领缘向内约 0.5 厘米的位置处缉有白色的缝线，如果这个间距小，那就是偏向休闲款式的衬衫。

西服的佩饰

西装与衬衫、领带、皮鞋、袜子是一个统一的整体。只有它们彼此间统一、协调，才能衬托出西装挺括、飘逸、光彩夺目的美感。因此，一起来看看西服的佩饰：

1. 衬衫

衬衫也是男士们喜爱的服饰，白色的衬衣使用几率比较高，主要是因为它和其他颜色的西服和领带搭配都不错，所以作为一名公关人员，应该多备几件白色的衬衣。

身材高挑的男士，选择衬衫的范围比较广，身材矮小的，可以选择深色的、竖条纹的衬衫。需要提醒男士们，如果穿衬衫同时穿背心系领带，要将领带放入背心里。

衬衫在穿着时，长袖或短袖衬衫应扎进西裤里面，如果在平时，长袖村衫不与西装上装同穿时，衬衫领口的扣子可以不扣，但一般只能敞开一粒扣子。袖口可以挽起，但一般只能按袖口宽度挽两次，绝对不能超过肘部。如果与西装上衣合穿，或者虽不合穿，但要配扎领带时，则必须将衬衫的全部扣子都系好，不能挽起衣袖，袖口也应扣好。

2. 领带

领带随西服从欧洲传入后，一直是男性服饰重的一个重要组成部分，被称为西装的灵魂。它增强了西装的庄重感，正统感。领带的搭配是一门学问，若搭配不当，会破坏整体的感觉，如果搭配的巧妙，则可以起到画龙点睛的效果。

领带的面料：分为高档、中档、低档三种。高档多是丝质或毛质，中档是麻质或混纺等，低档多为化纤或棉质。高档的真丝领带轻薄柔滑、色泽鲜亮、精致高雅；中档的麻质领带休闲、质朴、结实，与麻质西服很好搭配，但易皱，弹性不佳；低档的棉质领带质朴、手感较柔软，但也是容易产生褶皱，弹性不好。意大利的领带最为有名，国内上海生产的较好。真丝领带经过特氟隆处理后，表面加上了一层金属薄膜，水或油渍便不能附着其上，一擦即净。

领带的花纹：领带的花纹很多，最常见的是斜条图案。还有动植物型、细花型、几何型等。

领带的选择

(1)领带的选择与个体有关：个体的肤色、体形、年龄都是需要考虑的要素。肤色深的人应选择颜色浅的领带，反之肤色较浅的人最好选择较深的颜色。这与服饰色彩与肤色的原理是一致的。身材高大的人应选择较大的领带，体形较胖的人或老年人，宜选择浅颜色的领带来配深颜色的西服。

(2)领带的选择与场合相关：在日常的办公的场合，可以选择素色、斜条纹等稳重型领带；在特殊的礼仪场合又分别视情况而定，比如参加舞会、宴会等可以选择华丽一些、高档一些、个性一些的领带；在商务谈判等较为严肃的场合，又要以严肃、稳重为出发点，避免卡通、植物、动物等图案。

(3)领带的选择与西服和衬衣有关：领带选择的基本原则是：衬衫、领带与西装三者之间要和谐，而领带是三者中最醒目的。领带的主色调一定要与衬衫有所区别，西服的风格、样式、质地直接关系到领带的风格、样式、质地。领带选择与外衣同色系时，颜色要比外衣更鲜明；当领带采取与西装对比色的搭配方法时，领带颜色的纯度要降低。单色、条纹、圆点、格子、规则图案，都是最常用的在正规场合下，穿礼服时领带图案尽可能庄重些，比如大花图案、色彩斑斓的就不合适。

领带的颜色视西服的颜色而定，搭配如下：

西服的颜色	衬衫	领带
黑色	白色	灰色、蓝色、绿色
灰色	白色	灰色、绿色、黄色
深蓝色	白色、明亮的蓝色	蓝色、灰色、黄色
褐色	白色、灰色、银色	灰色、绿色、黄色

领带与衬衣的搭配

白色的衬衫和各色、各款的领带搭配都很好。

颜色和图案简单的衬衫可以搭配颜色和图案比较复杂的领带，反之亦然。

格子衬衫搭配圆点领带，或是条纹衬衫搭配格子领带效果也不错。

打领带需要注意的几个问题

(1)注意扣好衬衫领口：男士们在不扎领带的时候，常常习惯将衬衫领口的扣子打开，这是可以的，但如果佩戴了领带就应该将其扣好，且须保证衬衣领口的干净和整洁。

(2)注意衬衣束进裤内：在不穿西装外套时，可以只穿衬衣系领带，但是务必要将衬衣的下摆束进裤子里。如果配有西装背心或毛衣、毛线背心，领带须置于它们的里面，且下端不能露出带头。前开身毛衣不宜紧贴西装内穿。同时还要注意：毛衣、毛背心不能扎束在裙子或裤子里面。

(3)注意不要卷起长袖衬衣袖口：这一点是针对长袖衬衫而言的，长袖的衬衫袖口的扣子要扣好，千万不可挽起来。

(4)注意不要将领带松开挂在颈项：在一些炎热的天气里或者紧张的环境中，有的公关人员会将领带解开挂在脖子上，这是十分不礼貌的，可以选择拿下来，解开领口。

领带优劣的辨别：

领带质量的优劣，对美观和使用寿命影响至关重要。鉴别领带质量的好坏，可从三方面来检查：一是从大头起在33CM以内无织造病疵和染色印花病疵的为正品；二是用两手分别拉直领带两端后，看看从大头起33CM内有没有扭曲成油条状，不扭曲状的缝制质量较好；三是用手在领带中间捏一下，放开后马上复原的，说明领带衬的质量弹性较好，反之较差。

在比较正式的礼仪场合，应选配质量好一点、款式新一点的一般型领带，不要选易拉结。易拉结领带又叫“懒人领带”，在正式场合佩戴，会有失体面与风度。

3. 鞋袜

俗话说：“脚底无好鞋，显得穷半截”，可见鞋的重要性。在正式场合穿西装就一定要配皮鞋，不能穿拖鞋、运动鞋或旅游鞋等。作为公关人员尤其要注意这些基本的礼仪。皮鞋以黑色系带皮鞋为上乘，偶尔也可穿深色咖啡色皮鞋。

袜子是延续裤子到鞋子的关键，但绝不是整体造型中值得突出的位置，除了大家都知道的白袜禁忌之外，袜子的质料也是应该注意的，要穿丝袜或羊毛袜，袜子的颜色以黑色、灰色或深咖啡色为最佳。女士穿裙子时，所穿丝袜的袜口应被裙子下摆所遮掩，而不宜露于裙摆之外。一般的职业男士最好准备三至四双皮鞋，每双鞋不要连续穿三天以上，经常换鞋既有利于脚的保健，又可避免鞋子变形。

4. 其他

腰带、手帕、公文包等也应当考究一点，特别要注意色彩与其他服饰的协调和整体的干净利落。

西裤带的选择：因为西裤带的前方显露于外，带头既要美观，又要大方、不要太花哨，内藏式的裤带的宽度以2.5—3厘米为佳。一般来说，深色尤其是黑色的西裤带是最好的，裤带扎好后，不应在裤带、裤鼻上扣挂钥匙等物品，特别是在不穿西裤上衣的时候，以免让人觉得俗气。

西装手帕是正式场合的装饰之物，男士的装饰手帕一般是白色的，女士的装饰手帕除白色外，还可有洋红色、灰色等。

一般情况下，办公场合是不允许戴帽子的，除非是为了与制服相配合。但在特殊的公关礼仪场合可以用帽子进行装饰。

六、职业女士的服饰礼仪

(一)外衣的礼仪规范

在较为正式、严肃的职业环境中，女性应选择职业套装；若是较为轻松的交际场合，可选择女士礼服。但无论如何，其质地应尽可能考究，色彩应纯正，不易皱褶。

1. 职业装

正式的场合以西服套裙最为适宜；较正式的场合也可选用线条感明快、富有质感、简约的服饰，并配以女式高跟鞋。职业套装能够表现出职业女性干练、严谨的工作作风和良好的精神面貌。

办公室的服饰礼仪要求是：端庄、整齐、简洁和大方。不宜穿着暴露、臃肿、复杂，色彩也不宜过于花哨，以免干扰工作环境，影响整体工作效率。

2. 旗袍

旗袍是一种传统的服饰，充满东方的神韵，其雏形是清代满族妇女服装，由汉族妇女在穿着中吸收西洋服装式样不断改进而定型。

领高而紧扣，斜式开襟，两旁开衩，这是旗袍的基本特征。由于旗袍造型流畅、自然贴身，所以充分显示了女性的体态和曲线美，与中国女性的端庄、含蓄、秀美是不谋而合的。若在领间饰以领花，再与耳环配套组合，就会显得高贵、大方；旗袍也可与翡翠挂件及玉石手镯相配，让人格外具有东方魅力。

在某些礼仪场合穿着旗袍是不错的选择，比如说：酒会、舞会、宴会等，但要注意其开衩不宜太高，应在膝关节以上，大腿中部以下为宜。

穿旗袍的最佳搭配是高跟皮鞋或半高跟皮鞋，也可配穿面料高级、制作考究的布鞋。

3. 晨礼服

也被称为常礼服，是在白天，也就是晚上六点之前穿的一种礼服，一般为质地、颜色相同的套裙或连衣裙，常配以手套、帽子和挎包，用于会见、游览、观礼等场合。

4. 晚礼服

晚装这种专为晚间的社交活动而准备的奢华服饰是由当时奢靡一时的巴黎社交圈向外蔓延开来的，这可以从一些著名的外国影视作品以及文学作品当中得到印证。

晚装多表现为高雅、雍容、华丽。其款式和色彩变化较多，面料讲究，设计独特。单色拖地或不拖地的连衣长裙，配以帽子或面纱、长纱手套等等，表现出女性的美艳动人和光彩夺目。同时，晚装对饰品的品质要求比较高，但切忌过多的配饰，全身除首饰之外的亮点不得超过两个。晚礼服常用于音乐会、晚会、宴会、舞会或酒会等礼仪活动。

（二）内衣的礼仪规范

内衣在一定意义上也属于女性服饰的一个部分，它直接体现一个人的素养和品位，尤其在公关场合和环境中，内衣的礼仪也应该引起重视。

颜色：内衣颜色要与外衣颜色一致或接近，须根据外衣的颜色进行搭配。

款式：朴素、简单，避免过于性感、透明且安全系数低的内衣。

大小：内衣尺寸要合体，切忌身体被内衣捆绑出肉粽状。

切忌内衣外泄和在公共场合、领导、异性等面前不加掩饰地整理内衣，如感觉内衣外泄或穿着不舒适，应就近寻找卫生间，在卫生间内得体处理，要保持良好的卫生习惯，每日要换洗内衣。

(三)饰品礼仪规范

为了配合各式服装使个人形象达到完美的境界，人们会借用帽子、墨镜、首饰、丝巾、胸花等饰品来装饰自己。在工作场所中，职业女性的饰物应尽量简约，总体原则是要符合自己的工作特征，与所穿的职业装相吻合，给人以干练、稳重的感觉。饰品虽小，也有其佩戴原则和礼仪规范，这里简单介绍一下：

1. 帽子

帽子是人们的主要饰物。帽子的款式、色彩、质地是各种各样的，选择帽子时不能只考虑流行因素，要根据自身的特点结合具体的礼仪场合。

一般情况下，要不是与制服相配套，在工作岗位上是不允许戴帽子的。一般来说，参加各种活动及上门作客，进入室内场所都应脱帽。

2. 墨镜

墨镜又叫太阳镜，它已经从保护眼睛，防御和抵挡阳光的作用发展成为一种饰品，可以修饰五官，提升个人的整体气质和魅力。墨镜在款式、色彩等方面，也可以说是千姿百态。因此在选择时主要考虑的因素是自己的脸型、头饰、肤色等自身特点，尤其要注意整体效果。

公关活动中，在室内须摘掉墨镜，室外戴墨镜也是不礼貌的。如有特殊情况须戴墨镜时，应向主人或客人说明并致歉意。在与人握手、说话时，应将墨镜摘下，离别时再戴上。

3. 首饰

(1)耳环

耳环是女性最常用的饰品之一。它显露在脸颊的两侧，对个人的整体美有重要的作用。长发与狭长的耳坠搭配可显示淑女的风采；短发与精巧的耳钉搭配可衬托女性的精明；古典的发髻搭配吊坠式耳饰使人优雅高贵。

耳环在质料上是多样的：纯金属、宝石、珍珠、塑胶等，琳琅满目；式样上有长的、短的、方的、圆的，五花八门。

选择耳环主要考虑自己的特点，比如脸型、肤色等方面，还要考虑服饰的样式、色彩等。例如,圆脸的人戴长的或吊坠式耳环,这样可以使脸型显得椭圆一些;方脸的人可以用圆形的耳环"缓和"棱角;长形脸的人应戴较大的圆形、方形、扇形耳环;肤色白皙者适合佩戴淡粉红色或暗红色耳环;金色耳环适用于任何肤色的女性等等。

办公场合切忌带夸张和怪异的耳环,一般以简洁、大方为原则,在酒会、舞会等特殊礼仪场合可以配合礼服选择珍珠或璀璨的耳环。

(2)项链

项链是人们尤其是女性最钟爱的饰品之一,它可以起到装饰自我、烘托气氛的重要作用。

项链戴在人的颈项上,最能引发人们的注意力。项链的质料、价值、式样、颜色多种多样,选配项链,首先要从自己的经济能力出发,其次也要考虑个人的特点,比如体形、肤色和客观条件,如衣服的颜色、样式、场合等等。

办公场合切忌带夸张和怪异的项链,也是以简洁、大方为原则。所戴的项链不应多于一条,但可将一条长项链折成数圈佩戴。在酒会、舞会等特殊礼仪场合可以配合礼服选择璀璨的项链。

(3)戒指

戒指是男女都可以佩戴的饰品。

戒指就质地而言,有钻石、珍珠、金银等多种,其形状、大小、色彩也各异。

因为戒指的佩戴有不同的含义,所以我们有必要了解佩戴戒指的礼仪要求,这样才可以避免在公关交往过程中失礼。按西方的传统习惯来说,左手显示的是上帝赐给你的运气,因此,戒指通常戴在左手上。一般来说,无论男女,大拇指是不宜戴戒指的,因为在国际标准里,它的含义是代表你是个品行不端的人;食指——表示未婚;中指——已在恋爱中;无名指——表示已经订婚或结婚;小指——表示独身。作为公关人员的我们只有了解这样的佩戴规则,一方面才能更好地知己知彼,展开工作;另一方面规范自身的行为,以免被对方误解,造成不必要的麻烦。

4.胸花

胸花是指在女性胸、肩、腹、头等部位的各种花饰。

最常见的是将胸花佩戴在左胸部位,也可根据整体的效果将胸花点缀于肩部或发际等处。佩戴胸花时同样也须考虑自身条件和客观环境。

在日常的公关场合,比如办公室,如没必要佩戴胸花,可以省略;在酒会、舞会等特殊礼仪场合可以配合礼服选择红蓝宝石、翡翠、珍珠等制作的胸针。

总而言之,公关人员在公关活动中,首饰是必不可少的,首饰必须与所穿时装彼此呼应,以达到浑然一体的效果。夸张、前卫的饰物既与形象不符也会影响对方对你的看法,所以不适合在职业场所中出现。

思考与训练:

1. 发型礼仪的基本准则有哪些?
2. 男性和女性分别在发型礼仪上有哪些相同和不同的要求?
3. 什么是化妆?男性需要化妆吗?
4. 化妆礼仪的基本准则是什么?
5. 谈谈你对工作妆的认识。
6. 化妆的礼节有哪些?
7. 联系实际谈谈你对服饰的看法和自己的着装品位。
8. 服饰的穿着原则是什么?
9. 男性和女性在服饰的选择和搭配方面有哪些相同和不同的要求?
10. 结合自己的实际情况,谈谈你对个人外在包装的整体感受。

第六章　个人的形体动作规范

"优雅行为之美，胜于单纯仪容之美"。

——弗兰西斯·培根

本章要点：

个人的形体动作规范其实也就是我们所说的体态语，也可称为动作语言或无声语言。无声语言与有声语言是相对的，根据心理学家和语言学家的研究，在许多场合，无声语言所显示的意义要比有声语言多得多，深刻的多。体态语言大师伯德惠斯戴尔的研究成果表明，在两人之间的沟通过程中，有65%的信息是通过体态语言来表达的，这与我们的一句俗语："此时无声胜有声"是一致的；古罗马政治学家西塞罗也曾说："一切活动都伴有指手画脚等动作，手势恰如人体的一种语言，这种语言甚至连野蛮的人都能够理解"。

体态语言直观、简洁、生动，在人际交往和公关活动中有着不可替代的作用。弗兰西斯·培根说："就形貌旧言，自然之美要胜于粉饰之美，而优雅行为之美，又胜于单纯仪容之美"（《人生论·论美》），可以看出，优雅的举止风度对于个人形象的塑造起着重要的作用。

公关人员在公关活动中的举手投足、一笑一颦都应该进行规范，因为它不仅体现出你的涵养、风度、气质、学识、品位，更重要的是一些体态语是有特殊含义、体现特定感情的，如果不认真掌握，在一些特殊的情况或者特殊的场合当中，可能会给正常的公关活动带来不必要的麻烦。掌握和运用好体态语言，不断的提高自己的交际水平，是每个公关人员应该做到的。

个人的形体动作规范我们主要从个体的表情、手势、体姿三个方面来进行研究。

第一节　表情礼仪

面部各器官与面部肌肉构成千变万化的面部表情。

表情神态泛指一个人面部所呈现出来的具体形态。所谓表情，指的是人通过面部形态变化所表达的内心的思想感情。在一般情况下，二者往往是通用的。它们所指的，实际上主要是人在脸上所表现出来的态度变化。

表情神态是内心情感的外在表现，因而健康的表情在对方的心中印象十分重要。

表情礼仪主要探讨的是目光、笑容两方面的问题。公关人员在与公众打交道时面部表情的基本要求是热情、友好、诚实稳重、和蔼。

一、目光交流

印度诗人泰戈尔说："一旦学会了眼睛的语言，表情的变化将是无穷无尽的。"这也就说明了眼睛是表情的交流中最为丰富的，是极富有表现力的。人们常常用眼神和目光来表达情感、传递信息。

在公关交往过程中，掌握目光交流的要领是至关重要的，不恰当的眼神和目光都会给自己的交往带来不必要的麻烦和误解。与此同时，学会从对方的目光变化中阅读分析目光语言，既可以掌握谈话的分寸和内容，又能表现出自己的修养和礼貌，此能力对社交活动的进行和发展有着重要意义。

1. 目光注视的方式

在交往过程中应"正视"对方，以示尊重和礼貌。目光飘忽不定、死盯住对方、左顾右盼、暗送秋波、斜视、瞟视、瞥视等等都是不礼貌的，此类目光和反应在对方看来要么是不自信的表现，要么是另有企图，要么就是不耐烦和目中无人。双目生辉、炯炯有神，是心情愉快、充满信心的反映，这种目光有助于取得对方的信任和合作。

随着交谈内容的变化，目光和表情和谐地统一，表示对方很感兴趣，思想专注，谈兴正浓；对方的目光长时间地中止接触，或游移不定，表示对交谈不感兴趣，交谈应当很快结束。

工作交往中，良好的交际目光应是坦然、亲切、和蔼、有神的。做到这一点的要领是：放松精神，把自己的目光放虚一些，不要聚焦在对方脸上的某个部位，而是好像在用自己的目光笼罩在对面的整个人。

2.目光注视的部位

注视对方什么位置，传达的信息有区别，造成的气氛也相异。不同的场合和交往对象，目光所及之处应有差别。比如公事注视，这是指人们在工作交往中，联系业务、洽谈生意及外事谈判时，目光所及区域在额头至两眼之间。这种注视给人一种郑重、严肃，同时也很看重对方，有诚意，因而会慎重考虑你的意见，你在一定程度上也就拥有了控制权。再比如社交注视，这是在舞厅、茶话会、宴会及朋友聚会时用的，区域在两眼到嘴之间。这种注视会令人感到舒服，也很有礼貌，较前者在气氛上要缓和多了。

3.目光注视的时间

交谈过程中，有些人让人感觉舒服，有些人则令人不自在，甚至让人感觉不值得交往，这主要与注视的时间长短有关。与对方双目接触的时间超过了全部谈话时间的三分之一时，要么是被认为很吸引人，要么是怀有敌意。因此对于不太熟悉的人，不可长时间地盯着对方的眼睛以免引起对方的恐惧和不安。如果感觉与对方谈得来，可以一直看着他，引起他意识到你喜欢与他交往。他可能也会回报，以建立良好的默契。这样的谈话，起码要有百分之六十以上的时间注视对方。不难想象，如果谈话时心不在焉，东张西望，或是由于紧张、羞怯不敢正视对方，目光注视的时间不到整个谈话的三分之一，那一这不容易被人信任。当然，注视时间长短不要考虑到文化背景，对南欧人，注视对方过久可能会造成冒犯，故不能照搬。

不同的时刻目光也应该有所不同和变化。

1.见面的时候

无论是偶然相遇，还是预约见面，无论是初次见面还是见到熟人，目光都可以拉近或疏远两人的距离。正确的目光礼仪应该是以炯炯有神的目光正视对方，同时伴随着微笑，以示迎接和喜悦，对初次见面的人，还应头部微微一点，行一注目礼，表示出尊敬和礼貌。

2.交谈过程中

目光在交谈过程中是十分重要的，因为对方可以从我们的目光中看出我们的诚意。我们应该主动保持与对方的目光接触，但绝不是紧紧盯住对方的眼睛，这种逼视的目光是失礼的，也会使对方感到尴尬。瞳孔的焦距要呈散射状态，用目光笼罩对方的面部，同时应当辅以真挚、热诚的面部表情。

当对方侃侃而谈的时候，目光要谦和，且随着话题、内容的变换，做出及时恰当的反映。或喜或惊，或微笑或沉思，同时伴随点头的动作，表示你对话题的若有所思和对对方的赞同。

当对方缄默不语的时候，不要一直看着对方，以免让对方感觉到局促、尴尬和不安。尤其是当别人说错了话的时候，请马上转移视线，以免对方误认为你在对他进行嘲笑和讽刺。

3.交谈和会见结束时

目光抬起，表示谈话的结束。送客时，目光注视着对方且表现出惜别的情意，等客人走出一段路，不再回头张望时，才能转移目送客人的视线，以示尊重。

二、微笑

舞蹈演员表演时，通常情况下要保持"二号微笑"。所谓"二号微笑"，就是"笑不露齿"，也不发出声音，让人感到脸上挂着笑意即可。舞蹈演员独特的微笑魅力，让人感觉到心情舒畅。在社交场合中，微笑同样是一张万能通行证，轻轻的微笑让你平易近人，更具亲和力，轻轻的微笑让对方感觉到愉快和喜悦，同时也让对方感觉到自己是受人欢迎的，是受人重视的。

所谓笑，即人的面部呈现出愉快、欢乐的神情。由此可见，笑以愉快、欢乐为首要特征。笑是一种语言，它是通过面部的笑容传递和善、友好信息的一种无声的语言。笑有多种，常见的笑有微笑、欢笑、大笑、狂笑、苦笑、奸笑、傻笑、冷笑等。而微笑是社交场合中，最富有吸引力、最有价值的面部表情。

微笑是礼貌、自信地表示。与人初次见面，给对方一个亲切的微笑，在一瞬间就拉近了双方的心理距离，消除了双方的拘束感。公关人员如果能够掌握微笑的要领，且恰当地运用在交往场合中，对于双方的沟通和交流，对于工作的积极开展，都能够起到积极的作用。很多组织对员工的第一项训练内容就是微笑，希尔顿曾经走访全球，发现经营饭店最重要的策略就是微笑，所以他要求每个希尔顿饭店的员工首先必须学会如何微笑。

发自内心的真诚的微笑，可以让人如坐春风，"皮笑肉不笑"、"苦笑"都是极其不礼貌的。也就是说，微笑也是有规范的。

首先，微笑要是自然的，没有牵强、生硬的感觉，没有做作的感觉，不会让人觉得是假装出来的，否则连对方也会觉得不自然。

其次要注意协调配合，眼睛、眉毛、嘴巴都有一系列的反映和配合，应当目光柔和发亮，双眼略微睁大；眉头自然舒展，眉毛微微向上扬起。还应避免耸动自己的鼻子与耳朵。

第三，微笑要有感染力，也就是须带有感情。要笑得亲切、甜美，表示自己的真诚和用心。

微笑的基本方法是：先要放松自己的面部肌肉，然后使自己的嘴角微微向上翘起，让嘴唇略呈弧形。最后，在不牵动鼻子、不发出笑声、不露出牙齿尤其是不露出牙龈的前提下，轻轻一笑。

第二节　手势礼仪

手势是运用手指、手掌、拳头和手臂的动作变化，表达思想感情的一种体态语言。它能弥补口头语言和表情语表达的不足，在人际交往和公关活动中扮演着重要的角色。

手势也是一种礼仪，在社交场合，优美大方的手势可以辅助、配合有声语言，帮助你与他人更好地沟通交流，有时甚至可以替代有声语言和文字语言，表达特殊的含义，拙劣的手势会引起对方曲解你的意思，甚至会被认为缺乏教养而引起反感。

公关交往离不开手势语言，英国心理学家麦克·阿尔奇发现在一小时的谈话中，芬兰人做手势 1 次，意大利人做手势 80 次，法国人 120 次，墨西哥人 180 次，由此可见，手势语是展现自我，增强语言的感染力的有效配合手段。

一、使用手势的原则

在实际的公关场合，要注意使用手势的原则，把握手势对象的具体情况，才能做到得体、适度。

1. 对象原则

不同的手势有不同的含义，相同的手势面对不同的对象也有不同的含义。比如翘大拇指这一手势语，中国人对它的理解是“非常好”、“棒极了”，表示赞赏，但是在希腊人理解就是“滚蛋”，澳大利亚人除了理解为“搭车”以外，还会认为它有侮辱的意味。

2. 简洁明快原则

手势只是配合语言，辅助表达自我的一种手段。简洁、明了，让人一目了然，可以在大脑中迅速地将肢体动作迅速转化为信息符号，过于复杂的手势会喧宾夺主，可能会造成人们过多的注意你的手势动作，而忽略了语言本身的表达。所以在公关活动中，尽量以语言的表述为主体，手势加以辅助。

3. 自然协调原则

一般情况下，手势是在交流沟通过程中，随着语言的表述、情感的表达而自然流露出的一种动作，而不是刻意的、有意识的一种表达和装饰。弗洛伊德曾经说过：“凡人皆无法隐瞒私情，尽管他的嘴可以保持缄默，但他的手脚却会多嘴多舌。”也就是说，人的语言可能是经过加工后才表达出来的，但你的手势与动作却是内心真正的表达。我们就是从对方的这种无意识的流露中更全面更真实的了解对方，那么公关人员你也要小心了，对方也是从你的这些无意识的手势当中理解你的。正因为手势是一种自然的表达，所以我们只能去规范它，使他更到位更优雅，而不是刻意地去模仿别人优美的手势。

当然也有特殊情况：比如刻意用某些手势表达某些特定含义，比如在会客的时候，遇到一位将双手插于口袋的客人，这个时候你得判断他是习惯性动作，还是故意为之，如果是后者，那么你得小心应付了，这种人是比较难以应付的，我们就更应该以礼相待，尽量避免不必要的麻烦。

手势还要注意与眼神、步伐相配合，同时也要注意和自己的语言协调，和自己的身份协调以及场合协调等等。

4.大方得体原则

与人谈话时，手势不宜过多，动作不宜过大，要给人一种优雅、含蓄而彬彬有礼的感觉，指指点点、随意摆手、搔首弄姿等都是在交际场合中禁忌的。

二、几种具有典型含义的手势

具有典型含义的手势主要指的是那些被赋予特殊意义的手势。在了解这些具有典型含义的手势的时候，要注意：同样一种手势，在不同的国家、不同地区具有不同的含义，因此在使用手势时还应该注意各国不同的习惯，以免误会。

1.“OK”的手势

拇指与食指相接，其余三指自然伸张。在西方某些国家这是一个常用手势，一般表示“好”、“没问题”。在中国，在伸手示数的情况下表示“零”或“三”，但是在某些特殊场合，也可以表示“一切准备就绪”、“完成”或“好”、“没问题”。比如说在一些会议场合，不方便大声讲话的时候，可以借用此手势传情达意。

但还应该注意此手势在不同国家所代表的含义不同，在公关活动或公关场合中应该根据交际对象出示手势。如：美国表示“赞同”、“允许”、“顺利”、“好”；在法国表示“零”或“没有”；在日本、缅甸、韩国则表示“金钱”；在印度表示“正确”；在巴西则是“引诱女人”或“侮辱男人”之意；在地中海的一些国家则是“孔”或“洞”的意思，常用此来暗示、影射同性恋。

2.伸大拇指手势

伸大拇指手势分为拇指向上和拇指向下两个动作。拇指向上一般是赞扬之意；而拇指向下，多有侮辱之意。在我国基本也是这样的意思。

3.“V”字形手势

伸出食指和中指，其余攥在一起，掌心向外。这个手势主要表示胜利（Victory的第一个字母），第二次世界大战期间，英国首相温斯顿·丘吉尔推广了这个手势。在中国，这种手势还时常表示“二”这个数字。值得注意的是掌心如果向内，就含有侮辱对方的意思。

4.举食指的手势

在亚洲一些国家包括中国在内表示“一”的概念，但缅甸等国家则表示“请求”、“拜托”之意。值得注意的是这个手势指尖是向上的，而如果食指指向对方，尤其是直指对方的脸或鼻子，则有“指责”“兴师问罪”之嫌，很容易激怒对方。

除了这些典型的手势以外，还有一些手部动作也是手势所包含的内容。

规范的礼仪手势应当是手掌自然伸直，手心向内向上，手指并拢，拇指自然稍稍分开，手腕伸直，使手与小臂成一直线，肘关节自然弯曲。

在出手势时，要讲究柔美、流畅，做到欲上先下、欲左先右，避免僵硬死板、缺乏韵味，同时配合眼神、表情和其他姿态，使手势更显协调大方。

(1)在表示“请”、“请进”时的手势：比如说“请进”、“请坐”的做法是：五指并拢，手掌自然伸直，手心向上，肘微弯曲，以肘为轴，手臂自然从胸前向外摆开，到腰部并与身体正面成45度时停止，头部和上身微向伸出手的一侧倾斜，目视宾客，面带微笑，表现出对宾客的尊重、欢迎。

(2)接取物品时的手势：应当目视对方，而不要只顾注视物品。一定要用双手或右手，绝不能单用左手。必要之时，应当起身而立，并主动走近对方。当对方递过物品时，再以手前去接取，而切勿急不可待地直接从对方手中抢取物品。

(3)表示“欢迎”的手势：一般用鼓掌的方式表示此意，两掌相对，在分开的这个动作上尤其要注意距离不要分得太远，否则显得很不文雅。

在公关场合要注意使用规范的手势礼仪，同时也要根据对方的手势“察言观色”，适时的做出相应的反映。比如：说在拜访客户的时候，对方有这样几种小动作时，如不停地抬手看手表，如旁若无人地打电话，如将双手支在双膝上或扶在椅子上等等，那就是在下逐客令了，遇到这种情况，那还是早些告辞为好。

总而言之，手势礼仪在公关交往中起着重要的传情达意的作用，掌握和恰当地使用手势礼仪是非常重要的。

第三节　体姿礼仪

在个人的形体动作规范中，除了表情和手势需要注重礼仪规范以外，体姿语也就是立姿、坐姿和行姿对一个人整体形象的塑造、社交起着很重要的作用，所以也应该从礼仪规范的角度进行规范。

“站如松，坐如钟，行如风，卧如弓”，这是我国古人对人体姿势的要求，从礼仪规范的角度来看，也是有可取之处的。

一、站姿

站姿就是站立姿势，也称为立姿。它是人们平时所表现出来的一种静态的身体造型，同时又是其他动态的身体造型的基础和起点。如果一个人的站姿不够标准，那么其他姿势便根本谈不上优美而典雅。

站姿一般的要求是抬头、挺胸、收腹，这样你的身体处于挺拔、舒展的状态。从审美的角度来看这是一种大方的美，从精神状态上来看，会让对方觉得你精力充沛。

虽然我们经常用“站如松”来形容我们的站姿，也就是挺拔感，但这是一个总体的要求。对于男性来说，其站立中要表现出男性的英武和实力感，站立时双脚可以分开一些，但最多与肩同宽；而女性在保持挺立的前提下还要注意表现出优美、轻盈、典雅的韵味，所以双脚应该呈“V”字形或“丁”字形，两腿绷直，膝盖和脚后跟靠紧。

站姿的特点是：自然、挺拔、舒展、优美。

站姿的基本要领是：抬头、挺胸、收腹，两脚跟相靠，脚尖略分开，大概 45 度到 60 度，双臂自然下垂，双腿直立，腰背挺直，面带微笑，平视对方。

不符合礼仪规范的站姿：

(1)将身体斜倚在椅子上、门框和墙上；

(2)含胸耸肩，身体状态臃肿；

(3)双手插在裤袋里、交叉在胸前或叉在腰间；

(4)两腿交叉站立。

小资料：

不同的站姿显示不同的性格，每个人都有自己习惯的站立姿势。美国夏威夷大学心理学家指出，不同的“站姿”可以显示出一个人的性格特征。

(1)站立时习惯把双手插入裤袋的人

城府较深，不轻易向人表露内心的情绪。性格偏于保守、内向。凡事步步为营，警觉性极高，不肯轻信别人。

(2)站立时常把双手置于臀部的人

自主心强，处事认真而绝不轻率，具有驾驭一切的魅力。他们最大的缺点是主观，性格表现固执、顽固。

(3)站立时喜欢把双手叠放于胸前的人

这种人性格坚强，不屈不挠，不轻易向困境压力低头。但是由于过分重视个人利益，与人交往经常摆出一副自我保护的防范姿态，拒人于千里之外，令人难以接近。

(4)站立时将双手握置于背后的人

性格特点是奉公守法，尊重权威，极富责任感，不过有时情绪不稳定，往往令人莫测高深，最大的优点是富于耐性，而且能够接受新思想和新观点。

(5)站立时习惯把一只手插入裤袋，另一只手放在身旁的人

性格复杂多变，有时会极易与人相处，推心置腹。有时则冷若冰霜，对人处处提防，为自己筑起一道防护网。

(6)站立时两手双握置于胸前的人

其性格表现为成竹在胸，对自己的所作所为充满成功感。

(7)站立时双脚合并，双手垂置在身旁的人

性格特点诚实可靠，循规蹈矩而且生性坚毅，不会向任何困难屈服低头。

(8)站立时不能静立，不断改变站立姿态的人

性格急躁，暴烈，身心经常处于紧张的状态，而且不断改变自己的思想观念。在生活方面喜欢接受新的挑战，是一个典型的行动主义者。

二、坐姿

坐姿就是指坐的姿势，包括人就座时和坐定之后的动作和姿势。坐姿是体态美的主要内容之一。端正优美的坐姿，会给人以文雅稳重、自然大方的美感。对于公关人员来说，落落大方的坐姿会给人良好的印象。

坐姿可以反映一个人的修养，庄重、典雅、自然、大方的坐姿会让对方感觉到你的涵养，而不规范或者不礼貌的坐姿会让人感觉到你的随意和肤浅。

就座时：大方地走到座位前，然后转身，再将右脚（或左脚）向后撤半步，轻轻落座，随即双脚并齐。

入座后：此时两肩放松，腰背挺直，两臂自然弯曲放在膝上，也可以放在椅子或沙发扶手上，表情自然亲切，目光柔和。

在正式场合与人会面时，一般至少要坐满椅子的三分之二，不可以坐满椅子，也不要坐在椅子边上过分前倾，在前10分钟以内身体是不可松懈的，也就是说入座后的姿势要按规范保持一段时间，不可以一开始就靠在椅背上。

一般来说，在正式社交场合，男性两腿可以分开，大致有一拳的距离；女性则必须并拢双膝，而且不要跷二郎腿，尤其是着裙装入座时，应该用手将裙子的后摆向前拢一下，再坐下来，注意不要坐下后再站起来整理衣服，这样你庄重文雅的形象就会大打折扣。

在日常交往场合，坐姿也可以稍微随意一些，比如说男性可以跷腿，但不可

跷得过高或抖动;女性可以两腿交叉而坐,但两腿不宜向前伸直。

不符合礼仪规范的坐姿:

(1)猛起猛坐,弄得坐椅乱响;

(2)两腿叉开很大,二郎腿跷起来,且随意抖动;

(3)坐下后,点腿或抖腿,或身体前后摇晃;

(4)两腿伸得过远,脚勾蹬椅腿、椅撑;

(5)随意挪动椅子。

最为常用的八种坐姿:

(1)正襟危坐式。又称最基本的坐姿,适用于最正规的场合。要求:上身与大腿,大腿与小腿,小腿垂直于地面,都应当成直角,双膝双脚完全并拢。

(2)垂腿开膝式。多为男性所使用,也较为正规。要求上身与大腿,大腿与小腿,皆成直角,小腿垂直地面,双膝分开,但不得超过肩宽。

(3)双腿叠放式。它适合穿短裙子的女士采用。(或处于身份地位高时场合)造型极为优雅,有一种大方高贵之感。要求:将双腿完全地一上一下交叠在一起,交叠后的两腿之间没有任何缝隙,犹如一条直线。双腿斜放于左右一侧,斜放后的腿部与地面呈45度夹角,叠放在上的脚尖垂向地面。

(4)双腿斜放式。适用于穿裙子的女性在较低处就座使用。要求:双膝先并拢,然后双脚向左或向右斜放,力求使斜放后的腿部与地面呈45度角。

(5)双脚交叉式。它适用于各种场合,男女皆可选用。要求是:双膝先要并拢,然后双脚在踝部交叉。交叉后的双脚可以内收,也可以斜放,但不宜向前方远远直伸出去。

(6)双脚内收式。适合一般场合采用,男女皆宜。要求:两大腿首先并拢,双膝略打开,两条小腿分开后向内侧屈回。

(7)前伸后屈式。女性适用的一种优美的坐姿。要求:大腿并紧之后,向前伸出一条腿,并将另一条腿屈后,两脚脚掌着地,双脚前后要保持在同一条直线上。

(8)大腿叠放式。多适用男性在非正式场合采用。要求:两条腿在大腿部分叠放在一起。叠放之后位于下方的一条腿垂直于地面,脚掌着地。位于上方的另一条腿的小腿则向内收,同时脚尖向下。

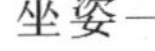
坐姿一

坐姿二

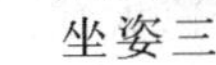
坐姿三

坐姿四

坐姿五

三、行姿

行姿就是指一个人在行走时的姿势。站姿是行姿的准备和起点，而行姿是站姿的延续和发展。

行姿展示的是一种动态美，英姿飒爽的感觉更多的是通过行姿来营造的。对于公关人员来说，大方而优雅的行姿是自信和风度的体现，它会使你的整体形象和精神面貌焕然一新，而一些不规范的行姿也会使你的形象受到损伤。

从礼仪的角度来看人的行走姿势，主要的特征就是：抬头挺胸，重心稍微向前倾，步伐矫健，行走自如，双膝弯曲度小，双臂的摆动与脚步相协调且有节奏感，步幅与步速适中，眼睛平视前方，面带微笑，微收下颌。

其中要注意：双臂的摆动和步伐两个关键动作。双臂的摆动是以肩关节为轴，上臂带动前臂向前，手臂要摆直线，肘关节略屈，前臂不要向上甩动，向后摆动时，手臂外开不超过 30 度。前后摆的幅度为 30～40 厘米。步伐这个动作中要注意步幅、步速和步位。步幅指的是步子的幅度，也就是迈出步子的大小。一般标准是一脚踩出落地后，脚跟离未踩出一脚脚尖的距离恰好等于自己的脚长。步速不能太快，也不能太慢，以适中为宜。步位是指你的脚下落到地上时的位置。走路时最好的步位是：两只脚所踩的是一条直线而不是两条平行线。

从性别角度来看行走的姿势，要求也是稍有不同，女性更应注重行姿的健美和轻盈，而男性则要走出稳健和潇洒。

不符合礼仪规范的行姿：

1. 弯腰驼背，走路摇摇晃晃，左顾右盼；
2. 步幅迈得太大或太小；
3. 步速太快或太慢；
4. 双手叉兜，双臂甩的幅度较大或夹在身体两侧；
5. 行走中，脚抬得太高或蹭地，地板上拖拖拉拉有声音；
6. 内八字步和外八字步；
7. 走路不成直线。

总而言之，大方得体的站姿、坐姿和走姿是素养和风度的一种体现，在公关活动中，“细节决定成败”，我们必须重视这些基本姿势的规范。

本章小结：

体态语言即通过人体及姿态发出的无声信息，它所显示的意义要比有声语言深刻得多。体态语言具有形象性，在传递信息、人际沟通中发挥着重要作用，使人们的交往更富有表达力和渲染力。体态语言包括表情礼仪、手势礼仪和体姿礼仪三个部分。

表情神态是内心情感的外在表现。公关人员要理解表情，把握表情，在交往场合努力使自己的表情热情、友好、轻松、自然。良好的交际目光应是坦然、亲切、和蔼、有神的。微笑同样是一张万能通行证，轻轻的微笑让你平易近人，更具亲和力，轻轻的微笑让对方感觉到愉快和喜悦，同时也让对方感觉到自己是受人欢迎的，是受人重视的。

手势在社交场合起着传情达意的作用。优美大方的手势可以辅助、配合有声语言，帮助你与他人更好地沟通交流，有时甚至可以替代有声语言和文字语言，表达特殊的含义。公关场合，要注意使用手势的原则，把握手势对象的具体情况，才能做到得体、适度。

体姿对一个人整体形象的塑造、社交同样起着很重要的作用。站姿一般的要求是抬头、挺胸、收腹，这样你的身体处于挺拔、舒展的状态，从审美的角度来看这是一种大方的美，从精神状态上来看，会让对方觉得你精力充沛。坐姿可以反映一个人的修养，庄重、典雅、自然、大方的坐姿会让对方感觉到你的涵养，而不规范或者不礼貌的坐姿会让人感觉到你的随意和肤浅。大方而优雅的行姿是自信和风度的体现，它会使你的整体形象和精神面貌焕然一新。

在实际的交际中，表情礼仪、手势礼仪和体姿礼仪是相互配合，相互协调的，而不是割裂独立的，所以应注意将其作为一个整体来学习。

思考与训练：

1.对于公关人员来说，表情礼仪应该注意什么？

2.使用手势的原则有哪些？

3.列举你所知道的几种手势所代表的意思。

4.符合礼仪规范的站姿有哪些基本要求？

5.对于坐姿来说，哪些表现是不符合礼仪规范的？

6.案例分析：

某软件公司的业务员小李上门推销近期开发的有关人力资源管理的新软件。

他来到一家外贸单位，也没有给前台的负责人打招呼，就直接走向经理办公室。当负责人叫住他问他去路时，他一边走一边解释了一下，与此同时，他已经开始敲总经理的门了，正在处理事务的王经理听到外面很吵，也就开了门，“对不起，这是我们公司开发的有关人力资源管理的新软件，请您了解一下，可能对公司的管理会有帮助”，还没等王经理开口小李就解释说，王经理听他这么一说，又考虑到公司目前确实需要这方面的软件，就请他进了门。

小李见状，心理暗暗庆幸，毫不客气地进了经理室，他往沙发上一靠，跷起二郎腿，一边悠闲地环视着张经理的办公室一边开始具体的说明来意，王经理本来还想好好了解一下具体情况，现在一下子没了兴趣，可小李还在不停地描述产品的优点。小李用右手指着王经理说：“如果你们有兴趣的话，也可以根据你们的需要重新修改。”这个时候，王经理开口了：“对不起，我们现在还不需要这种产品，请自便吧。”

请指出小李的失礼之处。

第七章　个人的语言沟通规范

说话周到比雄辩好，措辞适当比恭维好。

——培根

本章要点：

当今社会交往中，语言沟通越来越成为公关工作中一个重要方面，而语言沟通时除了要讲求策略以外，公关人员还应注重语言沟通的礼仪规范。所谓"言不顺，则事不成"，如果说个人的形象代表着组织形象，那么个人语言礼仪规范就关乎个人及组织的整体形象。所以，公关人员在交谈和聆听的过程中要注意保持良好的状态，遵守规范。

第一节　交谈礼仪

案例：

1979年1月，邓小平同志应美国总统卡特邀请正式访问美国时，在多次讲话中，就充分利用了谈话技巧，取得良好效果。一次，在卡特总统举行的欢迎国宴上，邓小平同志说："我们来到美国的时候，正是中国的春节，是中国人民自古以来作为'一元复始，万象更新'而欢庆的节日。此时此刻，我们同在座的美国朋友有一个共同的感觉：中美关系史上一个新的时代开始了。"

交谈是人们日常交往的基本方式之一，也是公关礼仪的重要组成部分。美国著名的语言心理学家多罗西·萨尔诺夫曾说道："说话艺术最重要的应用，就是与人交谈。"从广泛意义上来讲，交谈是人们交流思想、沟通感情、建立联系、消除隔阂、协调关系、促进合作的一个重要渠道。

公关人员的交谈能力往往与其工作能力、业务水平、个人魅力以及待人接物的态度紧密联系在一起。因此，交谈是个人素质的有机组成部分之一。

言谈礼仪，即公关人员在一般场合交谈时应当遵循的各种规范和惯例，主要涉及交谈的态度、交谈的语言、交谈的内容、交谈的方式四个方面。

一、公关语言交谈礼仪

(一)正确认识自己

人人都可以成为一个善谈、健谈的人。但首先要消除胆怯心理，克服内向心态，打消顾虑，增强信心。

每个人在社会上都有一席之地，每个人在与人交往、交谈中都有要说的话。须知“言为心声”，只要是发自内心，态度真诚的话，都会打动人心。有些性格内向的人往往以自我为中心，在交谈时先想到：人家会怎么看我，我是否会失态。这种心理状态不利于谈话的深入。最好的谈话心理应该以谈话内容为中心，打消顾虑，稳定情绪，自然地加入谈话。如果感到与人交谈缺乏内容，话题很少，语言枯燥，可以平时多看报纸、杂志、书籍、电视，关心时事、艺术、体育等等，随时留意周围所发生的事，同时多和他人谈话，谈的次数多了，就可以贮存知识以供将来谈话之用，日积月累，久而久之，一定会感到话题多了，内容充实了，词汇也丰富了。此外，在与人交谈时，应力争主动，尽可能先提出自己最得心应手的话题，放开来讲述，以表示有信心与人交谈，从而克服胆怯心理。

最后要注意的是，谈话的姿态也会反映出一个人的性格和心理。胆怯内向的人，谈话时往往双肩紧并、下垂，腰部弯曲，显示出一副紧张、卑屈的样子。因此，切忌采用这种姿态与人谈话。谈话分站、坐两种。如果站着与人交谈，说话时要挺胸、收腹，全身重量均匀地分配于两足，使重心稳定。这样，会感到自己的肩膀似乎宽了些，人也显得生气勃勃，泰然自若。如果是坐着谈话，要注意谈话距离宜保持在一臂之内。双脚要平放于地面，不宜交叠双腿，在身份高者面前，更不宜跷着二郎腿；坐时背部要紧靠椅背，肩膀平正，腰部挺直。

(二)交谈时礼仪

交谈时除注意语言美、声音美之外，姿态美也很重要，也就是说在谈话中语气、语态、神色、动作、表情等都要专心致志，聚精会神，合乎规范，一心敬人。

1. 目光

谈话时目光注视对方是一种起码的礼貌，以表示对谈话的兴趣和对对方的尊重，同时也可以为愉快和谐的谈话气氛创造条件。美国 NBC 的著名节目主持人芭芭拉·华特曾说:“对全神贯注和我谈话的人,我以为是可亲近的人”,“没有其他的事比这更重要了”。有心人也一定会发现,交谈一方有时偶尔把目光随意转向一旁,会引起另一方的注意,可能使对方会因此认为一方对谈话不感兴趣而关闭谈话的大门。当然,注视并不等于凝视,直勾勾地盯着对方,或目光在对方身上左右上下乱扫,甚至还跑到对方身后去,这只会使对方透不过气来或惶惑不安,有话也说不出来。一般来说,如果两个人在室内面对面交谈,目光距离最好在 1 米至 2 米之间,目光注视对方的三角部位,这个三角是以两眼为上线,嘴为下顶角,也就是双眼和嘴之间,这是正常的社交距离。有时可能会出现谈话双方目光对视的情况,此时不必躲闪,泰然自若地徐徐移开就可以了。

还需要指出的是,仅仅注视对方还远远不够,还要注意能够让对方感受到你对谈话的态度。任何有经验、有教养的人,在与人交谈时,都不会忽略应当引起谈话对象的谈话兴趣。称道对方,关怀对方,对对方所说的一切,表示出浓厚的兴趣,都可以提高对方的谈话兴趣。如果是许多朋友在一起交谈,讲话的人不能把注意力只集中在其中一两个熟悉的人身上,要照顾到在场的每一个人。同时,谈话过程中对对方的谈话应有所呼应,由此话题才可能谈得更广、更深,相互间的感染也就越多,甚至在心理上达到某种程度的默契。

所以,谈话时,首先要做到的是双方应互相正视、互相倾听。不要东张西望,左顾右盼,更不要看书看报,或者面带倦容,哈欠连天,也不要做一些不必要的小动作,如玩指甲,弄衣角,搔脑勺,压指甲等等,这些动作显得委琐,不礼貌,也会使人感到你心不在焉,傲慢无理。

2. 尊重他人

(1)插话适度

谈话要尊重别人,调和意见,交谈过程中要常常说话,但不要说的太长。社交场合,参加谈话是对众人的一种义务,如果对于所议论的某个主题可以提供若干意见,就该讲出来。如谈话的目的只是为了娱乐,当然也要尽一份本分。不能只静坐听别人的谈话,而自己却一直三缄其口,因此要常常说话。但谈话并不是独白,如果只顾自己发表意见,而不愿听别人说话,甚至不容别人插话,发表看法,交谈就变成了“一言堂”。“一言堂”的谈话方式,或许可以显示口才,但结果往往事与愿违,别人可能认为你自高自大,蔑视他人的存在。所以虽然常常发言可以加深别人的印象,但长篇大论地说下去,容易使人厌倦而不耐烦。为此,自己每次“发言”所用的时间从总体上讲,宜短不宜长,通常自己讲一两分钟之后,就应相机把“讲坛”主动相让与他人。要是碰上别人“发言”过久,或是意欲发表个人见解,应耐心等候。他人讲话结束之前,千万不要打断别人讲话。一次生动活泼的谈话,要求每个交谈者注意不但自己说,也要让别人说。聪明的谈话者，往往不急于发表自己的意见，而设法让对方开口，谈他所关心的问题，吸引对方与自己交谈。

(2)找准插话时机

为表示对交谈一方的尊重，交谈时要尽量让对方把话说完，不要轻易打断对方的谈话，要有耐心，这是一种基本修养。尤其是对方谈兴正浓时，突然打断对方，一是可能使对方思路中断，二是可能使对方被突如其来的“拒绝”弄得不知所措，下不了台。如果有紧急事件发生，或确实有必要打断对方，要在对方说话的间歇，以婉转的口气，很自然得体地将自己的话简短说出，如“你的看法的确有道理，不过请允许我打断一下”，或“请让我提个问题好吗?”……这样就不会让人感到你轻视他或不耐烦了。恰当的插话，会引起对方的注意，停止自己的言谈，让你先说。但插话如果违背对方原意，未听明白就下结论，或插的不着边际，转移话题，或抢过话头，显示自己高明，则有不尊重之味道，闹不好还会引起争执，不欢而散。在参与多人交谈时，应不时地同其他人聊上几句，不要论远近亲疏，凭衣帽或印象取人，对有的人一见如故，谈个不休；而对另一些人则一言不发，不闻不问。这样既是对他人的不尊重，也会让其他人觉得自己没有教养。

(3)尊重他人意见

交谈中还经常会遇到不同意对方某个观点，或某一明显错误的说法的情况，怎么办？在正式的社交场合，一般以表示疑问或商讨的语气提出为宜，以免伤害对方的自尊心。比如，若不同意对方的某个观点，可以说：“我对这个问题倒也十分感兴趣，只不过好像我不这么认为”，“你刚才的某个观点好像很新，能否再详细地解释一下”等等。假如认为对方的某个观点和说法根本是错的，可以说：“在我的记忆中，好像这个问题不是这样的”，或者说“我在某本书上看到的好像与你讲的不完全一样”……虽然语言非常婉转，但这足以使对方明白其中的意思。遇到别人真的犯了错误，又不肯接受劝告和批评时，别急于求成，往后退一步想想，把时间延长些，隔一两天或一两个星期再谈。否则，大家固执，不仅没有进展，反而伤害感情。记住，如果不是讨论性的交谈，一般不要与人争辩。如果对方反驳你的意见，大可不必急躁、恼怒，从容说出自己的道理便是。企图与别人争胜是拙劣的想法，有时越是想做到这点，越是想逞口舌之利，就越不能使对方成为朋友。总之，要学得谦虚些，随时考虑别人的意见，让大家都觉得你是可以谈话的人，这才是道理。

事实上，人们谈话时都有一个目的：想知道别人对某件事情的意见是否和自己相同。人们总是希望别人能和自己一样对何事物有同样看法。如果谈话时双方意见一致，就会感到一种安慰，但如果发现对方意见和自己略有出入，或大不相同时，会感到这是一种刺激。因此，想与对方作进一步探讨。所以，当听到别人意见和自己相同时，要立即表示赞同，不要以为这样做，会被人认为是随声附和。不出声，容易使人误以为不同意。同样，当听到别人意见与你不一致时，也要立即表示什么地方不同意（当然要注意方式），不要迟疑。

（4）考虑对方特点

尊重交往对象，在谈话过程中还要注意，谈话要看对象交谈，不是一味地发泄自己的感情和情绪，而是一种合作的程序，所以必须考虑交际对象。交际对象是最直接的对话语起制约作用的环境因素。说话人的言语行为总是围绕着听话对象进行的，以他们能接受为前提，而不能逾越他们的思想、感情、知识所能及的范围。不同的对象，因年龄、性别、职业、社会地位、人生阅历的不同，对同一句话会产生不同的反应，甚至会导致截然相反的反应。所以，在交谈过程中，所说的话要符合交际对象特定身份的要求，从称谓到措词组句，从交谈话题、谈话语气到表达方式等都应尽量合乎交谈对象的特点，做到恰当得体。

3.把握时机，留有余地

（1）把握时机　“言贵精当，更贵适时”。不该说的时候说了，是操之过急；该说的时候没说，是坐失良机。把握住说话的适宜时机，是说话得体的重要因素。比如，在听话人心情比较平和的时候去反映情况或提出批评建议；在双方的感情和认识差距稍小了以后再开口劝说。高明的推销员从不直接向持拒绝态度的顾客推销商品，而是先迂回，套近乎，排除了对方的“武装”之后，再劝人家购买推销的商品。这样，往往会获得成功。

（2）把握尺度　交谈过程中还要注意说话应留有余地。比如，在交谈中，遇有需要赞美对方时，应措词得当，注意分寸，赞美的目的在于使对方感觉到你真的对他（或她）的钦佩，用空洞不切实际的溢美之词，反会使对方感到你缺乏诚意。若一名公关人员热情友好地接待了一位公众之后，得到了“你的接待真令人愉快，你的热情给我留下了深刻印象”的评价，显然比“你是一位全世界最热情的人”的赞誉会入耳得多。所以称赞要适度，过分的讨好、谄媚则近于肉麻。特别是对上级领导，在社交场合更不宜毕恭毕敬说些奉承话。对晚辈或地位比较低的人，也不要用轻视、冷淡的口吻说话。总之要注意分寸。

在谈话中要适当加点幽默语言，不仅能够活跃气氛，而且能够启人心智，吸引听众，更好地与他人沟通和交流。但凡事要有个限度，使用幽默语言，讲笑话也要因人而异，要分时间、地点、场合，要有分寸。比如有的人喜欢嘲笑他人的生理缺陷和短处，特别是对男女之间的话题更是津津乐道。其实，这不但不能表现自己的风趣和幽默，反而说明了自己的轻薄与无聊。要知道，优雅的举止风度是以友善和为他人着想这两项原则为基础。这种揭短的“幽默”伤人太深，不但不道德，于己也未必有益。所以一定要注意把握好分寸，把话说得留有余地。

4. 话题的选择

组织社交活动中的谈话话题一般都是事先约定好的，但在谈话的过程中也可以涉及其他比较轻松的话题来放松心情，使气氛活跃点。比如风土人情、旅游观光、流行时尚等都是可供选择的休息话题，当然你必须对这些内容有所了解，才能显示你个人的素质，否则如果错误百出，容易让人误认为你学识和见识都不够多，在交谈中会处于劣势。

谈话时要注意有些忌讳的社交话题是不能涉及的：

个人隐私，比如不能问对方年收入、年龄、婚否等，不能在别人面前谈是非，或者讲些疾病、灾害等让人心情不愉快的话题。

5. 其他注意事项

在参与多人交谈时，应表现出对谈话内容兴趣很大，而不必介意其他无关大局的地方，比如对方有浓重的乡音，读错了字或记错了日期等，只要不妨碍交谈的进行，没有必要当面去指正。不要在对方谈兴正浓时，突然凑到某个人耳边窃窃私语，这容易引起别人的反感，有可能使谈话者产生误会：有什么事不好当着大家讲？如果确有私事要说，不如请他到另一边再谈。撇开众人，只跟一小帮人交谈，也说明还不善于与大家打交道。

当遇到自己的熟人正在一起交谈时，如果打算加入，一定要事先征得同意，比如问一下"我能够有幸加入吗？"或"不打搅吧？"得到许可后，方可加入。不要以为是自己熟人，就可随便加入别人的谈话。加入之后，应甘当配角，不可自己一加入就口若悬河，滔滔不绝地唱起主角，以至影响交谈者的兴致。一旦发现自己加入后，原来的交谈者都缺少了兴致，应及早退回，不要因此让别人产生不好的印象。在碰到有人想加入自己的交谈时，通常应来者不拒。如果自己确有私事，不适宜外人介入，应及早婉言相告，比如可以说"对不起，我们有点私事想单独谈谈"，或者说"我们过一会儿再谈，好吗？"一旦有其他人加入自己的谈话，就不要有意冷场，或是使用隐语、暗示等，使他人无所适从。

此外，在交谈过程中要始终注意不要扮演喋喋不休，逢人诉苦，无事不晓或一言不发的角色，这些都不利于交谈的进行，更不利于在众人面前建立良好的形象。

二、表情礼仪

公关人员在与公众打交道时，面部表情的基本要求就是热情、友好、诚实，稳重，和蔼。

(一)眼神礼仪

表情中起主导作用的是眼睛,眼睛对内心情感的传达主要是靠眼神。为此,公关人员要学会正确地运用眼神。

1.注视时间

公关人员在与人交际、谈话时,应注视对方的眼睛,以获知对方真正的感受,并将自己的心情袒露给对方,以达到心灵的交流。根据社交礼仪的惯例,在交谈时不正视对方,不是心不在焉,就是心中有鬼。用眼睛表情达意时须注意两个礼仪方面的问题。第一,注视的时间。交谈过程中,有些人让人感觉舒服,有些人则令人不自在,甚至让人感觉不值得交往,这主要与注视的时间长短有关。与对方目光接触的时间超过了全部谈话时间的三分之一时,要么是被认为很吸引人,要么是怀有敌意。因此对于不太熟悉的人,不可长时间地盯着对方的眼睛,以免引起对方的恐惧和不安。如果感觉与对方谈得来,可以一直看着他,引起他意识到你喜欢与他交往。他可能也会回报你,以建立良好的默契。这样的谈话,起码要有百分之六十以上的时间注视对方。不难想象,如果谈话时心不在焉,东张西望,或是由于紧张、羞怯不敢正视对方,目光注视的时间不到整个谈话的三分之一,那一这不容易被人信任。当然,注视时间长短不要考虑到文化背景,对南欧人,注视对方过久可能会造成冒犯,故不能照搬。第二,注视的位置。注视对方什么位置,传达的信息有区别,造成的气氛也相异。不同的场合和交往对象,目光所及之处应有差别。比如公事注视,这是指人们在工作交往中,联系业务、洽谈生意及外事谈判时,目光所及区域在额头至两眼之间。这种注视给人一种郑重、严肃的感觉。如果同对手谈判,采用公事注视,对方会认为你对工作认真、严肃,同时也很看重对方,有诚意,因而会慎重考虑你的意见,你在一定程度上也就拥有了控制权。再比如社交注视,这是在舞厅、茶话会、宴会及朋友聚会时用的,区域在两眼到嘴之间,这种注视会令人感到舒服,也很有礼貌,较前者在气氛上要缓和多了。

2.注视角度

要学会用注视角度表示对他人的尊重,例如俯视带有权威感,且有诲人之意,仰视表示尊敬与景仰。因此与人交往时,尽量不要站在高处自上而下地俯视于人。面对长辈、上司和贵宾时,站立或就座应选择较低这下,自下而上地仰视对方,往往会赢得对方的好感。

(二)微笑礼仪

人的表情丰富多彩,哭和笑是最主要的两种表情,当然哭和笑又可分为很多种,哭有激动的哭,有伤心的哭,也有绝望的哭。笑的情况更是多种多样,有冷笑，奸笑，狂笑，傻笑，狞笑，微笑，皮笑肉不笑等等。在公共关系中，我们把微笑当作是最有用的武器。因为在社会交往中，微笑不但能强化有声语言的沟通，而且能与其他态势语言相配合，增强人际沟通。亲切温馨的微笑可以有效地缩短双方的距离，创造良好的心理氛围。微笑必须是发自内心而且是亲切自然的，如果笑的过火会让对方觉得不稳重，硬挤出来的淡淡的笑则给人强迫虚伪的感觉。很多组织对员工的第一项训练内容就是微笑。希尔顿曾经走访全球，发现经营饭店最重要的经营策略就是微笑，所以他要求每个希尔顿饭店的员工首先必须学会如何微笑。

在公关活动中，为了表示对交往对象的友好与尊重，公关人员的最佳表情应是面带微笑。微笑是一种人人皆知的世界语。微笑传达的信息常能促进双方沟通，融和双方感情，比如当谈话取得一定效果，谈判达成一定协议时，双方能会心地微微一笑，常常能弱化或消除存在于心中的戒忌和隔阂，增进理解和友谊。日本航空公司的空中小姐，仅微笑一项，就要训练半年之久，这足以说明微笑对人际交往的突出效用。要掌握好它，要紧的诀窍只有一个：发自真心，有诚意。微笑既不是奴颜婢膝地曲意奉承，强作笑颜，也不是例行公事似的皮笑肉不笑，或是笑的夸张放肆。微笑的基本作法是：不发声，不露齿，肌肉放松，嘴角两端向上略为提起，面含笑意，亲切自然，使人如坐春风。其中亲切自然最重要，它要求微笑出自内心、发自肺腑，而无任何做作之态。也只有这种发自真心和诚意的微笑，才能使一切与你接触的人都感到轻松和愉快。

三、倾听礼仪

（一）倾听作用

在交谈中也要注意倾听对方讲话，倾听也是社交中要注意的一个行为，一般来说，只要越是善于倾听他人意见的人，人际关系就会越理想，如果你懂得倾听的艺术，能够耐心听完对方的谈话，等于是在褒奖对方，这样在无形中就能提高对方的自尊心，让对方信任你，加深彼此的感情，让谈话过程更愉快和谐。

耐心倾听别人的谈话和见解，也是及时了解别人的需要、期望和性格的好方法。因为在倾听的过程中你可以搜集到很多信息，谈话是在传递信息，听别人谈话就是在接受信息，一个好的倾听者，可以在倾听过程中捕捉到有益的信息，并及时做出反馈，去除无用冗余的信息，做好信息的收集、处理和反馈。

倾听时不能分心，所以客观上交谈场合必须要安静，不能有噪声和杂音，主观上在跟别人交谈时就要放下所有的事情，不能因为心里还有其他重要事情而听得心不在焉。如果你的同事或上级和你一起交谈，更应该撇开让你分心的一切，你可以通过两眼直视讲话者，赞许性的点头，表示你正在倾听，且对话题有兴趣，鼓励对方继续讲下去。

倾听的时候不要急于发表你自己的意见，一个出色的倾听者具有一种极强的耐性和对他人的尊重，让对方慢慢把话讲完。当然为了鼓励对方说下去，可以适当提问来对其所讲述内容进行稍加评论，"是的""真的这样吗"等等，表示你正在听他讲话，不致让对方感觉他一个人在唱独角戏，所以在听的过程中要适时插话，有所反应。所以倾听是关心他人的一种表现，是沟通彼此心灵的一种手段。

四、结束谈话

谈话一开始，就意味着某一时刻的结束，如果能将结束谈话做到恰到好处，就会给人回味无穷的感觉、如果处理不好就会把事情弄糟。所以，怎样结束谈话是有些技巧的。

(一)谈话内容

一般来说，要避免分歧，再结束谈话。谈话在尚未获得结论或一致意见的情况下，突然结束谈话是不明智的，不利于解决问题和人际交往。分手时更不能讲使对方讨厌的话题，出现分歧时，应主动作出让步，比如可以转换一个话题，把有分歧的话题暂时放一放，谈一些别的，待气氛缓和了再把谈话告一段落，这样能增加双方的亲近感。有时，谈话的开头很好，双方谈得很投机，都处于兴奋状态，如果此时没有什么新的话题，就应该及时结束。有些人不大注意这一点，认为前边既然谈得好，后面一定会更好，殊不知交谈的内容已快枯竭了，如果再接着谈，只会变得枯燥无味。

(二)谈话时间

除了在内容上注意外，还要注意掌握好谈话的时间，使谈话能顺其自然地结束。此时要注意观察，对结束谈话是否有个心理准备，可以预先留一点要结束交谈的时间，为结束谈话创造一定条件。否则，在没有思想准备的情况下，突然终止谈话，会给人粗鲁无礼的感觉。如果在特殊的情况下，只能作短促的交谈，此时宜事先声明，以便使对方有思想准备。在把握时间的同时，还可以多留意对方的表情。比如当对方因对谈话内容不感兴趣，或因别的事需要告退，又不好直说时，往往会做出某些暗示，像频频改变坐姿，心不在焉，东张西望，心神不安，摆弄自己带的东西，或不时看看自己的表，对说的话也不作出积极的反应等等，这时就该结束谈话了。如果置这些不顾再继续谈下去，就会使人感到反感了。

(三)结束告别

最后要注意的就是结束谈话后如何打招呼。一般分别时,双方都应主动打招呼,以增加感情。比如谈话结束了,主动谈话一方可以说:“非常感谢您给了我许多教诲和帮助”,另一方则可以说:“不必客气,以后有什么需要我帮忙的,尽管说。”还可以面带笑容地说“欢迎您再来”,使人感到轻松,自然,令双方都感到满意。

第二节　聆听礼仪

案例:

一位推销员向一位少妇推销轿车,推销员问:“您不想买一部轿车来代步吗?”“我心里确实早就想买一辆了。”当这位少妇这样回答后,推销员立即追问:“既然你喜欢,为什么不买呢?”“手头不宽裕呀!”推销员听到对方心意后,马上说:“我们公司购车是可以按揭的,而且政策相当优惠,你认为你们一个月能还多少钱呢?”于是交谈自此展开了。不久,少妇说:“等我丈夫回来后,我和他商量一下。”于是推销员将有关资料留下,返回公司。没过几天,就接到少妇的电话,约他和丈夫谈谈具体购车细节。而推销员后来总结自己成功经验时说:“懂得倾听客户的意图是我成功的关键。”

外国曾有谚语“用十秒钟的时间讲,用十分钟的时间听”。社会学家兰金也早就指出,在人们日常的语言交往活动(听、说、读、写)中,听的时间占54%,说的时间占30%,读的时间占16%,写的时间占9%。这说明,听在人们交往中居于非常重要的地位。一般而论,任何人都会对诚心诚意倾听自己谈话的人产生感激之情,从而开启心扉,倾吐真情实意的。所以,在交谈过程中,不仅要让自己的话说得更得体,还要注意用聆听来赢得对方。善于倾听,是谈话成功的一个要诀。

一、聆听的方式

(1)聆听的过程是一个积极思考的过程,要边听边想,努力体察对方的感觉,了解对方(现在讲话者)是否真正理解你(刚才讲话者)说话的含义,敏锐把握对方话语里的深层含意。人们经常会以婉转的方式表达自己的想法,这时我们就不能仅仅从字面上理解对方,而要“听话听声,锣鼓听音”。做个善解人意的人，会赢得对方的尊敬，并让人乐于与你交谈。而我们也只有准确地把握了对方的真实想法后，才能使自己做正确的判断。

不仅如此，聆听还可以获取必要的信息，提供你最新的情报资料。注意聆听别人的讲话，从他说话的内容、声调、神态，可以从中了解对方的需要、态度、期望和性格，他们会自然地向你靠近，这样你就可以与很多人进行思想交流，建立较广泛的人际关系。

(2)交谈中善于聆听的确有许多好处，但要真正做到洗耳恭听，仅仅对人抱有尊敬之心还不够。也就是说，听不光要用身，还要用心，用整个身心。但有些人做不到这一点。他们听时心不在焉，或左顾右盼，或处理他事，或摆弄东西，或不时走动。这种方式最易伤人自尊心，使说者不愿再讲，更不愿讲心里话，因此无法收到较好的效果，还会影响到双方的关系。也有的人，听时虽然很认真，但却挑其毛病，或者频加批判，或遽下判断，或发出争论，这种方式使人讲话时不得不十分小心，字斟句酌，同时也担惊受怕，不敢吐露真情，从而影响交谈正常而深入地进行。这两种听的方式都不利于交谈的进行。

(3)其实最好的听的方式，是要站在对方的立场去听，去反应，去认识，去理解，去记忆，因为这种听话的方式，既能使听者集中注意力全神贯注地听，又能较好地理解说话者的原意，使对方受到尊敬和鼓舞，愿意讲真话，说实话，并发展彼此友好的往来关系。

聆听时要专心致志，保持目光接触，仔细听清对方所说的话。不要三心二意，东张西望，这些都会影响我们听讲的效果，应当排除一切干扰，如外界的嘈杂声音，内心不良的心境等，集中注意力认真倾听。

聆听时，要积极鼓励对方畅所欲言，表达尽自己的思想。听与说是一个互动的过程，只有当听话者表现出聆听的兴趣时，说话才会有浓厚的谈兴，我们可以多用这种方式鼓励对方说话。同时，我们还要注意观察，俗话讲“察言观色”，是有一定道理的。人们在表述自己的想法时，主要通过有声语言，即说话，但同时也会有意无意地透过无声语言，表达出更为隐秘的心理活动。例如谈话时的表情，兴奋或是沮丧；身体的姿势，紧张还是放松，它们同样也在透露着某种信息。我们若将说话者的言与行结合在一起作分析，有助于我们理解他人的真实想法。

二、注意细节

除了听的方式外，在聆听对方谈话时还要注意以下这些方面。

(1)选择一个安静的环境进行交谈，以减少外界噪音的干扰。如果交谈环境不理想，比如外界干扰、噪音太大，或者室温过高、过低，都要尽力设法摆脱，同时保持冷静,不受个人情绪和当时气氛的影响。这样才能保证有效地倾听。

(2)要设法使交谈轻松自如,不要使对方感到拘束,同对消除心理上的障碍,不要预先存在想法,不可显示出不耐烦的样子,也不要过早地作出判断,因过早表态往往会使谈话夭折。要少讲多听,不要随意打断对方。还要注意听其内容,而不必过多地考虑对方的谈话技巧。

(3)听时要注意谈话者的神态、表情等非语言传播手段,这些往往会透露出话外之意,不仅如此,还要多注意自己的"身体语言"。在他人讲话时,应尽可能地以柔和的目光注视着对方,以便与对方进行心灵上的交流与沟通,这样做,会使对方感受到无声的鼓励或赞许,可以赢得其好感。当然,善于聆听的人光会用眼神还远远不够,还要随着说话的人情绪的变化而伴以相应的表情,如凝神思考或面带微笑等。

(4)学会用声音、动作去呼应。在说话者谈到要点,或是其观点需要得到理解和支持时,应适时适量地点点头,或是简洁地表明一下自己的态度。当然,只是在关键地方点点头就可以了,不必频频点头。同时,还可以通过一些简短的插话和提问,暗示对方对他的话确实感兴趣,或启发对方,以引起感兴趣的话题。当然,如果对对方的话题不感兴趣,且十分厌烦,那就应该设法巧妙地转变话题,但须注意方式。当有多人在一起交谈时,要学会用目光适当照应在场的其他人,很快地交换一下目光,以鼓励那些不爱开口的人说话。此外,要善于从别人的话语里找出他没有能明白表达出来的意思,避免产生误解,此时也可用一两个字暗示对方。或恰当地提出问题,以表明聆听得十分认真,并力求理解他讲的含义。要强调的是,最高明的"听众"是善于向别人请教的人。如与人交谈时,能向其请教一两个他擅长且不避讳的问题,一定会使其自尊心得到莫大的满足。但要注意向人请教绝不能避实就虚,强人所难。

(5)倾听时注意处理双方关系,人们在交谈、交往中由于所处的不同社会角色地位,而形成的交谈双方的不同关系往往影响倾听。一般来说,在交谈双方社会地位相同时,双方相互间能以完全平等的态度进行交谈,在这种情况下,比较容易倾听对方的谈话。在交谈双方社会地位不相同时,往往有两种情况:一是听者的社会地位高于谈话者,比如上级对下级,师长对晚辈、学生等。在这种情况下,听者一定要特别注意听的诚意与态度。通常属下找领导谈话,一定有其原因,领导必须以关心、真诚的态度认真地听,即使对方发牢骚、抱怨,也不要冷淡待人,更不能责备。了解了对方的真实愿望、意见、想法后,可据此作出确切的判断,给予合情合理的答复。肯花时间认真倾听属下意见的上级,是真正关心他人、值得依赖的人。二是听者的社会地位低于谈话者。比如下级对上级,晚辈、学生对师长等。在这种情况下,一般人都会认真地听,有时可能还要在本上记几句。遇有不懂之处,可请对方作适当的重复与解释,切忌唯唯诺诺,点头哈腰,显出一副卑躬屈膝的样子。因为谈话双方无论社会地位上相差多么悬殊,在人格上是完全平等的。保持平等的态度才能使谈话得以顺利地进行,从而建立较好的关系。

第三节 电话礼仪

案例:

在网站丢失注册密码是常有的事,而接听客户的密码丢失投诉电话时星星公司客服人员做得比较令人满意。

客服人员:这里是星星公司客户服务中心,请问您有什么问题?

客　　户:我的网上密码忘记了(或被盗了),找回了很多次都没成功?

客服人员:这位先生,请问您贵姓?

客　　户:我姓张。

客服人员:张先生,请问您找回密码是通过我们网站提交密码提问进行找回的吗?

客　　户:是的。我是一年前注册的,现在谁还能记住密码提示问题?

客服人员:密码找回是通过密码提示问题找回的。

客　　户:你的意思就是我就找不回密码了。

客服人员:张先生,我很理解您此时的心情,如果我遇到您这种情况,我也会像您一样着急。我们这么做的目的也是为了保护客户的利益。

客　　户:保护我的利益就要帮我找回呀!我都使用一年多了,好不容易才修炼到现在这样的级别。我就这样认了吗?

客服人员:张先生,和您的谈话中,可以看出您一定是XXX方面的高手。在网上经常发生密码被偷、信息被盗的现象,就像现实生活中小偷偷走了我们的钱包一样,要找回一定需要相应的线索。而密码找回也是通过提供密码提示问题这一线索找回的。希望您能理解。

客服人员:(保持沉默20秒)

客　　户:那好吧!

客服人员:您可以好好的再想一想,多去尝试几回。在网络提交过程中,有什么不清楚的地方,我们随时欢迎您再次拨打我们的电话。

客　　户:好吧!

客服人员：我很希望能够给您更多的帮助。目前密码的找回只能够通过密码提示问题。如果公司有其他的方案，会第一时间通知您。请您多多包涵。回答的原则：避免正面的直接否定，容易造成客户的不满情绪升级。

客　　户：谢谢！

电话是社会生活中最普及的信息传递工具之一，更是企业联系业务、沟通信息的重要工具。使用电话，可以说是公关人员用以同外界传递信息、维持联络进而开展工作的一种最常用的手段。

然而公关人员使用电话并不仅仅是一个信息传递的过程，它还在很大程度上体现着通话者个人的修养和工作态度，进而折射出企业的整体形象。因此，公关人员在接打电话时都应当遵守和掌握一定的礼仪之规，维护好自身的电话形象。

所谓电话形象，就是指通话者在通话过程中留给通话对象及其他在场者的总体印象。电话形象既可以通过通话时的态度、语言、表情等直观地体现出来，也可以通过通话内容、准备情况、时间感等间接地为人感受。良好的电话形象不仅是对通话对象的尊重，而且是对企业美誉度的维护，从而确保公关工作的顺利开展。

具体说来，公共人员培养和维护良好的电话形象应当从通话的准备、时间、态度、语言等几个方面予以准确的把握。

一、通话前的准备

任何形式的公关活动能否取得最后的成功，往往取决于交流各方是否在交流前做了准备、所做准备是否充分，接打电话也是如此。公关人员只有在通话前做好充分的准备，才能使通话得以顺利进行，观点得以准确阐明，信息得以及时传递，分歧得以有效消减。

（一）内容准备

在拨打电话之前，公关人员首先必须明确自己所要找的受话人的一般情况，包括受话人姓名、性别、职务、年龄等，以免发生尴尬。同时须明确受话人的电话号码，仔细核实、谨慎拨打。

更为重要的是，公关人员在通话前应当对自己所要传达的信息和阐述的要点有明确的把握。最佳办法是事先把这些内容写在便笺上，预备一个条理清晰的提纲。这样，电话一通，发话人就可以依照提纲有条不紊地进行阐述了，不至于遗漏要点或者语无伦次，甚至因一时想不起来该说什么而尴尬地僵住。

有鉴于此，公关人员可制作统一的发话记录表，以便通话顺利进行和日后查阅。

(二)仪态准备

在一般情况下,公关人员不论是拨打电话还是接听电话,都必须全神贯注。首先应当暂时放下自己手头的一切工作,端坐或端立于电话前,然后从容地拿起电话,微笑通话。通话时声音不宜太大,唯恐对方听不清楚,这样不仅会影响其他人工作、休息,甚至让人觉得通话人有失礼貌。

通话时,通话人除了必须执笔做些适当、简短的记录,以及可以利用一些与通话内容相关的书面资料外,切不可三心二意地去做任何其他事情,否则既不尊重通话对象,也不利于交流沟通。

应当注意的是,通话虽然只是一个"口闻其声,不见其人"的交流过程,但通话人的神情举止完全可以通过声音的变化为对方清晰地洞察。通话人可以根据声音来判断对方到底是全神贯注还是心不在焉,到底是和蔼可亲还是麻木呆板,进而推断对方对自己尊重与否,从而微妙地影响交流的进程与效果。

(三)记录准备

公务活动中任何一次公务来电都有可能是一次重要的信息传递。因此,公关人员都应当在自己或公用的电话旁配备好完整的记录工具,要养成一听到电话铃就拿起纸笔的习惯。为了避免因记不住或记不清发话人所传递的信息而一再要求发话人重述,甚至遗漏信息要点的情况,受话人应在接听电话时进行适当的要点记录,避免反复,节约时间。来电记录有时与工作息息相关,应力求完整准确,还要注意保管,以防泄密。

(四)补缺准备

由于种种原因,公关人员往往会在办公时间暂时离开自己办公桌处理其他要事,以致自己无法接听他人来电。此时,一般可采取如下两种应对措施。

1. 委托他人代为接听自己的电话。让受托之人嘱托来电者留下其姓名、单位及电话号码,转告他自己会在回办公室后即刻复电,并致歉意。一般不宜要求对方隔时再来电,以免给人以"摆架子"之嫌;也可请受托之人在对方同意的情况下,代为记录来电内容,但须确保记录准确,以免误事。

2. 设置电话录音。预留录音时应使自己的发音谦逊友好,其基本内容大致如下:"您好! 这里是某某部门,现工作人员因公外出,请您在信号声过后留言,或留下您的姓名和电话号码。我们将尽快与您联络。谢谢。"

二、通话的时间

公关人员的电话形象不仅体现在准备的实施、语言的运用和态度的把握上，而且还反映在通话人是否具备时间感上。通话人时间感的强弱往往能间接而微妙地折射出其办事效率的高低和工作能力的大小。而对时间感强弱的判断往往可以从如下三方面予以具体把握。

(一)择时通话

通话时机的选择看似平常，实际上至关重要。为确保信息的有效传达，发话人应根据通话对象的具体情况选择适当时机，尽量为受话人多考虑一些，尤其要避免打扰对方休息。

一般而言，公务电话应当在周一至周五的上班时间拨打，不宜在下班之后或例行的假日拨打，更不能在凌晨、深夜、午休或用餐时间“骚扰”他人。如确有急事不得不打扰别人休息时，务必在接通电话后向对方致歉。如果是打国际长途，则应先计算一下本地与目的地的时差，然后选择一个合适的时间，应尽量照顾对方是否方便，而不可总是以自己为中心。

(二)电话同时响起

公关人员在工作时通常会遇到这样的情况，即两部电话同时响起，而办公室内暂时只有自己一人，这一问题如何应付呢？

一般而言，公关人员可先接听首先打进来的电话，在向其解释并征得同意后，再接听另一个电话，并让第二个电话的通话对象留下电话号码，告之稍候再主动与他联系，然后再迅速转听第一个电话。如果两个电话中有一个较另一个更重要，则应先听重要的一个。例如应当先听长途来电再接市内来电，先听紧急电话再接一般性电话等。

不管先接听了其中的哪个电话，都应当在接听完毕后迅速拨通第二个电话，不宜让对方久等。切不可同时接听两个电话，或只听一个电话而任由另一个来电铃响不止，更不可接通了两个电话后只与其中一个交谈，而让另一个在线上空等。

(三)控制通话时间

电话作为一种便捷的通讯工具，其目的在于提高工作效率。因此公关人员在使用电话时，务必要做到长话短说，以节约通话时间。在正常情况下，一次通话时间应控制在3分钟之内。这一做法在国际上通称为“通话3分钟”原则，它在许多国家都被当作一项制度，要求每一位公务员严格遵守。

发话人要贯彻“通话3分钟”原则，首先应当在通话前大致估算一下需要多少时间把话讲完，如何安排可使通话时间限定于3分钟之内。通话时，发话人须明确自己的通话主题，言简意赅地表达清楚，要做到主次分明、详略得当，明确什么该说，什么不该说，什么要多说，什么要少说。说话切勿东拉西扯、漫无边际，更不可说一些类似"猜猜我是谁"、"知道我找你有什么事吗"的废话。如果通话内容已陈述清楚，就应当及时结束通话，无需唠叨。

通话过程中，若通话人须取一些相关资料或暂时离开去办重要事宜时，应在 30 秒之内解决。若超过 30 秒，须征得对方同意并致以歉意，或先暂时挂断电话，完事后再拨打过去。当然这一原则并不是要求通话人刻意追求 3 分钟的精确时限。"通话 3 分钟"原则应当由发话人灵活把握。

三、通话中的态度

有专家指出，应当在企业中发展一种"电话文化"，即要每一位职员都培养一种把每次电话都看做是一项潜在生意的态度，其基本要求就是要做到殷勤备至，并认为这将对提高企业效益产生重大影响。可见，通话的态度十分重要。

(一)耐心拨打

拨打电话时，要沉住气，耐心等待对方接电话。一般而言，至少应等铃声响过 6 遍，或是大约半分钟时间，确信对方无人接听后才可以挂断电话。切勿急不可待，铃响未过 3 遍，就断定对方无人而挂断电话；也不可响两三下后就挂断重拨，如此循环往复，似与对方"捉迷藏"，让人把握不定；更不可在接通电话后埋怨对方，或在铃响之时心急火燎地念念有词，责怪对方。

(二)勤于接听

公关人员应当勤于接听，电话铃一响，就应即刻中止手中的工作，拿起记录的纸笔，及时做好接电准备。切不可故意让铃声响几遍再慢吞吞、懒洋洋地伸手去接，否则既怠慢对方，同时也妨碍了他人的正常工作。接电话也不宜过于迅速，铃响一遍后就立即接听，会给对方以唐突之感。

接电话的最佳时机，应当是铃响两遍或三遍后，因为此时双方都已做好了通话的准备。如果确有重要原因而耽误了接电话，则务必向对方解释一下，并表示歉意。

有时通话方是较熟悉的客户，由于一拿起话筒就能立刻听出对方的声音并直呼其名，这样会给对方留下很好的印象，有利于进一步交流与沟通。

(三)解释差错

如果发现自己拨错了电话，应当诚恳地向对方致歉，不可一声不吭即挂断电话，更不可怨天尤人，说诸如"倒霉"、"见鬼"一类的话。

如果发现对方拨错了电话，切勿责备对方，而应向其解释，告之本单位或本人是谁。必要而可能时，不妨告诉对方所要找的正确号码，或予以其他帮助。

如果因线路问题或其他客观原因而导致通话中断，则应由发话人迅速重拨一便，不可让对方久等，并向其解释、致歉；受话人也应守候在电话旁，不宜转做他事，甚至抱怨对方。

(四)殷勤转接

如果接电话时发现对方找的是自己的同事，应让对方稍候，然后热忱、迅速地帮对方找接话人，切不可不理不睬，漠然视之，直接挂断电话。也不可让对方久等，存心拖延时间。

如果对方要找的人不在或不便接电话时，应向其致歉，让其稍后再拨。如对方愿意，可代为传达信息，并准确做好记录。如对方不愿留言，切勿刨根究底。在解释所找之人为何不在或不便时，不可过于“坦率”，说如“他在厕所”、“他说他不愿接”之类的话，以免失礼于人或引起误会。

四、通话用语

使用电话的过程实质上是用语言进行交流的过程，语言是信息传递的载体，因此语言的使用是电话形象中的一项重要内容。一般而言，公关人员在使用电话时应礼貌、规范、温和、文雅。

(一)用语礼貌

用语是否礼貌，是对通话对象尊重与否的直接体现，也是个人修养高低的直观表露。要做到用语礼貌，就应当在通话过程中始终较多地使用敬语、谦语。通话开始时的问候和通话结束时的道别，是必不可缺的礼貌用语。

通话人开口的第一句话事关自己留给对方的第一印象，因此要慎重对待。一句“您好”可以让对方倍感自然和亲切，而一张嘴就“喂喂”个不停，或者询问对方“有人吗”，甚至“单刀直入”地盘问“你找谁”、“你是谁”、“什么事啊”等，都是极不礼貌的开场白。

通话过程中，通话人应当根据具体情况适时选择运用“谢谢”、“请”、“对不起”一类礼貌用语；通话结束时须说“再见”若通话一方得到了某种帮助，则应不忘致谢。通话结束可主动征求对方意见：“就谈到这里，好吗？”等对方说完放下话筒，再挂电话。

(二)用语规范

用语规范是指公关人员通话时应该遵循一定规范，特别是要注意问候语和自我介绍两项基本内容。

例如，拨打电话时可以这样自报家门：“您好，我是金星外贸公司业务部经理，李华林。”随后再告诉对方自己找的通话对象：“请问郭宇翔先生在吗？”或者说：“我可以和郭宇翔先生通话吗？”

为了使接听者及时了解其所拨号码是否正确，或本人是否拨打者所找之人，拨打者同样应当主动自报家门："您好！银星公司，我是王平。"

（三）用语温婉

为确保信息的准确传递，通话人在通话过程中应当力求发音清晰、咬字准确、音量适中、语速平缓。要做到这一点，通话人应当在细节问题上予以充分的注意。例如通话过程中始终使话筒与嘴部保持2—3厘米的间距，就能有效保证音量的适度。

通话时语气的把握至关重要，因为它直接反映着通话人的办事态度。语气温和、亲切、自然，往往会使对方对自己心生好感，从而有助于交往进行；语气生硬傲慢、拿腔拿调，则无助于工作的顺利开展。

如果自己说话带有口音，或觉察到对方听着较困难，就应有意识地调整语速和音量；如果由于种种原因听不太清对方的话，则应委婉地告诉对方："对不起，我们这边线路有点问题，我听不清楚您的声音，请大点声好吗？"对方调整过来后再向对方致谢，切不可抱怨对方。

（四）用语文雅

通话过程中，为了不影响他人的正常工作，通话双方都应对自己的说话音量和方式加以控制。既不可大声嚷嚷、高声谈笑，或者一惊一诧、时高时低，从而打断他人工作思路，也不可窃窃私语，鬼鬼祟祟，无端吸引他人注意。

除了用语要文雅外，通话人的举止亦应保持文雅。话筒要轻拿轻放，不宜用力摔挂。通话时应避免过分夸张的肢体动作，以防带来嘈杂之声。

本章小结：

语言的表达，是公关人员最常用、最主要的交际手段。社会生活中，语言沟通不仅可以帮助人们传递信息、交流思想，而且还可以帮助人们增进了解、加深认识。俗话说"言为心声"，这说明语言能够反映一个人的内心世界、品德修养、文化水平。而不同的语言表达方式往往也会让让沟通的效果产生差异。作为公关人员，要时刻注意自己的沟通礼仪，不论是面对面的交谈，还是通过电话的沟通，都应该运用适度的礼仪展现个人良好的素质，使对方留下深刻印象，进而推动公关工作顺利展开。

思考与训练：

1. 交谈时包括哪些基本礼节？

2. 交谈的方式包括哪些方面？

3.聆听对方谈话哪些做法是不礼貌的?

4.接听电话过程中应注意哪些问题?

5.拨打电话时怎样做到规范操作?

6.如果你在一家汽车销售公司公关部工作,现在单位将举办一场大型汽车展销会,

你的任务是联系各大汽车经销商参展,并推出一些促销优惠活动配合展会。请你思考将如何以适宜的语言沟通礼仪展开这项工作。

第八章　个人交际礼仪规范

知识使人变得文雅，而交际能使人变得完美。

——托马斯·富勒

本章要点：

社交礼仪是人们在社会交往过程中表现出来的尊重、敬仰、友善和热情的行为标准和交往规范，包括日常个人交往中的介绍礼仪、名片礼仪及握手礼仪等诸多方面。社交礼仪具有传递信息、交流情感、调节行为等重要功能。作为公关礼仪人员，要塑造良好的个人及组织形象，发展健康的人际关系，就一定要注意公关活动特有的社交礼仪。

第一节　介绍礼仪

案例：

小张是某报记者，一次，同事陪同她一起去采访一位大公司总经理，因为小张曾经与他打过交道，所以很熟悉，这次想做个专访。

在总经理的办公室，总经理和小张热情地握手："好久不见，小张，上次见面还是在冬天吧？""是啊，一转眼已经半年了。"小张和总经理热热闹闹地聊了5分钟，才坐下来谈专访的事，这时总经理看到同来的还有一位，就问："对不起，这位先生我好像没见过。""哎呀，我忘了介绍了，这是我们的李记者，一起和我来做专访的。"

一星期后，小张为了工作的事又找到李记者："老李，能不能帮个忙，再陪我去做个专访？""对不起，我今天很忙，不能奉陪了。"李记者回答。

小张感到李记者从此对自己很冷淡，工作的事也不愿意合作，这难道是她的错吗？

“第一印象是黄金。”介绍礼仪是礼仪中很基本、也是很重要的内容。

介绍是人与人进行相互沟通的出发点，它最突出的作用，就是缩短人与人之间的距离。在社交或商务场合，如能正确地利用介绍，不仅可以扩大自己的交际圈，广交朋友，而且有助于进行必要的自我展示、自我宣传，并且替自己在人际交往中消除误会，减少麻烦。

一、介绍的形式

在人际交往中，特别是在人与人之间的初次交往中，介绍是一种最基本、最常规的沟通方式，同时也是人与人之间相互沟通的出发点。

在日常工作与生活里，公关人员所应掌握的介绍主要有如下四种形式。

(一)自我介绍

介绍自己，俗称自我介绍，它指的是由本人担任介绍人，自己把自己介绍给别人。基层公务员在介绍自己时，通常有如下三点注意事项：

1. 内容要真实

公关人员介绍自己时所具体表述的各项内容，首先应当实事求是，真实无欺。介绍自己时，既没有必要自吹自擂，吹牛撒谎，也没有必要过分自谦，遮遮掩掩。

2. 时间要简短

在介绍自己时，公关人员理当有意识地抓住重点，言简意赅，努力节省时间。一般而言，介绍自己所用的时间以半分钟左右为佳。若无特殊原因，是不宜超过1分钟的。

3. 形式要标准

就形式而论，公关人员所适用的自我介绍主要分为两种。形式之一，是应酬型的自我介绍，它仅含本人姓名这一项内容，主要适用于面对泛泛之交、不愿深交者。形式之二，是公务型的自我介绍，它通常由本人的单位、部门、职务、姓名等项内容所构成，并且往往不可或缺其一，它主要适用于正式的因公交往。

4. 掌握时机

自我介绍应该掌握时机，时机掌控得好，介绍的效果也会更加明显，如果在错误的时机进行自我介绍，往往无法达到介绍的最佳效果。比如，某甲或某乙正在交谈，你想加入，而你们彼此又不认识，你就应该选择甲乙谈话出现停顿的时候再去自我介绍，并说一些：“对不起，打扰一下，我是×××。”“很抱歉，可以打扰一下吗？我是×××。”“你们好，请允许我自己介绍一下……”之类的话。如果你参加一个集体性质的活动迟到了，你又想让大家对你有所了解，你就应当说：“女士们，先生们，你们好！对不起，我来晚了，我是×××，是×××公司销售部经理，很高兴和大家在此见面。请多关照！”

(二)介绍他人

介绍他人，亦称第三者介绍，它是指经第三者为彼此之间互不相识的双方所进行的介绍。

1.动作要标准

介绍他人时，介绍人的动作也十分关键，应尽量在举手投足中展现出个人的风度。基本动作是面向双方，伸出手朝向被介绍者，伸手时先伸臂，再五指并拢手掌向上打开作个停顿，重点在手腕的抖开上，但手肘应弯曲，手臂不能伸得太直。

2.介绍顺序

从礼仪上来讲，介绍他人时，最重要的是被介绍的双方的先后顺序。也就是说，在介绍他人时，介绍者具体应当先介绍谁、后介绍谁，是要十分注意的。

标准的做法，是“尊者居后”。即为他人作介绍时，先要具体分析一下被介绍双方的身份的高低，应首先介绍身份低者，然后介绍身份高者。具体而言：

介绍女士与男士相识时，应当先介绍男士，后介绍女士。

介绍长辈与晚辈相识时，应当先介绍晚辈，后介绍长辈。

介绍外人与家人相识时，应当先介绍家人，后介绍外人。

介绍客人与主人相识时，应当先介绍主人，后介绍客人。

介绍上司与下级相识时，应当先介绍下级，后介绍上司。

介绍晚到者与早到者时，应当先介绍晚到者，后介绍早到者。

3.介绍要自然

介绍他人的过程也是自我形象的展示过程，所以应该做到落落大方，应对自如。介绍前可以用“请允许我向您介绍”或“让我来介绍一下”等语言作为铺垫。如果介绍之前不知道名字，可以先问一下“请问您应该怎么称呼？”为他人介绍时也可说明与自己的关系，便于新结识的人相互了解与信任。介绍具体人时，要有礼貌地以手示意，而不要用手指指点点。

(三)介绍集体

介绍集体，实际上是介绍他人的一种特殊情况，它是指被介绍的一方或者双方不止一人的情况。介绍集体时，被介绍双方的先后顺序依旧至关重要。具体来说，介绍集体又可分为两种基本形式。

1. 单向式

当被介绍的双方一方为一个人，另一方为由多个人组成的集体时，往往可以只把个人介绍给集体，而不必再向个人介绍集体。这就是介绍集体的所谓单向式。

2. 双向式

介绍集体的所谓双向式，是指被介绍的双方皆为一个由多人所组成的集体。在具体进行介绍时，双方的全体人员均应被正式介绍。在公务交往中，此种情况比较多见。它的常规做法，是应由主方负责人首先出面，依照主方在场者具体职务的高低，自高而低地依次对其进行介绍。接下来，再由客方负责人出面，依照客方在场者具体职务的高低，自高而低地依次对其进行介绍。

(四)被别人介绍

在交际场合结识朋友，可由第三者介绍，此为被别人介绍，或称对方向你作自我介绍。此时，公关人员应该立即回应对方微笑示意或伸出手相握或点点头，如果当时坐着，除妇女和年长者外，则应该站起身示意；如果有些不便，如在宴会桌上，会谈桌上，可不必起立，那么至少也必须点头微笑示意或向对方稍稍欠欠身表示礼貌，要谦和。并同时说“您好”、“久仰久仰”或“见到您非常高兴”，并主动握手或点头示意，表示友善、创造良好气氛。听别人介绍时，要流露出欣赏的会意。

被第三者介绍给对方时，有些国家(如日本)的客人习惯于以交换名片来介绍自己的姓名和身份，这样双方见面时，只需将自己的名片恭敬地递给对方即可。若宾主早已相识，则不必介绍，双方直接行见面礼就可以了。在双方介绍时，如遇有外宾主动与中方人员拥抱时，中方人员可作相应的表示，万不可推却或冷淡处之。

二、称呼的使用

(一)介绍中的称呼

称呼即如何称呼被介绍者。我国的称呼习惯通常是正式场合称呼“同志”(当然，现在称呼先生的场合越来越多了)，一般场合称呼“老张”、“小李”等，这样可以显得既亲近又简单。其实，从礼仪角度讲，对一个人的称呼既表示了对他人的尊敬，同时也显示了自己的礼貌修养。特别是在涉外场合应照顾到国际惯例。从现在我国和国际上的通常情况看，称呼主要有这几种：

一是职务称，如“李局长”、“张经理”等。

二是姓名称，如“约翰先生”、“李华女士”、“黄小姐”、“摩尔太太”等。

三是一般称，如“先生”、“夫人”、“同志”等。

四是职业称，如“公关先生”、“空中小姐”、“解放军同志”等。

五是代词称，如“您”、“你”、“他”等。

六是亲属称，如“张叔叔”、“李阿姨”等。

七是职称称，如“教授”、“实验员”。

在一般情况下，当彼此较生疏时，不论其年龄、性别、职业、地位如何，介绍时均可以“同志”相称。稍熟悉的，可在“同志”前加上姓氏。在商务往来时，一般将男士统称为“先生”，未婚女子统称为“小姐”，已婚女子称为“夫人”等，或是以职务作为称呼。对于德高望重的前辈或令人钦佩的师长，一般习惯上称“先生”。那些初识不久，年长于己且学有所长的可称其为“老师”。关系较为密切的称呼较为随便，但一定要注意场合。另外，介绍自己配偶和亲属时，应称“丈夫”、“先生”、“妻子”、“夫人”或“父亲”、“母亲”等。而不要用我们民间盛行的“爱人”、“爹”、“娘”等词语，更不能以“老张”、“小李”等称谓替代。

(二)涉外称呼

遇到外宾时，介绍、问候时的称呼应合乎礼仪，体现尊重与友好。在正式场合，可称其职务，或是对方引以为荣的头衔。这里须注意的是:对地位高的官方人士，按各国情况不同可称“阁下”、职衔或“先生”，如“主席阁下”、“总统先生阁下”等等。而美国、德国、墨西哥等国则没有称呼“阁下”的习惯，可统称为先生。在日本则只有对教师、医生、年长者、上级和有特殊才能的人才称先生。在君主专制国家，按习惯称国王、皇后为“陛下”，称王子、公主、亲王为“殿下”，只有对公、侯、伯、子、男等爵位的人士既可称爵位，也可称“阁下”或“先生”。此外，对医生、教授、法官、律师以及有博士学位的人士，既可单独以这类职业名称相称呼，也可以在其前面冠以被称呼者的姓氏。如“波恩教授”、“法官先生”、“基辛格博士”等。对军人则一般称军衔或军衔加“先生”，也可加姓氏。如“上校先生”、“艾伦中尉”、“莫那中校先生”等。对高级军官，如将军、元帅等，还可称“阁下”。

在非正式场合，对男士可统称为“先生”，对未婚女子称“小姐”，对已婚女子称“夫人”。要是不了解其婚姻状况，应根据外国女士崇尚年少的特点称其为“小姐”。

欧美有些国家有直呼其名，朋友间直呼教名的习惯，这是一种亲切友好的表示。但我们与外国客人初识就直呼其名是冒昧无礼的。

(三)称呼禁忌

称呼问题有时不是一下子就能搞清楚的，在介绍时，假如不能准确掌握某一方称呼时，不妨有礼貌地问一下："请问我怎么称呼您？"千万不能凭自己的主观臆断而称呼之，使被介绍者处于尴尬的境地。例如，当介绍到某一位年纪较大而又没有结婚的女士时，介绍者仅凭自己的直觉，而将那位女士以"太太"相称，一定会令那位女士生气的。

第二节　名片礼仪

案例：

王先生拿出名片双手递给高小姐，并说："高小姐，这是我的名片，请多多关照。"高小姐面带微笑，注视对方，双手接过名片，并说："谢谢！"然后，仔细看一下说："王先生您原来在银叶公司企划部任职啊。"接着高小姐也掏出名片，双手递给王先生说，"这是我的名片，请多关照。"赵先生接过名片，认真看了看，小心地放入名片夹。一次商务会面就这样开始了。

名片是我国古代文明的产物。据清代学者赵翼在其著作《该余丛考》中记载："古人通名，本用削本书字，汉时谓之谒，汉末谓之刺，汉以后则虽用纸，而仍相沿曰刺"。可见，名片的前身即我国古代所用的"谒"、"刺"。

随着时代的发展，名片已成为现代人交往中一种必不可少的联络工具，成为具有一定社会性、广泛性，便于携带、使用、保存和查阅的信息载体之一。公关人员在各种场合与他人进行交际应酬时，名片都是必备的。而名片的使用是否正确，已成为影响人际交往成功与否的一个关键因素。

要正确使用名片，就要对名片的类别、制作、用途和交换等方式予以全面的了解，遵守相应的规范和惯例。

一、名片的类别

根据名片用途、内容及使用场合的不同，公关人员在日常生活中使用的名片可以分为社交名片和公务名片两类；而根据名片主人数量和身份的不同，名片又可分为个人名片，夫妇联名名片以及集体名片三类。公关人员在不同的场合，根据不同的需要，面对不同的交往对象，应当使用不同的名片。以下简单介绍几种名片的情况。

(一)社交名片

社交名片，亦称私用名片，指的是公关人员在工作之余，以私人身份在社交场合进行交际应酬时所使用的名片。一般而言，社交名片为个人名片。

社交名片的基本内容包括两个部分：一是本人姓名，以大号字体印在名片正中央。姓名之后无需添加任何公务性头衔。二是联络方式，以较小字体印在名片右下方。具体内容包括家庭住址、邮政编码、住宅电话、互联网址等。一般不宜将自己的手机号留在名片上。

社交名片只用于社交场合，通常与公务无关，因此一般不印有工作单位以及行政职务，以示“公私有别”。

如果本人不喜欢被外界打扰，则可根据具体情况对自己的联络方式的内容有所删减，例如可删去住宅电话一项。必要时，可以不印任何联络方式，而仅留姓名一项内容。

（二）夫妇名片

在社交场合，公关人员有时会携同其配偶一起参与交际应酬。此时与人交换名片，如果夫妇俩各自为政，先后与人交换显然较为麻烦；而如果夫妇中只选一个“代表”与人交换名片，则会失礼于人。在这种情况下，使用夫妇联名名片，即夫妇名片是最合适的。

夫妇名片实质是社交名片的一种特例。名片上的基本内容同样只包括姓名和联系方式两项，或只有姓名一项。所不同的是，夫妇名片同时印有夫妇两人的姓名。一般而言，两人姓名印刷成一行，而不宜印成上下两行

夫妇名片较多地运用于两人联名赠送礼品或投寄问候信函的场合。但若以某一方名义使用名片时，不要因此而涂去另一方姓名，涂抹名片是一种很不得体的做法。此时最好还是使用个人名片为好。

（三）公务名片

公务名片，即是指公关人员正式使用于公务活动之中的名片。值得注意的是，身边如果没有公务名片，可用社交名片代替。但如果没有社交名片，则不能用公务名片代替。可见公务名片有着很强的公务性规范。

一枚标准的公务名片，按惯例应由具体归属、本人称呼、联络方式等三项基本内容构成。

一是具体归属。它由公关人员供职的单位、所在的部门等内容组成，二者均应采用正式的全称。但一枚名片上所列的单位或部门不宜多于两个。如果确实有两个以上的供职单位和部门，或同时承担着不同的社会职务，则应分别印制不同的名片，并根据交往对象、交际内容的不同分发不同的名片。

二是本人称呼。它应由本人姓名、行政职务、技术职务、学术头衔等几个部分所构成。但后面两项内容，尤其学术头衔往往可有可无。名片上所列的行政

职务一般不宜多于两个，且应与同一名片上的具体归属相对应。

三是联络方式。它通常由单位地址、邮政编码、办公电话等内容构成，家庭住址、住宅电话、手机号码则不宜列出。至于传真号码、寻呼号码、互联网址等内容则应根据具体情况决定是否印于其上。单位的联络方式同样应与同一名片上所列的具体归属相对应。

上述三项内容既要完整无缺，又应排列美观。通常，具体归属与联络方式应以大小相似的小号字体分别印于名片的左上角与右下角；本人姓名应以大号字体印于名片正中央；职务头衔则应以较小字体印于姓名的右侧。

二、名片的制作

名片的制作是有一定规则的。名片制作得是否规范，往往会影响交往对象对自己的看法，进而影响双方的进一步交流与合作。一张粗制滥造的名片显然不会让人对名片主人产生什么好感和接近之意。在订制名片时应当对下述问题予以关注。

(一)规格材料

各国名片的规格是不尽相同的。目前我国通行的名片规格为 9cm×5.5cm，而在国际上较为流行的名片规格则为 10cm×6cm。在一般情况下，公关人员应以前一种标准订制名片。如果参与的公关活动多为涉外性质，则可采用后一种规格。夫妇名片等可在原有基础上再扩大一些。若无特殊原因，不必制作过大或过小的名片，更无必要将名片作成折叠式或书本式。

名片通常应以耐折、耐磨、美观、大方、便宜的纸张作为首选材料，如白卡纸、再生纸等。选用布料、塑料、真皮、化纤、木材、钢材甚至黄金、白金、白银等材料制作名片是毫无必要的。将纸质名片烫金、镀边、压花、过塑、薰香，也是不合适的。

(二)色彩图案

公关人员所订制的名片宜选用单一色彩的纸张，并且以米白、米黄、浅蓝、浅灰等庄重朴实的色彩为佳。切勿选用过多过杂的色彩，让人眼花缭乱，妨碍信息的接收。也不宜采用红色、紫色、绿色、黑色、金色、银色的纸张制作名片。

一般而言，名片上除了文字符号外不宜添加任何没有实际效用的图案。如果本单位有象征性的标志图案，则可将其印于归属一项的前面，但不可过大或过于突兀。将照片、漫画、花卉等内容印在名片上，则会给人以华而不实之感，有损本人的质朴形象。

(三)文字版式

公关人员所使用的名片，在正常情况下应采用标准的汉字简化字，如无特殊原因，不得使用繁体字。从事民族工作或涉外工作的公关人员则可酌情使用少数民族文字或外语。汉字与少数民族文字或外语同时印刷时，应将汉字印于一面，而将少数民族文字或某种外文印于另一面。不要在同一面上混合使用不同文字，一张名片上不宜使用两种以上文字。

以汉字印制名片时，一般采用楷体或仿宋体，尽量不要采用行书、草书、篆书等不易认的字体；以外文（主要采用英文）印制名片时，一般采用黑体字，在涉外交往中使用的名片亦可采用罗马体，但很少用草体。

不论采用何种字体，文字印刷都要清晰易识，不可模糊难辨，不宜自行手写名片，不能在印刷的名片上以笔增减、修改内容。

名片上文字的排列版式大体有两种。一是横式，即文字排列的行序为自上而下，字序为自左而右；二是竖式，即文字排列的行序为自右而左，字序为自上而下。一般而言，采用简化汉字的名片宜用横式。

同一枚名片上，既可以两面均印有文字不同而本意相似的内容，也可以空出一面，而只在一面印有内容。没有必要在名片的一面印上名言警句。两面的内容相同时，不可使其一为横式，一为竖式。

(四)印刷、费用

名片的使用便于开展工作，而不是为了炫耀。因此在制作名片时，应当尽可能地降低其制作成本。

三、名片的用途

在现实生活中，名片是一种不可或缺的交往工具。对公关人员而言，名片的基本用途共有如下几种：

(一)常规用途

1.介绍自己

初次与交往对象见面时，除了必要的口头自我介绍外，还可以用名片作为辅助的介绍工具。这样不仅能向对方明确身份，而且还可以节省时间，强化效果。

2.结交他人

在人际交往中，公关人员如欲结识某人，往往可以本人名片表示结交之意。因为主动递交名片给初识之人，既意味着信任友好，又暗含“可以交个朋友吗？”之意。在这种情况下，对方一般会“礼尚往来”，将其名片也递过来，从而完成双方结识交往的第一步。

3. 保持联系

大多数名片都有一定的联络方式印在其上。利用他人在名片上提供的联络方式，即可与对方取得并保持联系，促进交往。

4. 通报变更

公关人员如果变换了单位、调整了职务、改动了电话号码或者乔迁至新居后，都会重新制作自己的名片。向惯常的交往对象递交新名片，就能把本人的最新情况通报对方，以一种更简单的方式避免联系上的失误。

(二)特殊用途

在社交场合，尤其是国际社交场合，人们往往以名片代替一封简洁的信函使用。此即名片的特殊用途。具体做法是：在社交名片的左下角写上一行字或一句短语，然后进入信封寄交他人。如果是本人亲自递交或托人带给他人，要用铅笔书写；如果采用邮寄方式，则应用钢笔书写。书写时多采用法文缩略语，较常见的法文缩略语及其对应含义如下：

n. b. 意为“注意”；p. c. 意为“谨唁”，凭吊、追悼时用；p. f. 意为“祝贺”，庆祝节日时用；p. m. 意为“备忘”，提请对方注意某事时使用；p. r. 意为“谨谢”，接受礼物、款待、祝词之后，或者收到别人庆祝、吊唁之类名片后使用；p. p. 意为“介绍”，向对方介绍某人时用；p. p. c. 意为“辞行”，调离、离任时，向同事告别时使用；p. p. n. 意为“慰问”，问候病人时用；p. f. n. a. 意为“新年愉快”。

名片代替信函使用时，往往有不同的使用方法和注意事项，以下举例说明。

1. 表明身份

以私人身份向他人馈送礼品时，可将本人的社交名片充当礼单，置于礼品包装之内。但最好是将其装在一个与名片大小相当的信封里，信封上写收礼者姓名，信封可以不封口。名片上可根据实际情况简单留言。

2. 结识他人

公关人员如欲向自己相识之人介绍某人，亦可使用名片。具体做法是：在自己名片的左下角写上“p. p.”，然后在后面附上被介绍人的名片，并由被介绍人交给对方，或直接邮寄给对方。在把名片交给被介绍人之后，公关人员应当先用电话告诉对方：有人将拿着自己的名片去见对方。否则就会使对方有点摸不着头脑，而被介绍者也会因为对方没接到任何通知而感到尴尬。

3. 拜访留言

公关人员如拜访某人不遇，或需要向某人传达某事而对方不在时，可留下自己的名片，并在名片上简单写上具体事由，然后委托他人转变。

4. 投石问路

公关人员在初次前往他人工作单位或私人居所进行正式拜访时，可先把本人名片交于对方的门卫、秘书或家人，然后由其转交给拜访之人，意即“我是×××，我可以拜访您吗?”，对方确认了拜访者的实际身份后，再决定双方是否见面。

四、名片的交换

名片的交换是名片礼仪中的核心内容。公关人员如何交换名片，往往是其个人修养的一种反映，也是对交往对象尊重与否的直接体现。因此交换名片务必要遵守一定之规。

(一)携带名片

参加正式的交际活动之前，公关人员都应随身携带自己的名片，以备交往之用。名片的携带应注意以下三点。

一是足量。公关人员携带的名片一定要数量充足，确保够用。所带名片要分门别类，根据不同交往对象使用不同名片。

二是完好。名片要保持干净整洁，切不可出现折皱、破烂、肮脏、污损、涂改的情况。

三是易于取用。名片应统一置于名片夹、公文包或上衣口袋之内，在办公室时还可放于名片架或办公桌内。切不可随便放在钱包、裤袋之内。放置名片的位置要固定，以免需要名片时东找西寻，显得毫无准备。

(二)递交名片

递交名片时，要注意以下几个要点：

一是察言观色。除非自己想主动与人结识，否则名片务必要在交往双方均有结识对方并欲建立联系的意愿的前提下发送。这种愿望往往会通过“幸会”、“认识你很高兴”等一类谦语以及表情、体姿等非语言符号体现出来。如果双方或一方并没有这种愿望，则无须发送名片，否则会有故意炫耀、强加于人之嫌。

二是相时而动。发送名片要掌握适宜时机，只有在确有必要时发送名片，才会令名片发挥功效。发送名片一般应选择初识之际或分别之时，不宜过早或过迟。不要在用餐、戏剧、跳舞之时发送名片，也不要在大庭广众之下向多位陌生人发送名片。

三是尊卑有序。双方交换名片时，应当首先由位低者向位高者发送名片，再由后者回复前者。但在多人之间递交名片时，不宜以职务高低决定发送顺序，切勿跳跃式进行发送，甚至遗漏其中某些人。最佳方法是由近而远、按顺时针或逆时针方向依次发送。

四是招呼在先。递上名片前，应当先向接受名片者打个招呼，令对方有所准备。既可先作一下自我介绍，也可以说声“对不起，请稍候”、“可否交换一下名片”之类的提示语。

五是表现谦恭。对于递交名片这一过程，应当表现得郑重其事。要起身站立主动走向对方，面含微笑，上体前倾15度左右，以双手或右手持握名片，举至胸前，并将名片正面面对对方，同时说声：“请多多指教”“欢迎前来拜访”等礼节性用语，切勿以左手持握名片。递交名片的整个过程应当谦逊有礼，郑重大方。

(三)接受名片

接受他人名片时，应作好以下几点：

一是谦恭有礼。公关人员接受他人名片时，不论有多忙，都要暂停手中一切事情，并起身站立相迎，面含微笑，双手接过名片。至少也要用右手，而不得使用左手。

二是认真阅读。接过名片后，先向对方致谢，然后至少要用一分钟时间将其从头至尾默读一遍，遇有显示对方荣耀的职务、头衔不妨轻读出声，以示尊重和敬佩。若对方名片上的内容有所不明，可当场请教对方。

三是小心存放。接到他人名片后，切勿将其随意乱丢乱放、乱揉乱折，而应将其谨慎地置于名片夹、公文包、办公桌或上衣口袋之内，且应与本人名片区别放置。

四是有来有往。接受了他人的名片后，一般应当即刻回给对方一枚自己的名片。没有名片，名片用完了或者忘了带名片时，应向对方作出合理解释并致以歉意，切莫毫无反应。

(四)索要名片

在公务交往和社交场合，公关人员一般不要直接开口向他人索要名片。但若想主动结识对方或者有其他原因有必要索取对方名片时，可相机采取下列办法：

一是互换法。即以名片换名片。在主动递上自己的名片后，对方按常理会回给自己一枚他的名片。如果担心对方不回送，可在递上名片时明言此意：“能否有幸与您交换一下名片？”

二是暗示法。即用含蓄的语言暗示对方。例如，向尊长索要名片时可说：“请问今后如何向您请教？”向平辈或晚辈表达此意时可说：“请问今后怎样与您联络？”

面对他人的索取，公关人员不应直接加以拒绝。如确有必要这么做，则需注意分寸。最好向对方表示自己的名片刚用完，或说自己忘了带名片。但若自己手里正拿着名片或刚与他人交换过名片，显然还是不说为妙。

(五)拒绝名片

通常不论他人以何种方式索要名片都不宜拒绝，不过要是真的不想给对方，在措辞上一定要注意不伤害对方，如可以说："不好意思，我忘了带名片。"或是说："非常抱歉，我的名片用完了。"或者说"对不起，我的新名片还没印好"，这样都比直言相告"不给"，或盘问对方要高雅得多。

值得注意的是，第一次见面后，应在名片背后记下会面的时间、地点、内容等资料，最好能简单记下对方的特征，如爱好、习惯、擅长等。待下次见面时，不仅能一下子说出姓名，还能随口以其爱好、擅长为话题，对方必然感到意外，感到高兴，有宾至如归的感觉。这样积累起来的名片就成了社交的档案，为再次会见或联络提供线索与话题。但要记住，如果对方情况有变，要及时掌握、更改，否则使自己被动。比如，初次见面时对方是副总经理，现已升任董事长了，而仍以原职务相称就不合适了。因为不能迅速掌握情况的变化对工作不利，也不够礼貌。

第三节 握手礼仪

美国著名盲聋女作家海伦·凯勒说：我接触的手有能拒人千里之外；也有些人的手充满阳光，你会感到很温暖……

握手，是交际的一个部分。在见面与告别时，人们通常都会握手行礼。握手的力量、姿势与时间的长短往往能够表达出对对方的不同礼遇与态度，显露自己的个性，给人留下不同印象，通过握手了也可解对方的个性，从而赢得交际的主动。随着国际交往日益加深，握手已经成为最通行的会见礼节。公关人员在具体工作中，与他人会面握手礼仪是否规范尤为重要。学习和掌握握手礼，主要应当从握手的方式、伸手的先后、相握的禁忌等三个方面加以注意。

一、握手的一般要点

(一)握手方式

(1)一定要用右手握手。

(2)要紧握双方的手，时间一般以1—3秒为宜。当然，过紧地握手，或是只用手指部分漫不经心地接触对方的手都是不礼貌的。

(3)被介绍之后，最好不要立即主动伸手。年轻者、职务低者被介绍给年长者、职务高者时，应根据年长者、职务高者的反应行事，即当年长者、职务高者用点头致意代替握手时，年轻者、职务低者也应随之点头致意。

(4)握手时，年轻者对年长者、职务低者对职务高者都应稍稍欠身相握。有时为表示特别尊敬，可用双手迎握。男士握手时应脱帽，切忌戴手套握手。

(5)握手时双目应注视对方，微笑致意或问好，多人同时握手时应按顺序进行，切忌交叉握手。

(6)在任何情况下拒绝对方主动要求握手的举动都是无礼的，但手上有水或手不干净时，应谢绝握手，同时必须解释并致歉。

作为一种常规礼节，握手的具体方式颇有讲究。其具体操作中的要点有四：

(1)表情。与他人握手时，应当神态专注、认真、友好。在正常情况下，握手时应目视对方双眼，面含笑容，并且同时问候对方。

(2)动作。与人握手时，一般均应起身站立，迎向对方，在距其约 1 米左右伸出右手，握住对方的右手手掌，稍许上下晃动一两下，并且令其垂直于地面。

(3)力度。握手的时候，用力既不可过轻，也不可过重。若用力过轻，有怠慢对方之嫌；不看对象而用力过重，则会使对方难以接受而生反感。

(4)时间。一般来讲，在普通场合与别人握手所用的时间以 3 秒钟左右为宜。

(二)伸手顺序

在握手时，双方握手的先后顺序很有讲究。一般情况下，握手时伸手的先后次序主要取决于职位、身份。在社交、休闲场合，则主要取决于年纪、性别、婚否，讲究的是“尊者居前”，即通常应由握手双方之中的身份较高者首先伸出手来，反之则是失礼的。具体而言：

(1)职业、身份高者与职位、身份低者握手，应由职位、身份高者首先伸出手来。

(2)女士与男士握手，应由女士首先伸出手来。

(3)已婚者与未婚者握手，就由已婚者首先伸出手来。

(4)年长者与年幼者握手，应由年长者首先伸出手来。

(5)长辈与晚辈握手，应由长辈首先伸出手来。

(6)社交场合的先至者与后来者握手，应由先至者首先伸出手来。

(7)主人应先伸出手来，与到访的客人相握。

(8)客人告辞时，应首先伸出手来与主人相握。

应当强调的是，上述握手时的先后次序不必处处苛求于人。如果自己是尊者或长者、上级，而位卑者、年轻者或下级抢先伸手时，最得体的就是立即伸出自己的手，进行配合，而不要置之不理，使对方当场出丑。

(三)握手的场合

(1)遇到久未谋面的熟人时。

(2)在比较正式的场合与相识之人道别时。

(3)自己作为东道主迎送客人时。

(4)向客户辞行时。

(5)被介绍给不相识者时。

(6)在外面偶遇同事、朋友、客户或上司时。

(7)感谢他人的支持、鼓励或帮助时。

(8)向他人或他人向自己表示恭喜、祝贺时。

(9)应邀参与社交活动与东道主见面时。

(10)对他人表示理解、支持、肯定时，要握手，以示真心实意。

(11)在他人遭遇挫折或不幸而表示慰问、支持时。

(12)向他人或他人向自己赠送礼品或颁发奖品时。

(四)相握禁忌

我们在行握手礼时应努力做到合乎规范，避免触及下述失礼的禁忌。

(1)不要用左手相握，尤其是和阿拉伯人、印度人打交道时要牢记，因为在他们看来左手是不洁的。

(2)在和基督教信徒交往时，要避免两人握手时与另外两人相握的手形成交叉状，这种形状类似十字架，在他们眼里这是很不吉利的。

(3)不要在握手时戴着手套或墨镜，只有女士在社交场合戴着薄纱手套握手，才是被允许的。比如双方都戴着手套，帽子，这时一般也应先说声："对不起"。

(4)不要在握手时另外一只手插在衣袋里或拿着东西。

(5)不要在握手时面无表情、不置一词或长篇大论、点头哈腰，过分客套。握手时双方互相注视，微笑，问候，致意，不要看第三者或显得心不在焉。

(6)不要在握手时仅仅握住对方的手指尖，好像有意与对方保持距离，正确的做法是要握住整个手掌。即使对异性，也要这么做。

(7)不要在握手时把对方的手拉过来、推过去，或者上下左右抖个没完。

(8)不要拒绝和别人握手，即使有手疾或汗湿、弄脏了，也要和对方说一下"对不起，我的手现在不方便"，以免造成不必要的误会。

(9)不要掌心向下握住对方的手，这样显示着一个人强烈的支配欲，无声地告诉别人，他此时处于高人一等的地位。应尽量避免这种傲慢无礼的握手方式。

(10)不要让握手时间过长或过短。握手时两手一碰就分开，时间过短，好像在走过场，又像是对对方怀有戒意。而时间过久，特别是拉住异性或初次见面者的手长久不放，显得有些虚情假意，甚至会被怀疑为“想占便宜”。除了关系亲近的人可以长久地把手握在一起外，一般握两三下就行。不要太用力，但漫不经心地用手指尖“蜻蜓点水”式去点一下也是无礼的。一般要将时间控制在三五秒钟以内。如果要表示自己的真诚和热烈，也可较长时间握手，并上下摇晃几下。

二、同世界各国人握手的要点

(1)同欧洲人握手时禁忌紧紧握住人家不放。欧洲人握手一般较轻，不那么紧。欧洲拉丁语系地区，握手时间较长，有5－7秒，是美国人握手时间的两倍。这时最忌讳过快地把手抽出来，那就给人以拒绝握手的印象。法国人握手时间短，是干脆有力的一下。

(2)同阿拉伯人握手时忌讳只用简单的“喂”打个招呼，这会使人觉得缺乏诚意和热情。典型的阿拉伯式招呼可能会很长，就像这样：“早晨好。你好吗？我的情况也很好。我的身体不错，你呢？我希望也很好。是吗？啊，那好。再次见到你很高兴。今天天气很热，不是吗？你感到难受吗？我并不感到有什么不舒服的。刚才我在饭店里，现在我去……”就这样不断问候的同时也不断地握手。

阿拉伯人握手轻而有力，与美国人握手正好相反。握手动作很轻，只略微上下动动，忌讳使劲抖动。

阿拉伯人注意等级。在办公室里要首先同最重要的人握手。你会一眼认出他，因为他坐在屋子中央。周围是显然对他表示顺从的其他客人。如果你由一名当地翻译或代理人陪同，他会告诉你谁是地位最高的人。

不管客人是男是女，都应该先向主人伸手。

在同主人握手之后，必须依次向每一位客人问好并同他们握手。向办公室里其他人笼统地点头示意是不礼貌的。同行的人同全屋的人一一握手，注意不要把任何人漏掉，即使这些客人同你的公关工作没有任何关系。

如果其他客人在你之后到达，房间里的人在他们进入时都站起来，你也应该站起来，等待同他们握手问候。

可能会看到一些阿拉伯人用双手握手，这种握手通常用于老朋友，而不是新结识的人。但是具体握手时，要看你的主人行事，如果他们双手和你相握，你就应该再握上左手。

(3)在大部分拉丁美洲国家，拥抱和握手一样普遍。男士和男士之间、女士和女士之间都可以拥抱。斯拉夫国家人也是如此，并且拥抱的动作更大、更热烈。

(4)日本人不大习惯身体上的接触，如果你要表示友好，千万不要拍对方的背，表示问候时也不要用两只手搂住他们的胳膊，这在中国人看来是合情合理的举动，而日本人却认为是在公开表达喜爱之情，是令人讨厌的。虽然他们已经接受了握手，但是觉得鞠躬更自在些。向对方鞠躬等于是向对方说："鄙人很佩服您的资历和智慧。"日本人对你鞠躬的深度往往取决于你在公司的地位，特别是在高级业务的会谈中，鞠躬成了唯一的礼节，在和比你职位低的日本人相见时，他鞠躬时间长，而且比你鞠得深。比如遇到你同级或年长的日本人时，你要多鞠一次躬以示尊重。鞠躬时切勿手插口袋，眼睛要有礼貌地向下看。在同日本人谈话时手也不能插进口袋里。

(5)在东南亚和南亚信奉佛教的国家，见面时多双手合十说："愿菩萨保佑。"但是行合十礼时切忌点头，那样显得不伦不类。

(6)传统的朝鲜鞠躬是复杂的，不必去学它。握手是普遍的做法，或者用稍稍低头的办法来代替大部分的鞠躬。然而，对长者应以深鞠躬表示尊重。当被介绍给韩国女士时，如果她把手伸给你，你可以同她握手。如果她不伸手，就不要伸手给她。

同样，中方女士在韩国应该主动伸手。虽然中国女士不一定非要主动握手，但是主动握手可以避免使韩国人慌乱和难堪。虽然女士在韩国各行业中也是受欢迎的，但是她们毕竟与男士不同。韩国女士几乎没有决策者。由于当地的男士与女士之间鞠躬是普遍的习惯，而且女士鞠躬姿势显得更温顺一些，因此与国外女士打交道的韩国男士可能会不知所措，不知怎样向一个外国女士鞠躬，那么女士主动握手就是解决难题的简单方法。

本章小结：

公关人员要建立和发展良好、和谐的人际关系，联络感情，沟通思想，必须重视社交礼仪。社交礼仪是借助人际关系而表现的，通过社交礼仪，使人际间形成良好、和谐、积极、向上的关系，使人类文明得以发扬和升华。因此，个人社交礼仪要借助语言、外貌、表情、动作等形式，向交往对方表示重视、尊重、敬意，通过某种媒介，还可以针对交际的不同场合、对象、内容及要求塑造自身真善美的交际形象，进而达到建立和发展良好、和谐的人际关系的这一交往目的。

社交公关的过程也是公关人员信息双向交流、沟通、传递和互动的过程。社交礼仪作为人内在涵养、素质、意向、心态的外在显现，都是在传递不同的信息，被人们自觉或不自觉地接收、利用，成为互相了解、认识的重要手段。社交礼仪首先传递出交往个体自身形象的信息。在社交活动中，约见、介绍、握手、问候、交谈等诸多礼仪都有其特定的规范，作为公关人员应该在这些礼仪规范了然于胸的同时，活学活用，不要被礼仪所约束，应该学会运用礼仪规范与他人进行进一步的沟通。懂得以规范的礼仪为自己建立良好的人际关系环境，推动工作的开展。

思考与训练：

1. 介绍时应该注意哪些细节问题？
2. 公务名片有何特点？
3. 与日本人握手时有何禁忌？
4. 介绍训练：李洪为张先生和王小姐作介绍："请允许我介绍你们认识一下，王小姐，这位是吉田公司的张先生，这位是祥天公司的王小姐"。张先生微笑着说："认识您非常高兴。"王小姐伸出手与张先生握手，并说："我也很高兴认识您。"
5. 递送名片训练：张先生拿出名片双手递给王小姐，并说："王小姐，这是我的名片，请多多关照。"王小姐面带微笑，注视对方，双手接过名片，并说："谢谢！"然后，仔细看一下说："张先生您原来在吉田公司公关部任职啊。"接着王小姐也掏出名片，双手递给张先生说："这是我的名片，请关照。"张先生接过名片，认真看了看，小心放入名片夹。
6. 握手训练：伸出右手，右臂自然向前，与身体成45度夹角；手掌向左，掌心与地面垂直，虎口张开，四指并拢；五指握住对方手掌，用力均匀地上下摇动两下；上身稍微前倾，头要微低，双目注视对方，含笑致意，并说"您好！"等问候用语。

第三篇　组织形象礼仪

第九章　组织的商务活动礼仪

人无礼则不立，事无礼则不成，国无礼则不宁。

——孔子

本章要点：

目前市场竞争日益激烈，每一个组织都想在市场中分得自己的一块蛋糕，获得自己该得的利益，中国古代的商务往来做得很好，也有很多出色的商人代表，当时的商人做生意强调的是“公平交易，童叟无欺”，这句话对现在的商人同样也适用。看似简单的一句话，里面包含着商人在商务活动中应具有的礼仪规范和道德原则，是现代组织在进行商务交往时要遵守的。

本章介绍组织的商务礼仪，商务活动是组织的一种重要社会活动，组织要生存必须从事这一活动，而且要注意其中的礼仪，否则适得其反，本章首先介绍了组织的商务活动礼仪概念、特点等基本内容，将组织的商务活动分为两个部分，组织的日常商务活动礼仪和专项商务活动礼仪，着重阐述了这两个部分的商务活动礼仪的要求和规范。

第一节　组织的商务活动礼仪概述

商务活动是组织的重要社会活动，一个公关人员除了了解最基本的公关理论知识和掌握实务活动能力之外，还必须要懂得怎么样在组织的商务活动中发挥公关人员的作用，所以公关人员必须掌握商务活动中最基本的一些礼仪要求和规范。本章把主要的商务活动礼仪进行着重讲述，希望商务人士和公关人员懂得如何接待客人、拜访客人，如何参加和举行商务宴请活动，如何进行商务谈判等方面的礼仪。

一、组织的商务礼仪概念

(一)商务礼仪的含义

要正确认识商务礼仪，当然必须先认清礼仪的基本含义，在前面内容的讲述中对礼仪的概念已经阐述得非常清楚了，礼仪是个人内在修养和素质的外在表现，也是人际交往中必须遵守的律己敬人的习惯模式和相互沟通的技巧。因此商务礼仪简单讲就是商务人员在商务活动中的行为规范。具体来说，商务礼仪，是指公司、企业等组织的从业人员以及其他一切从事经济活动的人士，在从事商品流通和服务行业等各种经济往来中所应当遵守的行为规范。组织的商务礼仪是以商务利益为基础，以融入融洽的人际关系为目的、以相互尊重为主的礼仪规范的一种社会交往活动。商务活动繁多，相对应的商务礼仪的内容也是丰富多彩，而且越来越多的商务人士已经意识到商务礼仪已经成为企业文化、企业理念的重要组成部分，如果哪个环节没有做到位，就会损坏组织的形象。

(二)组织的商务礼仪的内容

既然商务礼仪的概念已经清晰，那么组织的商务礼仪的基本要素有哪些呢?

(1)商务礼仪的主体:即商务礼仪的实施者。

(2)商务礼仪的客体:即商务礼仪针对的对象，就是受礼者。当然客体的形式是多种多样的，在这里我们强调的是人作为客体时进行的商务礼仪。

(3)商务礼仪的载体:即进行商务活动时要借助的中介、桥梁，任何商务活动都必须要有载体，可以是以人为载体，也可以是物或事做载体。

(4)商务礼仪的条件:即进行商务活动时如果“万事俱备，只欠东风”，一般是指条件是否成熟。它制约着商务活动的进展，包括自然条件和社会条件。如果社会不断发展，商务交往出现新的问题，商务礼仪也会随之发生改变。

二、商务礼仪的特点

因为商务活动是一种特殊的社交活动，因此它的特点不同于一般的社交礼仪的特点:

(一)地位的对等性

商务活动是经济活动，对一个组织而言经济是生命线，不能有任何差错，因此在进行商务活动时双方出席的代表地位应该对等，以表示相互尊重，施礼者要注意在礼仪行为的规格和方式上和受礼者的地位应相当，一般原则是可以就高，但不能趋低。这样以表示对对方组织的尊重，对身份高低者一视同仁，给予同等程度的礼遇。否则会让对方有被不尊重的感觉，让活动无法继续。

(二)利益的互惠性

公关的一个观点是组织和公众之间能互惠互利，商务活动中组织与组织之间的互惠性也是非常必要的，每个组织都关注自己的利益，因此施礼者和受礼者之间应该相互都给对方以回报。这也是互惠、互尊的表现，是在商务活动中对双方的相互承认。

(三)心理的诚信性

孔子早就说过“与人交应言而有信”，这个“信”就是现代社会积极提倡的诚信原则，与人交往的时候应该诚实守信，这是最基本的交往原则。在商务活动中，双方的诚信无疑是彼此的定心丸，诚实给人带来安全，守信让人坚信无论何种情况何种意外事件合作必能成功。

三、商务礼仪的作用

组织的商务礼仪对促进商务活动的发展有重要作用。最主要的就是内强素质，外树形象。

(一)提高商务人员的个人素质

市场竞争最终是人员素质的竞争，对商务人员来说，商务人员的素质就是商务人员个人的修养和个人的表现。商务礼仪的应用是对个人精神风貌、道德情操等的衡量。塑造良好的企业商务形象必须从每个员工做起，在每一件小事上都注重礼仪修养，从细节上体现个人素质。所谓个人素质就是在商务交往中待人接物的基本表现，必须塑造规范得体而又不失鲜明个性的职业形象。个人在商务礼仪中如果着装不妥、举止粗鲁，对个人和组织的形象都会造成不良影响。比如吸烟，一般有教养的人在外人面前是不吸烟的；有教养的人在大庭广众之下是不高声讲话的；在商务交往中，佩戴首饰要注意戴首饰总的要求要符合身份，以少为佳，下限为零，上限不多于三种，不多于两件。搭配上和谐美是重要的，质地和色彩要和谐，和谐产生美。要时刻提醒自己已经成为组织形象的一部分，在细节中要注意充分展示个人的礼仪修养和素质。

(二)有助于建立良好的沟通

商务活动是双向交流活动，能发挥双向传播沟通作用。因为每个人都有自己的想法和观点，而且可能都代表着组织的经营理念和观点，通过商务活动，可以加深对对方组织的了解，传播自己组织的经营准则，优化组织商务环境，相互理解，解决商务活动中碰到的矛盾，因此商务礼仪能够帮助人们对彼此的行为进行规范化，从而更好地向对方表达自己的尊重和敬佩，友谊和信任。除此之外，组织内部需要良好的沟通，组织内部员工需要良好的人际交流，商务礼仪能沟通好内部关系，保证组织内部员工之间，员工与领导之间认知上的一致性，促进内部增强凝聚力。

(三)有助于维护组织的形象

一个人的礼仪水准，往往反映着组织的整体素质和教养。商务礼仪在提高组织商务人员的个人素质和修养的同时，也维护了组织的形象。在商务活动中随时随刻都有可能发生破坏组织形象的意外事件发生，遇到这种情况，必须遵守商务礼仪的要求和规范，遵循实事求是，有错必改。如果是事实歪曲，就必须运用商务礼仪澄清事实、消除误会、恢复公众对组织的信任，取得公众对组织的情感认同。

四、商务礼仪的原则

(一)知己知彼，入乡随俗

当代商务交往中存在着“十里不同风，百里不同俗”的现状，不同区域不同民族的生活习惯和文化背景等都有所不同，这些对礼仪的影响比较大，因此在进行商务活动之前要尽可能多地熟悉对方的商务习俗和节奏。当你代表公司洽谈生意时，如能尊重对方的风俗习惯，使客户心情舒畅，成功的概率就可能增大。切忌否定他人的生活习惯，随意批评。

(二)友谊第一，生意第二

商务礼仪作为各组织在商务活动中的行为规范，最根本的是通过这种行为规范塑造组织的良好形象，因此从礼仪的角度看，只关心生意成功与否是短视行为。友谊的建立与业务的开展往往是密不可分的。许多商务活动往往需要组织之间建立起相互对彼此的信任和尊重才能进行，因此友谊是重要的，彼此之间的友好和信任才是长期保持合作关系的基础。

(三)区分对象，因人而异

商务礼仪要注意针对性，来宾的身份、地位、爱好、习惯等，都要事先有所了解，这样才能事半功倍。比如宴请客人时，对方吃与不吃的东西是什么，赠送礼品时喜欢的是什么，要根据具体情况进行安排。这是对尊重对方和敬人的表现。在商务交往中了解对方，并能够善解人意，以对方为中心考虑问题。

(四)守时守约,信守承诺

商务活动中必须严格遵守时间,迟到都是不礼貌的行为,给人留下不好的印象,也会造成损失。比如商务谈判时迟到几分钟都有可能让谈判失败,商务接待、拜访或宴请时不遵守时间的约定,对方会对组织的形象大打折扣。因此在商务礼仪中要做到自我要求,自我控制,自我约束。信誉是商务活动的核心,也是商务往来中礼仪修养的关键点。在商务活动中要坚持信誉高于一切的原则,宁可赔本,也要坚守信誉。在运用商务礼仪中必须秉着待人以诚的态度,做到言行一致,表里如一,诚实守信。

第二节　组织的日常商务活动礼仪

组织的日常商务活动礼仪是渗透在工作的点点滴滴之中的,这些日常商务活动是指组织在商务交往中经常会碰到和发生的,比如在办公室每天都要接听电话或拨打电话或进行其他通讯的联系,经常会接待相关的客户等等,这些日常商务工作中应遵守的行为规范就是指日常商务活动礼仪。因此这节主要讲述日常商务活动中出现概率最高的接待礼仪、拜访礼仪、馈赠礼仪和通讯礼仪。

一、商务接待礼仪

迎来送往,是社会交往接待活动中最基本的形式和重要环节,是表达主人情谊、体现礼貌素养的重要方面。尤其是迎接,是给客人良好第一印象的最重要工作。给对方留下好的第一印象,才能为下一步深入接触打下基础。对一个社会组织来说,迎来送往是其重要的商务活动之一,是表现组织素养的一个重要途径,心理学中有首轮效应之说,接待客人正是这一效应的运用,接待礼仪是给对方留下第一印象的极其重要的一步,因此在组织的商务礼仪中正日趋完善着接待礼仪的各个方面,要求做到严谨、热情、周到、细致。接待是一项经常性的工作。接待工作出色,会大大加深相关业务单位对公司的了解,从而增强与公司合作的信心,促进双方业务发展。在经济蓬勃发展的今天,彼此往来的活动日趋频繁,接待工作更讲究规范。

(一)准备过程

1.接待人员的挑选

组织之间进行商务洽谈,若到其中一方组织所在地去,最早接触到的就是对方组织的接待人员,因此接待人员的角色是相当重要的,他是展示组织形象的第一人，客户通过他的言行举止来推测组织的整体素质，因此组织在挑选人员接待客户时必须慎重，应对其进行全方面检测，除了应该懂得个人的基本修养和礼仪外，作为接待人员的最需要注意的是：

（1）仪容整洁。第一印象的好坏90%取决于仪表，所以接待人员的仪表仪容总体上应端庄整洁，服饰要干净、整齐、大方。男士服饰以干净为主，穿西装以示尊重，比如可以上身穿公司统一上装，戴公司统一领带，下身穿深色西裤，黑色平底皮鞋，避免留长发，染色等发型问题，不要佩戴任何饰品；女士应化淡妆，发型和服饰不可过于时尚，佩戴首饰不宜过多，且以端庄为主。

（2）举止从容优雅。对接待人员而言，站姿、坐姿、走姿都要正确、从容，目光神情不能游离，应集中精力放在客户上，总体上给人不慌不忙，不卑不亢，从容优雅的感觉，反映出其文化素养，也能代表所在企业的管理水平。客户对企业的美好印象，很大一部分归功于接待人员在接待时表现出来的高水准。

（3）工作负责。要求接待人员在做接待工作时灵活应变，不能一板一眼，根据具体情况处理问题，开创性地干好自己的工作，同时注意接待工作中的细节问题，认真仔细，兢兢业业、精益求精、讲究效果。热情地接待好每一位来访者，让来访者有宾至如归的感觉是接待人员的职责所在。

接待人员要相貌端正，举止大方得体，口头表达能力强，具有一定的文化素质，同时受过专门的礼仪培训和形体、语言、服饰、化妆等方面的训练。

2.客人基本情况的了解

接到来客通知后，要了解清楚客人的单位、姓名、性别、职业、级别、来访目的和要求，问清客人到达的日期、所坐车次或航班的抵达时间。并安排好接待方案。接待方案一般包括接待工作的组织分工、陪同人员和迎送人员的名单、食宿地点、交通工具、活动方式及日程安排等。

（二）外省客人迎接工作

1.如何到站迎接

到站迎接应首先了解对方到达的车次、航班，安排与客人身份、职务相当的人员前去迎接，并准备好迎接客人的交通工具，同时为客人准备好住宿。迎接人员到火车站、汽车站或者机场去迎接客人，应提前15分钟到达，恭候客人的到来，如果是初次见面的客户，事先应大致了解客人的相貌特征，应该举起带有客户名字的牌子以便客人方便辨认，比如“欢迎您，XXX先生/女士/小姐”。同时千万不能迟到，让客人在车站机场久等，这是极其不礼貌的行为。客人看到有人来迎接，内心肯定感到非常高兴和自豪，对公司的第一印象也会有所加分，若迎接来迟，必定会给客人心里留下不好的阴影，事后无论你怎样解释，都无法消除这种失职和考虑不周到的印象。

接到客人后，应首先问候“欢迎您，很高兴见到您”“您路上辛苦了”、“欢迎您来到我们这个美丽的城市”、“欢迎您来到我们公司”等等，接着就自报家门，当然也可上车后再进行自我介绍，递交名片也可以，然后要接过客人的行李，但客人贴身的公文包等不必代提，里面可能有客人重要的物品和文件。指引客人坐上已经准备好的车子。乘坐汽车要根据车子类别注意乘车礼仪：

(1)小轿车：小轿车的座位，如有司机驾驶，以后排右侧为首位，左侧次之，中间座位再次之，前坐右侧殿后，前排中间为末席。若接待人员亲自驾驶，以驾驶座右侧为首位，后排右侧次之，左侧再次之，而后排中间座为末席，前排中间座则不宜再安排客人。

(2)吉普车：吉普车无论是接待人员驾驶还是司机驾驶，都应以前排右坐为尊，后排右侧次之，后排左侧为末席。

(3)旅行车：如果客人很多，可以采用旅行车接送客人。旅行车以司机座后第一排即前排为尊，后排依次为小，座位依每排右侧往左侧所代表的尊卑递减。

上车之后，再向对方作自我介绍，如果有名片，可向对方赠送名片，当然要注意送名片的礼仪。

2.入住饭店

迎接人员将客人带到已预订好的饭店，帮客人办理好一切入住手续(也可事先办理)并将客人领进房间，一一向客人介绍住处的服务、设施，将活动的计划、日程安排交给客人，让客人对此次出行心中有数，可以安排好时间。同时可以把本城市的地图或旅游图、名胜古迹等介绍材料送给客人，让客人在办完公事之后可以欣赏旅游胜地，也可以通过这些细节表现让客人感觉愉快。

迎接人员在客人住处稍作停留后要根据客人的具体情况决定去留。如果客人一路舟车劳顿，已显疲态，则主人不宜久留，应该让客人早些休息，整理收拾。主人分手时将下次联系的时间、地点、方式等告诉客人。

3.安排返程

根据客人要求订购返程车票、船票或飞机票，并及时送到客人手中，一般应送客人到车站作最后道别。

(三)办公室接待

1.负责人不在时

客人要找的负责人不在时，负责迎接的员工要明确告诉对方负责人的去处，回来的大致时间。如果客人不愿意等待，请客人留下联系电话和单位具体地址，明确是由客人再次来单位，还是我方负责人到对方单位去，并确定到时再次预约。若客人愿意等待，应该向客人提供饮料、杂志，并随时为客人添加饮料。

2.接待人员的引导

带领客人有正确的引导方法和引导姿势。接待场合中，主人一般靠右行，不能走中间。引导客人时，如果走在客人的前方，客人想和你说话不方便，如果走在后方，就会出现你指令客人左转或右转的情况，客人会产生被人操纵的不愉快的感觉，如果与客人并排走，道路狭窄又会使对面走来的人不方便行走，因此最好是走在客人的右前方或者左前方，与客人保持二至三步的距离，在交谈中步伐与客人保持一致。

(1)在走廊：接待人员应该走在客人二三步之前，配合步调，让客人走在内侧。

(2)在楼梯：引导客人上楼时，应该让客人走在前面，接待人员走在后面，若是下楼时，应该由接待人员走在前面，客人在后面，上下楼梯时，要注意客人的安全，防止意外事故的发生。

(3)在电梯：原则上客人和上级先进先出。即应该让客人、上级先进入电梯，自己再进入；下电梯时让客人、上级首先走出，自己最后离开。但是如果客人和上级人数很多，那么宜自己先进入电梯按住电钮以便客人或上级从容进入电梯。

(4)客厅：当客人进入客厅，接待人员请客人在合适的位置上坐下，看到客人坐下后，才能行点头礼后离开或者与客人说“请您稍等会”再行离开。

3.倒茶

将客人接到办公室后，在客人等待过程中应该诚心诚意地奉茶。饮茶在我国，不仅是一种生活习惯，更是一种源远流长的文化传统。中国人习惯用茶叶招待客人，好茶叶也已成为馈赠亲朋好友的佳品，随着历史的沉淀，中国也形成了特定的倒茶和饮茶礼仪。倒茶有许多规矩，递茶也有许多讲究。在给客人倒茶时要注意以下几个问题：

首先接待人员必须整理仪容、洗手，确定茶杯是否有缺角裂痕或其他破损地方，手指避免摸到杯口。

奉茶倒水时要注意适当的温度、浓度，以杯的七八分满为宜。端放茶杯动作幅度不要太大，不要从客人肩部和头上越过。茶杯应放在客人右手的前方。注意不要把手指搭在茶杯边上，也不要让茶杯撞在客人手上，或洒了客人一身。为他人续茶水时，小心端起茶杯或茶杯柄，手指不可伸入杯口，不要把壶提得过高，以免开水溅出。不要不端茶杯直接倒水或把杯盖扣放桌上。从右侧递茶时用右手拿茶杯(左侧时相反)，腿一前一后，侧身把茶水倒入客人杯中，以体现举止的文雅。万一茶水溅出来时，应不慌不忙地擦拭。

(四)得体的东道主道别礼仪：

当客人正准备离开之时，组织作为东道主应该表示真诚挽留，如果客人执意要离开必须要热情相送，细节上更应该注意，不能客人还未走远就扭头关门，这样会给客人心理上造成一种错觉，以为你早就迫不及待想送客人走了。所以，不管怎样从礼节上讲，你应该送客人一段路，当客人回头向你致意时还能见到你的身影，那能给客人留下你热情好客的良好印象，否则，当客人走完一段再回头致意时，发现主人不在，心里会很不是滋味。如果对方来访时还带着另一个人，那就更应该相送了，因为这表示了你在另一个人面前表达了对客人的尊重，这个客人会因此而在心底暗暗感谢你。

而对于那些远道而来的客人，作为东道主要事前为他买好车票、飞机票，并送客至车站、机场，并等客人上车、上飞机之后再返回，如果有话想与对方单独说，那你此时更要送一程。

如果可以，必要时还可以赠送一份土特产或纪念品给客人或客人的亲友。比如送给客户一些印有公司介绍、标志的笔记本、台历等，只要不落入俗套，有心意和新意即可。

二、商务拜访礼仪

中国素来有礼仪之邦的美称，特别注重在节假日和平时相互拜访，亲朋好友之间可以通过拜访增进联系，加深感情。对一个组织而言，拜访更是组织与公众或客户联络感情的一个重要桥梁。

那么作为组织一方在拜访客户的时候应该注意些什么问题呢？有没有必须要遵守的礼仪呢？当然有，而且这还是关乎拜访成功与否的关键要素。如果拜访过程中失礼于人，则有损自己和单位的形象。

(一)邀约礼仪

1. 时间选择

拜访前应事先和被访对象约定时间，切勿未经约定便不邀而至，以免扑空或扰乱对方的计划。作为商务拜访应尽量避免前往其私人居所进行拜访。

做客拜访要选择一个对方方便的时间。节假日、用餐时间、过早或过晚的时间，及其他一切对方不方便的时间都不是很好的拜访时间。一般可在假日的下午或平时晚饭后。约定时间后，不能轻易失约或迟到。如因特殊情况不能前去，一定要设法通知对方，并表示歉意。

2. 资料准备

拜访前对客户的情况以及客户与组织之间的关系应稍做了解，比如在拜访客户之前，可以将客户与组织成交的记录单整理出来，在拜访时将这份记录单送给他们，这样可以增加彼此讨论的共同话题，增进亲近感。毕竟对双方而言，利益是大家合作的基础，良好的沟通是中介手段，双方只有在彼此沟通良好的状态下才能谋求共同的长期利益。本着尽力给客户带去利益的心态去拜访客户，才更有利于长期合作。

(二)登门礼仪

1. 守时

守时是商务礼仪的第一步，拜访时要准时赴约，守时守约。如果有紧急的事情，要延迟拜访时间，必须通知到你要拜访的人。如果自己打不了电话，请别人为你打电话通知一下也可以。不管怎样都要想尽办法通知到对方，以坚持准时礼仪。在这种情况下，务必要记住向对方郑重其事地道歉。如果在路途中遇到交通阻塞等意外事故会延误约定时间，应及时通知对方要晚一点到。当你到达时，告诉接待员或助理你的名字和约见的时间，递上你的名片以便助理能通知对方。如果双方约在办公室碰面，而对方要晚点到，你将要先到，要充分利用剩余的时间，仔细想一想，整理一下文件，或问一问接待员是否可以在接待室里先休息一下。切记在等待时要保持安静，不要通过谈话来消磨时间，这样会打扰别人正常工作。

当然对准时的概念各个国家的态度都不同，所以无论你准备去哪里，你都应该事先了解一下当地人的时间观念。

2. 敲门礼仪

如果对方没有派人来迎接你，那么当你到达被访人所在地时，应先轻轻敲门或按门铃，当有人应声允许进入或出来迎接时方可入内。敲门的时候要注意讲究敲门的技巧，不宜太重或太急，要用食指敲门，力度适中，间隔有序敲三下，等待回音。如无应声，可再稍加力度，再敲三下，如有应声，再侧身隐立于右门框一侧，待门开时再向前迈半步，与主人相对。切不可不打招呼擅自闯人，即使门开着，也要敲门或以其他方式告知对方有客来访。

3. 随身物品放置

进门后，拜访者随身带来的外套、包、雨具等物品应搁放到主人指定的地方，如果助理没有主动帮你脱下外套或告诉你外套可以放在哪里，你就要主动问一下，不可任意乱放。

4. 与其他客人的介绍

如果房间内人数较多，无论认识与否，都应主动一一打招呼，如果是第一次见面,就要拿出名片做自我介绍,或者由东道主进行介绍。如果已经认识了,只要互相问候并握手就行了。可详见介绍章节。

5.礼仪注意

接待人员端上茶来,应从座位上欠身,双手捧接,并表示感谢。吸烟者应在主人敬烟或征得主人同意后,方可吸烟。如果主人没有吸烟的习惯,要克制自己的烟瘾,尽量不吸,以示对主人习惯的尊重。和对方交谈时,要注意交谈礼仪。

6.交谈礼仪

交谈时你要尽可能快地将谈话进入正题,清楚直接地表达你要说的事情,而不要瞎扯一通,讲无关紧要的事情。谈话时表情要自然,语气和气亲切,表达得体,除了用言语表达你自己的见解外还可适当伴以手势,可以更好地表达你的意见,但动作不要过大,说到兴奋处要注意克制自己情绪,不要手舞足蹈或者唾沫四溅,更不要用手指指人,这是对人的不尊重之举。说完后,让对方发表意见,并要认真地听,不要辩解或不停地打断对方讲话。你有其他意见的话,可以在对方讲完之后再说。

7.拜访时间长短

在一般情况下,初次登门拜访,还要注意掌握时间,应控制在一刻钟至半小时之内。有要事必须要与主人商量或向对方请教时,应尽快表明来意,不要东拉西扯,浪费时间。最长的拜访,通常也不宜超过两个小时。有些重要的拜访,需由双方提前决定拜访的时间和长度。在这种情况下,务必要严守约定,绝不单方面延长拜访时间。

(三)告别礼仪

拜访时应彬彬有礼,注意一般交往细节。起身告辞时,要向主人表示"打扰"之歉意,并同其他客人一一告别,说"再见"、"谢谢";主人相送时,应回身主动伸手与主人握别应说"请回"、"请留步"、"再见"。待主人留步后,走几步,再回首挥手致意:"再见"。

三、通讯礼仪

社会的发展离不开信息的相互交流和沟通,信息的交流应该归功于现代社会通讯设备的急剧发展。通讯设备的发展使全世界已经成为一个地球村,大大缩短了世界各地联系的空间和时间,加强了沟通和感情。现代社会已离不开通讯这一工具,作为社会的一个子系统的组织来说,通讯的发展对其作用更加重要。多种多样的现代化通讯工具层出不穷,它们的出现,为组织获取信息、传递信息、利用信息,提供了越来越多的选择。

通讯礼仪,通常即指在利用电话、电报、电传、寻呼、传真、电子邮件等等各种通讯手段时,所应遵守的礼仪规范。

(一)电话礼仪

随着社会的发展和人们生活水平的提高,人们每天的生活已经离不开电话这一通讯工具,从数量上来看基本上每户家庭都有两个以上的电话机,每个单位里的每张办公桌上可能都要放一个电话机,每人每天接触电话的频率是相当高的。人们把电话当作是诉衷肠、传递信息、获取信息、交流感情的重要载体,电话也是组织进行商务活动必备的工具。电话的使用频率如此之高,但是很多人并不是很了解打电话和接电话时要注意的细节问题,因为不懂接、打电话的基本原则常常导致交流沟通的失败,特别是对组织而言后果可能更严重。看起来打电话很容易,对着话筒同对方交谈,觉得和当面交谈一样简单,其实不然,接、打电话大有讲究,可以说是一门学问、一门艺术。

1. 电话礼仪基本概念

电话是所有通讯工具中出现较早也是到目前为止使用最广泛的。因此我们首先要了解的是使用电话的礼仪。对组织来说,电话的重要作用体现在它传递了组织的形象。在商务活动中,普通的不用面对面进行交流的电话实际给对方一幅很鲜明的组织形象图,反映出组织的素质和修养。因为人在通电话的过程中呈现的声音、语调、表情、时间感等等都能真实反映个人的修养和态度,从而反映组织的整体形象。

2. 打电话要领

(1)拨打电话的准备

①时机准备:因为是公事,最好在上班时间打到单位,而不要打到家里,不要在对方刚上班、快下班、午休或快吃午饭时,不识时务地把电话打过去,这样通话质量不会很高。如果实在有紧急事需要对方立即知晓,可打电话到对方家里去,当然先要为此种行为道歉,并说明原因,而且尽量不要在对方用餐、睡觉、过节、度周末时这样做。总之早上 8 点以前或晚上 10 点以后,用餐或午睡时间都不能打电话给客人,原则上不影响对方的休息和工作。

②内容准备:因为是商务电话,与私人电话不同的是,不能扯东扯西,想到哪说到哪,长篇大论,发泄情绪。作为组织的商务电话,去电前必须事先把谈话内容想清楚,而且长话短说,简洁明了,为了节约时间谈话时必须条理清晰,因此宜将电话内容预先打一腹稿或文字稿,这样可以避免浪费对方宝贵时间,且达到通电话的目的。

③记录准备：公关活动中任何一次公务电话都有可能是一次重要的信息传递，而且，为了提高通话的效率，最好准备好电话号码簿、电话记录本和记录用笔。不要总是在需要时告诉对方："请等等，我去拿纸和笔。"这样既拖延了通话的时间，也是不礼貌的行为。

(2)拨打电话的要领

有专家指出，应当在企业中发展一种"电话文化"。即要每一位职员都培养一种把每次电话都看作是一项潜在生意的态度，要做到殷勤备至。可见打电话时首先应有"我代表组织形象"的意识，时刻提醒自己在打电话时要注意礼节。

①首先，打电话的第一声很重要，亲切、优美的招呼声给对方留下良好的第一印象，对方心里一定会很愉快，使双方对话能顺利展开。因此，同样说："您好，这里是XX公司"，如果声音清晰、悦耳、吐字清脆，就能让整个商务活动处于亲切、诚恳的氛围中。

②其次，要注意打电话的声调。打电话时用的声调也可以表达不同的心情，在通电话时也许我们是诚恳地与对方谈话，但是有可能对方听到的声音是平淡的，甚至是不愉快的。因此打电话时我们要保持良好的心情，这样对方可以从欢快的语调中感染到你的好心情，即使没有当面交谈，但是通过听筒表达出你的热情和微笑，可以给对方留下极佳的印象，打电话时面部表情要时刻注意，因为表情的变化会牵动人的五官变化，也会影响声音的变化，所以即使在电话中，也要当作是面对面交流时的那样注意自己的表情。如果你说话的时候夸夸其谈，对方或许可以想象你的表情是相当夸张的，虚伪的。

③打电话的第一句问候语要按照要求讲。第一句先应该自报家门，把自己的单位、职位和姓名告知对方，这是对他人的尊重。比如"您好，我是XX公司XX部经理XXX。"切忌让人家猜你是谁或者只告知你的姓。"XX先生吗？请您叫XX听电话"，自己不先通个姓名，一开口就要叫对方出来会给人不礼貌鲁莽的印象。

④如果电话是秘书或其他人代接的，要对其进行礼节性问候，让对方帮忙转达时用词一定要客气诚恳，有礼貌。比如"某先生吗？我是XXX，麻烦您请XX听电话……"

⑤打电话时的姿势也很重要，为保证通话质量，让对方对你的话音没有不舒服之感，打电话时最好双手持握听筒。讲话时，嘴部与听筒间大概保持三厘米左右的距离。打电话过程中要注意姿势的正确。有人认为打电话对方只能听见我的声音，并不能看见我的样子，因此打电话的时候摆弄很随意的姿势，殊不知对方可以从你的声音判断你的姿势端正与否。如果你打电话的时候，懒洋洋地躺在椅子上，对方听你的声音就是懒散的，无精打采的，若坐姿端正，所发

出的声音也会亲切悦耳，充满活力，因此打电话时要提醒自己姿势正确。

3.接听电话

现代公关人员工作繁忙，办公室电话铃声不断，有些人在接电话时已成麻木状态，甚至对电话铃声有厌恶和恐惧之感，这些都是不好的办公室工作状态，应积极改善。作为一名组织的公关人员，你应时刻记住自己是组织的一员，你的一言一行都代表组织的利益和形象，包括在接电话时的礼仪直接关系到对方对组织的印象如何。接听电话虽然与拨打电话不同，是处于被动的，但是接听时也有很多要求和规范，接听电话也是个人修养与素质的表现，亦须专心致志，有礼有节。因此要掌握好接听电话礼仪。

（1）速度快。当听到铃声响起之后，最好在三声之内接听。电话铃声响一声大约 3 秒钟，若长时间无人接电话，让对方久等是很不礼貌的，不但让对方产生焦急的情绪，还会让对方认为组织工作没有效率，人员擅离职守，因此接听电话一定要及时。如果电话离自己很远，而旁边又没有人可以接听电话，那么当听到电话铃声后，也应该遵守三声原则，用最快的速度拿起听筒，这样的习惯是每个公关人员都应该养成的，是为了维护组织的信誉和形象。如果实在事出有因，电话铃响了三声之后才拿起话筒，应该先向对方道歉，而不是直接拿起电话就“喂”声，这样对方会十分不满，会给对方留下恶劣的印象。

（2）要注意第一句问候语。打电话时须特别注重第一句的问候语，接听电话同样也要认真想好开场白的第一句话。一般是简单的问候语“您好”加上所在组织名称、部门名称和自己姓名。比如“您好！我是 XX 公司 XX 部门 XXX，请讲。”或者是问候语加上单位和部门的名称。切忌不能一接电话就“喂，喂”，或直接问对方是谁，什么事情，这些都是不礼貌的表现。

（3）接到误打电话。如果你接到的是别人误打的电话，应客气地告知对方打错电话，如果对方向你道歉了，你就必须回以“没关系”，不要很不客气很不耐烦。记住你担负着代表组织形象的使命，你的一言可能给对方留下恶劣的影响。

（4）打电话过程中注意姿势的正确。在办公室接听电话，众目睽睽下或者有客户在办公室里，一定要注意姿势问题。同打电话一样，以双手紧握听筒，站或坐要端正，不要坐在桌角，跷着二郎腿，脸部应露出微笑表情让对方感觉到。最好不要把电话机抱在怀里，或者拉着电话线在办公室走来走去接听电话。

（5）挂电话。一般应当由打电话的一方提出，然后彼此客气地道别，说一声“再见”，再挂电话，切忌不道别只顾自己把话说完就挂电话的行为。如果对方一直跟你喋喋不休，好像无止境地要跟你谈话，你应该委婉、含蓄地告知对方通话时间已经差不多了，没重要事情的话可以结束这次谈话了。比如“好吧，我不再占用您的宝贵时间了”,“时间过得很快啊,真不希望就此道别,不过以后真的希望再有机会与您联络”等,听筒应轻放。

4.代接电话时注意事项

如果来电要找的人不在,切忌只说“不在”就把电话挂了。一方面办公室里的电话以公事为主,即使同事不在,也要将来电事由尽可能问清,避免误事。另一方面,也是关乎组织的形象问题,一句“不在”就把对方给打发了,太过于冷漠,毫无热情和诚恳。应先告知对方此人不在,并可以适当地表示自己可以“代为转告”的意思。在表示自己可以“代为转告”的意思时,应当含蓄一些,比如:“如果需要我为您效劳的话,请吩咐”,听上去就“可进可退”。不要一开口就说“你有什么事情。都可以告诉我,我一定会帮你转达”,这样的表达方式太过于鲁莽,对方有可能会被你的过于热情吓一跳。只有在比较熟的人之间,才可以直接询问:“您有留言吗?”“要不要我告诉某某人,一回来就打电话给您”。如果来电要找的人刚好离开了,可以让对方“请稍等,他刚离开,我去叫他一下。”

同时,拨打对方电话或者接听对方来电,必要时应做好电话记录工作。记住5W1H原则,即①When何时;②Who何人;③Where何地;④What何事;⑤Why原因;⑥How怎么样;“好记性不如烂笔头”,在工作中这些内容都是十分重要的,为了保证内容的准确性,应该边听边写,以免事后遗忘。

(二)手机礼仪

手机是随着通讯技术的发展而产生的一种小型化、智能化的无线式电话,因为它的通讯快捷、方便及时,在商务人士中被迅速普及起来,成为广大公关人员随身必备、使用最为频繁的一种电子通讯工具。

手机是普及使用了,但是我们时常会发现许多人在使用手机时并没有遵守基本的社会道德规范,导致种种不良的影响的产生。无论是在社交场所还是工作场合放肆地使用手机,已经成为礼仪的最大威胁之一,手机礼仪越来越受到关注。手机礼仪就是指在商务活动中使用手机时要注意的基本原则和规范。

在组织的商务活动中,手机也承担了大部分的商务往来的信息互通工作,为了使组织的商务活动顺利开展,为了组织能通过人员手机的使用塑造一个良好的形象,组织应对手机礼仪引起高度关注。让组织的员工了解手机在使用过程中应注意什么问题。

1.手机使用场合的把握

手机使用并不是随心所欲想打就打,要注意场合和环境。打手机时不宜打扰他人或影响他人的正常活动。

几个避免打电话的场合:

(1)在楼道、电梯、路口、人行道等人来人往的地方不宜打手机，或者至少放低声音，不影响行人。

(2)在要求"保持安静"的公共场所，如音乐厅、美术馆、影剧院等表演、比赛的场合不宜使用手机，这是最起码的社会公德，如果实在担心有重要紧急事情，应将手机处于静音或振动状态，有来电提醒，应到不妨碍他人之处通话。

(3)在开会、会客、上课、谈判、签约以及出席重要的仪式活动时，必须要自觉地提前将手机关机，或调至静音。这是对与会人员、老师的礼貌，也显示出对别人的尊重，又不会打断说话者的思路。

(4)安全起见驾驶汽车时不宜使用手机。

(5)加油站、飞机飞行期间等易发生爆炸或干扰仪器正常工作的危险场地不能使用手机，防止爆炸、火灾等意外事故的发生。

2.拨打手机的时机把握

拨打手机也要考虑对方在那个时间是否方便接听你的电话，并且要有对方不方便接听的准备。如果给对方打手机未接，应耐心等候对方回电十分钟左右，不宜再同其他人进行联络，否则会被视为对对方的不礼貌，让对方来电时无法联系到你。作为接听手机一方，如果当时未及时接听，应尽快与对方联系。

在给对方打手机时，要认真听听筒里的回音，通过回音来判断对方所处的环境。如果是安静的，对方可能正在会场中，如果声音是很嘈杂的，对方可能在一个吵闹的地方，因此，在这些情况下，即使接通了电话，未必能顺利实现通话。但是不管怎样，通话的决定权始终在对方手上，因此在接通对方手机的开始，你就应该客气礼貌诚恳地询问对方是否方便与你通话，所以"您好，请问现在通话方便吗?"通常是拨打手机的第一句问话。开始的问候语与电话礼仪相同。

(三)手机短信礼仪

随着手机的广泛使用，手机短信的运用率也越来越高，特别是拇指一族和短信写手的出现，更有让手机短信代替手机打电话的功能的趋势，手机短信的广泛使用，使得它也成为手机礼仪关注的焦点。在公共场所或其他一切禁止拨打和接听手机的场合中，如果你将手机调至震动或静音，但不停地收发短信，也是对别人的不尊重。因此手机的短信礼仪也是现代人在交往中要学习的，特别是组织在进行商务活动时对人员使用手机短信的要求则更严格。

1.短信使用场合和时机

(1)上班时间不要偷偷摸摸一直发短信。发一条短信虽然时间不长，但是你可能会发短信上瘾，最终变成了短信聊天。切忌在上班时间连续不断地发短信，耽误上班时间，给客人和同事留下不负责不敬业的印象，也会浪费收短信方的工作时间。因此上班时间除非是需要通过短信确认一下，可以用一至两条短信解决问题的绝不能多聊。

(2)发短信带来的噪音虽然比打手机要小很多，但是在公共场合尽量少发短信，在禁止使用手机的场所中，也禁止使用短信，手机短信也会干扰仪器等正常工作，不允许打手机的场所中使用手机短信也会显示你无礼貌，不懂礼节。

(3)发短信与打电话一样，时间不能太晚，最好在别人休息之前。因此一般晚上十点以后不能打电话，也不能发短信给对方。发短信告知对方虽然比打电话要更方便简洁，但同样因为时间太晚，会打扰对方休息。

(4)短信预约。如果你要给一个重要的人打电话，而他又是很忙的，礼貌起见，你可以利用短信预约，短信中与打电话一样，要自报家门，把单位、部门、姓名等告知对方，让对方有个心理准备，也为打电话奠定基础，发短信"您好，我是XXX公司XX部XXX，有事找您，不知现在是否方便给您打电话"，如果对方给你回短信告诉你打电话时间就最好，如果对方一直没有回复，就是很忙，你可以过较长的一段时间后再拨打电话。

(5)与对方有重要约会事先已联络过，在约定时间到来之前最好用手机短信提醒。提醒时最好用短信委婉地再次确认，而不要直接打电话，因为你是担心对方可能忘记，但是如果对方记性较好，根本不用你提醒，打电话这种正式的方式提醒就显得唐突，似乎对对方不信任。用短信比较非正式且亲切，别人容易接受，可能还给人留下你做事周全的印象。

2.短信使用注意事项

(1)不要一边和别人说话，一边查看手机短信，对别人不尊重；在公共场所等安静又需要聚精会神听别人讲话或看电影听音乐时，不要没完没了发短信。

(2)短信内容编辑要简洁易懂，注意礼貌用语，尊重对方，因为短信内容也反映了你的品味和水准；转发短信内容时也要注意是否有不健康的东西，让对方引起误解的内容。

(3)发短信一定要署名。不要以为对方肯定知道你的电话号码，发短信时一定要署名，这就好比你打电话时告知对方你的姓名一样重要，这既是对对方的尊重，也是达到目的的必要手段。特别是现在节日发短信祝贺的人越来越多，为表示你祝福对方的诚意，要把名字写上去，好让别人能清楚知道你给他的祝福。如果与对方用短信进行商务活动的联系，为确保联系的成功就更应把名字写上，这并非多此一举。

(4)手机上易引起误会的短信应及时删除，以免被别人看到。有些人出去一会时习惯把手机放在桌上不随身带，也许有好奇之人就会顺手翻看短信，一些易引起误会的短信被人看后可能会有麻烦，因此要及时删除手机内的短信。

(5)节日发短信祝福要注意对长辈和尊者不宜采取短信拜年的方式,而应该亲自登门或电话问候。与上司或尊者工作交流最好不要手机短信的形式。

(四)手机彩铃也有礼仪

随着科学技术的进步,手机彩铃的接受度越来越高,也是手机除短信以外利用率较高的一种,目前各种各样的彩铃层出不穷,给人们的交往带来乐趣,同时也带来了一些意想不到的尴尬场景。彩铃的使用是个人个性化的体现,但是在体现你个人特色的同时,不要忘了手机使用的场合要有区分,不同的场合下彩铃应该有所不同,尊重他人尊重自己。

1.彩铃使用场合的把握

在个性化彩铃盛行的当下,人们选择彩铃以突显个性特征理所应当,但是彩铃的内容丰富多样,对彩铃内容的选择必须注意场合,什么场合使用什么样的彩铃能给人以乐趣,给人耳目一新,什么场合下使用彩铃会让人觉得你毫无礼貌,将个人生活暴露在公众场合下,因此彩铃的使用一定要注意场合。这就像哪些话该在家里说,哪些话应该在公共场所里说,哪些行为是私底下可以的,哪些在公共场合里就不可以一样,彩铃也分场合使用。在公共场所里尽量用文明的、一般的、社会公认的大众普遍接受的、能令人产生愉快心情的彩铃,在家里或者私人场合中可用个性特征明显的搞笑的好玩的奇特的彩铃。

现在有很多狗叫声的彩铃,或者模仿婴儿的哭声的彩铃,这些都会干扰周围的人,因此彩铃的使用要注意场所的区分。

2.彩铃使用注意事项

(1)彩铃内容要健康文明符合社会道德

铃声的内容是彩铃的根本,因此在选择铃声时内容一定要注意礼貌用语、客气、健康、与社会道德相符,比如像“你有话快说,有屁快放”,铃声太不文明,让拨打者尴尬,而且还会联想到你的个人素质是否太低了。因此铃声的选择给拨打者的印象是很重要的,铃声如其人,彩铃选的大方礼貌有素养就显得选用者个人素质好,给对方留下一个好的印象和一个轻松愉快的心情,这无疑能帮助通话的成功。

(2)彩铃最好和你的年龄、身份、地位等配合

彩铃本来就是为了显示个性特征,但是在选择时还是要注意不管你的个性特征如何,一定要和你的年龄、身份、地位等相符合。一般来说,年轻人选择彩铃的范围比较大,而年龄偏大一点有一定身份和地位的人,选择彩铃的时候要特别注意这点,彩铃的选择范围相对小很多。如果选得太过年轻或者与自己的公开场合的身份、地位不符合,就会破坏自身形象,给交流造成人为障碍。比如

曾有一个刚毕业工作的女孩陪着经理去拜见重要客户，电话铃声响起，声音居然是“妈妈，来电话了！”，让这个女孩子无比尴尬，而经理也感觉在客户面前丢了脸。因此如果在正式场合你的彩铃实在是不合适用，那么你可以暂时将手机调到振动或关机状态。

(五)商务传真礼仪

商务交往中的两个组织可能处在不同省份或者地理位置相距较远，又经常有重要的文件、资料需要及时交至对方单位，这就需要有某种通讯设备能达到及时快速的要求，传真机就是在这样的背景下应运而生的。传真，是利用光电效应，通过安装在普通电话网络上的传真机，对外发送或是接收外来的文件、书信、资料、图表、照片真迹的一种现代化的通讯联络的方式。目前传真机已成为最常见的办公通讯设备，是组织之间传递信息，交流信息，相互沟通的好帮手。传真是现代化的商务活动之一，每个组织不可避免要通过传真与相关业务单位进行联系，如何更好地使用传真，并让传真成为双方相互了解的工具，就是传真礼仪要讲的内容。传真与打电话一样都直接反映了组织的风貌和素质水平，因此要用好传真，掌握基本的传真礼仪。传真礼仪就是在商务活动中使用传真机向对方单位发送文件、资料时的基本原则和规范。

1. 传真的特点

传真机是现代科技的发明，因此同其他现代科技设备一样，操作较为简单，基本上任何人都能在短时间内学会发传真的技术。

(1)传真速度快：这是它最重要的特点，一旦双方都准备好传真，一方发送成功，另一方马上就能收到，比传统邮递快了许多，节约了很多时间，这也是现代商务活动所必需的。

(2)传真性好：通过传真发送的资料、文件清晰完整，传真性好。包括一切数据、复杂图案都能完整传送出去。

(3)专人操作：传真机并不是智能机器，它在发送时必须有专人在旁进行操作，自动性能不高。

2. 传真注意的礼仪

在商务活动中，组织利用传真机给对方传送文件或者组织在接收对方发送过来的文件时要注意礼仪：

(1)传真机的安装。国家规定：任何单位或个人在使用自备的传真设备时，均须严格按照电信部门的有关要求，并办理相关的一切手续，否则即为非法之举，每个月都必须到电信部门交纳使用费用。

(2)使用正确。传真操作简单，但还是必须按照操作要求使用，使用传真设备通讯，必须在具体的操作上力求标准而规范。不然，也会令其效果受到一定程度的影响。

(3)告知传真号码。在商务场合交往中应准确无误告知对方你的传真号码，以便联系，传送文件。

(4)向对方发送传真前，双方必须先沟通好，发送前一分钟给对方打电话再确认。这样可以提醒对方及时收传真，也确认传真号码的正确。收到传真一方，在收到传送的文件之后应马上给对方打电话告知文件已收悉。

(5)传真内容应该尽量简明扼要，节约费用。发送传真时礼貌上要有必要的问候语和答谢语，以示尊重和感谢。

(6)一般组织使用的传真机有专人负责。如果无人专门负责应使之自动处于接收状态。原则上为了提高工作效率，传真机线路与电话线路应该是不同的两条线路，不要一同使用。

(六)商务电子邮件礼仪

随着网络技术的发展和 Web2.0 时代的到来，越来越多的人利用网络来传递信息，人们更多的是采用网络提供的电子邮箱取代传统的信箱来互通信息，我们把这种网络中的信件称为电子邮件，又称电子信函、email。它是计算机用户利用电子计算机所组成的互联网络通过电子信件进行信息传递和交流的沟通方式。电子邮件克服了实时通信的缺点，使用户可以在任何时间、任何地点发送和接受信息，使用电子邮件进行联系，能够在点击后立刻发至对方邮箱，对方只要上网就能收到邮件，而且节约费用，只要上网就可以了，因此电子邮件与传统邮件相比实现了快速、便捷、价廉又高效。

组织在与相关业务单位进行商务联系时，电子邮件是个比较合适的选择，因为它传递信息及时，准确，而且费用低廉。但是电子邮件在使用过程中特别要注意礼仪问题，因为电子邮件的随意性方便性，使很多人在写邮件时完全忘记了礼仪问题，没有称呼没有格式，想到哪就写到哪，也不对语言进行组织，使用网络上的模糊用语，让对方怀疑你的文化水平、知识素养，破坏整个组织的综合素质和形象。因此，组织在利用电子邮件进行商务联系和洽谈时，要注意电子邮件的礼仪，以礼待人，体现组织的良好形象。

在现实中我们可以根据对方的言行谈吐来衡量其为人素质等，猜测所要传达给我们的讯息，但是电子邮件传送的只是文字信息，我们无法看到对方的肢体语言、声调、表情，只能通过文字来推测其整体的素质，因此文字的表达在电子邮件中就比较重要。

通常在撰写寄发 E-mail 时，有以下几点需要特别注意的：

1. 格式

电子邮件是把信息告诉对方，作用与写信类似，其格式也与书信的格式相同。作为商务活动的电子邮件，格式一定要完整，以显示对对方的尊重。

首先是邮件主题，这是与一般信件不同的地方。主题主要是为了让收件人在众多的未收邮件列表中快速判断邮件的主要内容，以及邮件的重要性，决定邮件是否马上查收。因此主题要做到提纲挈领，在主题栏里用短短的几个字概括出整个邮件的内容，收件人见到它便对整个电子邮件一目了然，用书面语言，不要使用口头招呼语言，比如："Hello!"或是"收到!"如果是回复的信件，点击回复后要注意在主题这栏要重新修改，写上公司名称和邮件时间，便于邮件的整理。

第二，正式写邮件内容时，要注意称呼的写法，开头写上"尊敬的XX先生或XX女士"，也可以是对方的名字加上他的职务，比如"尊敬的XXX总经理"。称呼写完之后，开头的问候语一定要客气、热情又显亲切，最常见的是"您好"。

第三，邮件正文的格式与正常的书信格式一样，正文之后的结尾注意不要忘记使用敬语和祝语，如"此致，敬礼"或者"祝工作顺利"的格式。最后还要署名，有些人以为在电子邮件中已经显示出发件人是谁，可以不用署名，这是个错误的概念，在商务邮件中为郑重起见，必须写上发件人的信息，注明发件人的姓名、通讯地址、电话，以方便收件人与你的联系。公司越大，越要注意将自己的姓名注上，这样也表示对他人的尊重，也方便联系。

2. 内容

商务活动中主动发送邮件给对方，一定要认真编写内容，条理清晰，言简意赅，是对对方的尊重，因为作为商务人士每天接收很多邮件，大多数的人在看邮件时，都不太有耐心，而且也没有太多的时间，如果你的邮件内容东拉西扯，毫无条理，没有实质意义，那是在浪费对方的时间，这次的通讯联系也是失败的。因此写电子邮件的正文时要考虑网络的特性也要考虑书信的要求，内容做到简明扼要、条理清晰，又能把大意说清楚，避免长篇大论。如果是回复邮件，正文内容一定要根据来信的内容要求表达清楚。当回件答复问题的时候，最好的方法是把相关的问题抄到回件，然后根据问题一一作答，回答要认真仔细，考虑清楚，不要仅以"是的"二字回复，那样太生硬，而且让人感觉你根本就没认真阅读过邮件，不尊重对方。一般一封电子邮件只涉及一个问题。

3. 语言

电子邮件的语言切忌使用网络语言，易造成误会，语言最重要是流畅，便于阅读。因此尽量别写生僻字、异体字。引用数据、资料时，则最好标明出处，以便收件人核对。

在邮件发送前，最好再从头到尾检查一遍。是否有语法错误、语意不通或是错别字的地方，特别是给上司和重要客户的邮件更应注意。

4. 电子邮件其他注意事项

(1)如果你的电子邮件是发给内地以外的，以及世界上其他国家里的华人的，在使用中文时要考虑到编码问题，否则有可能对方收到的是乱码，就变成一封毫无意义的电子邮件。由于中文文字自身的特点加上地理和一些其他的原因，我国的内地、台湾地、港澳地区和其他国家华人目前使用着互不相同的中文编码系统。因此，在使用中文向除了中国内地之外的其他国家和地区的华人发出电子邮件时，必须同时用英文注明自己所使用的中文编码系统，以保证对方可以收到自己的邮件。

(2)电子邮件的功能不宜多用，以简洁为主。现在的电子邮箱提供各种信纸、字体等以体现个人风格的邮件样式，商务电子邮件要注意尽量避免使用这类功能。因为这样做一方面增加容量，导致传送速度变慢，另外有可能对方的邮箱不支持你的功能可能在对方收到邮件后毫无效果。

(3)重要邮件发送或者回复后最好用电话通知对方尽快查收邮件，因为有时候并不是每天都会上网，应让对方心中有数。

(4)邮件应在最快的时间内回复，最好在 24 小时内，如果来不及，可以先告诉对方你已收到来信，稍后再答复。

四、馈赠礼仪

中国自古就是礼仪之邦，传统上很注重礼尚往来。“仁、仪、礼、智、信”，其中“礼”是中国儒家思想最经典、最辉煌的一页。它的影响深远，至今还备受人们的推崇。礼尚往来也已成为人们在社会交往活动中的一项重要内容。相互之间馈赠礼品早已成为中国人日常生活和社交活动中增进友谊和感情、表情达意的一种沟通方式，甚至赠送礼品已成为一种文化现象，而人们在送礼的时候也形成了约定俗成的规矩。

在组织的商务活动中，馈赠礼品是其中一项重要商务活动，组织馈赠礼品的目的是为了表示对公众的好感和诚意，体现公关双方的友谊，因此赠送礼品可以看作是组织联络与公众的感情，塑造形象的重要手段，而不是为了炫耀或者庸俗的拉私人关系。当然并非所有的商务送礼都能达到组织所希望的目的，如果在赠送过程中没有掌握送礼的基本原则和规范，就可能适得其反，破坏组织的形象。因此，我们要掌握好给谁送礼，送什么礼，什么时候送礼等一些馈赠的基本知识和礼仪，才能实现赠送的意图。

(一)馈赠送礼的基本原则

商务送礼是一门艺术,送什么、什么时候送、怎么送都有其约定俗成的规矩,绝不能瞎送、胡送、滥送。根据很多组织送礼的经验,馈赠最基本要遵守两个原则:

1.针对性强

目前很多大公司有数据库,专门储存了一些主要关系公司和关系人物的身份、地位、民族习惯以及他们的爱好、兴趣、生日等一些资料,逢年过节或者对其属于比较特殊的日子,总会给他们一个意外惊喜,送礼上门,来巩固自己的关系网。所以选择礼品时一定要考虑周全,有的放矢,投其所好,针对受礼者的兴趣爱好精心挑选合适的礼品。尽量让受礼者感觉到馈赠者在礼品选择上是花了一番心思的,是真诚的。一个事业心很强的人,在他生日或喜庆之日,若能送些含有"大展宏图"、"马到成功"之意的礼品,他定会心满意足。

2.考虑具体情况

送礼是为了巩固和维系人际关系,也可称为"人情礼"。人情礼强调礼尚往来,以"来而不往非礼也"为基本准则。因此在各种具体情况下对于礼品的种类、价值的大小、档次的高低、包装的式样、蕴含的情义等方面都要认真考虑。如开张开业之际可送花篮,在花篮的绸缎上写上祝贺语和赠送单位的名称,庆典可送贺匾、书画或题词等,逢节比如春节、中秋等都可以送礼。不要过于频繁送礼,不挑选时机和具体情况。频率太高,受礼者会以为你的目的性太强,而且礼尚往来,人家还必须还情于你。因此送礼应该选择重要节日、周年庆典、生日等特殊时机,这样施礼者不会显得突兀虚套,受礼者也心安理得,两全其美。

3.避免禁忌的原则

不同人、不同民族都有自己的风俗习惯,风俗不同各自的忌讳之处也有所不同,因此送礼时要事先调查清楚对方的忌讳之处,不要送了礼反而得罪了人。比如汉族人有些地方春节喜欢送猪肉类食物,这在回族或信仰伊斯兰教的国度里是诬蔑祖宗的象征,所以送礼时要考虑此种情况。中国普遍有"好事成双"的说法,因而凡是大贺大喜之事,所送之礼,应是好双忌单,但广东人则忌讳"4"这个偶数,因为在广东话中,"4"听起来就像是"死",是不吉利的。中国人比较忌讳白色和黑色,因为在中国,白色常是大悲之色和贫穷之色,黑色是凶灾之色,哀丧之色。而红色,则是喜庆、祥和、欢庆的象征,受到人们的普遍喜爱。当然,现代社会中的人对有些忌讳的地方已经不是很在意了,但还是应该在馈赠这种正式场合中注意一下,以免造成不良的后果。

(二)馈赠时机

馈赠的成功取决于很多因素,对馈赠时机的把握是馈赠礼仪中需要考虑的一个重要因素。馈赠必须要注意时间,把握好机会。

1. 传统的节日

佳节喜庆赠薄礼表示祝贺是最常见的习俗,一般春节、元旦、中秋节、圣诞节等,都可以成为馈赠礼品的黄金时间。此时可向公司的重要客户、相关单位或公众群体适时地送上礼物,受礼者也会欣然接受节日的祝福。

2. 企业开业或周年庆典

组织开张或年庆正是组织宣传自身、扩大影响的好机会,因此对一个组织而言这一天是个非常重要的日子,希望其他的组织和客户等都能参加,参加者若能赠送礼物并带上祝福更会让他们欢欣鼓舞,因此一个企业开业或周年庆典,要赠送花篮、牌匾或室内装饰品以示祝贺。当然这个企业本身也可以借此机会为参加庆典的来宾赠送纪念品等礼物以示感谢和尊重。

3. 酬谢对方

当组织接受了客户或其他相关业务单位等的帮助,事后可送些礼品以回报感恩。

4. 组织开展某一主题活动

如果你是应邀参加的单位或嘉宾,可准备一份精美礼物以示祝贺。组织自身也可准备好赠送的小礼品分送给来宾感谢他们的到来。互赠礼品可以增进感情和友谊,为以后的合作打下基础。

当然送礼时机要视实际情况而定,以上几类是最为常见的送礼时间,也可以根据情况选择好的送礼时机。

(三)馈赠技巧

如果技巧好,送得好,受礼者和施礼者都会皆大欢喜,因此要懂得送礼的技巧,要让双方都能通过送礼心理愉悦,达到馈赠的目的。

1. 选择礼品

礼物是感情的载体,任何礼物都表示送礼人的一份心意。心意如何就看你的礼品选择得如何,因此礼品的选择非常重要。一般来说最好的礼品应该是根据对方兴趣爱好选择有价值的、耐人寻味的礼品,最重要的是要考虑礼品的纪念价值和保存价值。具体来说,选择礼品时要注意以下几点:

(1)礼品要巧:用意巧妙,有特殊意义和纪念价值的东西,要使礼品能反映赠送者的寓意和思想感情,并使寓意和思想感情与赠送者的形象有机地结合起来。比如印有公司标志的签字笔、领带夹、雨伞、手表等等,但是要注意这些礼物上的标志不能太大,最好是别人看不出来。最好的礼物是和公司或者某活动主题相关的,比如长城公司在周年庆典上可以准备长城模型纪念品。

(2)礼品贵小:应该能够随身携带,小巧玲珑的物品比较好。如果礼品不易搬运,送时兴师动众,弄得众所周知,受礼者心理上会感到尴尬,肯定会不接受你的礼品。

(3)礼品贵少:有很多人送礼只重数量不重质量,认为越多越好,越显得大方客气,其实礼品的选择要做到少而精,不要一大堆,又是毫无纪念意义和价值的东西。礼品不是说花钱越多越好,数量越多越好,应该以受礼者能够愉快接受为尺度,争取做到少而精。

选择了礼品之后,还必须考虑什么时候送礼怎么送的问题。要使对方愉快接受馈赠并不是件容易的事情。即便是精心挑选的礼品,如果不讲究赠礼的艺术和礼仪,可能会被人拒收,结果赔了夫人又折兵,很难达到馈赠的预期效果。

2.注意场合

象征着精神方面的礼品,如锦旗、牌匾、花篮等可在众人面前赠送。礼物一般应当面赠送。礼贺节日、赠送年礼,可派人送上门或邮寄,这时应随礼品附上送礼组织的名称,也可手写贺词,装在大小相当的信封中,信封上注明受礼人的姓名,贴在礼品包装皮的上方。通常情况下,在公众场合中,只给一群人中的某一个人赠礼是不合适的。因为受礼者会感到尴尬,没有受礼的人有受冷落和受轻视之感。只有礼轻情义重的特殊礼物,表达特殊情感的礼物,才适宜在大庭广众面前赠送。

3.注意态度和动作

赠送礼品时,只有态度平和友善、动作落落大方并伴有礼节性的语言,才是受礼方乐于接受的。那种做贼似的悄悄地将礼品置于桌下或房子某个角落的做法,不仅达不到馈赠的目的,甚至会适得其反。在对所赠送的礼品进行介绍时,应该强调的是自己对受赠一方所怀有的好感与情义,而不是强调礼物的实际价值,否则,就落入了重礼而轻义的地步,甚至会使对方有一种接受贿赂的感觉。

(四)受礼礼仪

(1)一般情况下,不应当拒绝受礼。如果觉得送礼者别有所图,应向他明示自己拒收的理由,比如单位不允许等,但同时要表达对对方的谢意,态度可坚决而方式要委婉。

(2)接受礼物时,不管礼品是否符合自己的心意,受礼者应表示对礼物的重视。接受礼物时应正视对方,双手捧接,口头致谢,接过礼物后一般对于包装好的礼品不能当时就拆开，要摆放在合适的位置。但是目前也有按照国际礼仪的，对贺礼以及精美礼物，当面打开欣赏，并赞美一番。

(3)接受了他人的馈赠，如有可能应予以回礼。有礼有节的馈赠活动，有利于拉近双方的距离，增加合作的机会。作为商务活动的重要内容之一，馈赠活动越来越受重视，并得到广泛的使用。而馈赠的商务礼仪，也就成为职业经理人必备的专业知识之一。

(五)回赠礼仪

"来而不往非礼也"，受礼后应回赠礼品。

(1)一般收礼后应该马上记录，供以后查用，可作为日后还礼的依据。

(2)时机合适：对方选择什么时机送礼物，最好相应地选择那个时机，或者选在客人离开时、去拜访时或者节日等。

(3)礼物合适：一般还礼的礼品与所收的礼品价值相当即可。

(六)送礼忌讳

(1)不要连续几年送同一种礼物给对方，那样会让人认为你送礼不诚心，没有认真考虑过，为避免这种情况发生，最好每年送礼时做一下记录为好。

(2)不要试图通过你的礼物来改变对方对生活的品味和习惯。

(3)不要送一些与受礼者的职位、年龄、性别、兴趣爱好、脾气秉性等不合的礼物。

(4)不要送很贵重的东西，即使你比较富裕，送礼物给对方也不宜太过，否则会给对方造成压力，拒收的可能性大。

(5)送礼时要撕掉价钱牌及商店的袋装，对礼品进行仔细包装，以细微处见诚意。

第三节　组织的专项商务活动礼仪

组织的专项商务活动礼仪是指组织必须投入大量精力、人力等去筹办并且相对来讲进行活动的时间间隔比较长的一些商务活动的规范和要求，以及在这些活动中所体现的人员素质和组织的整体形象。

一、宴请礼仪

宴请是社会组织公关交往中最为常见的商务活动之一，社会组织的商务宴请活动是为了组织之间的协作，答谢相关公众的支持，或者联络企业与公众之间的情感和信息交流的一种正常的社会组织商务活动。这种宴请活动要与社会上那种靠大吃大喝拉拢关系的庸俗行为区别开来。恰到好处的宴请，会为双方的友谊增添许多色彩，能够做到协调双方关系，联络彼此感情，消除摩擦隔阂，加强合作。当然每个国家和民族由于礼仪风俗习惯不一样，宴请礼仪在细节上也有所不同，本节简单介绍一下在商务活动中最基本最适用的宴请礼仪。

商务宴请活动是组织公共关系活动的一种形式，宴请的规模和要求视宴请活动的形式而定，对商务宴请来说，根据规格高低，形式不同，可分为商业宴请和工作餐。

(一)商务宴请的形式

1. 商业宴请的主要形式

商业宴请是一种带有浓重商务色彩的社交活动，策划成功的商业宴请必须注重每一个细节的安排，否则是浪费钱财，自损公司形象。主要的也是最常见的宴请形式有：

(1)宴会

宴会是指正式、庄重的宴请活动，规格比较高，主客按座位入席，由服务员依次上菜，注重礼节。它分为国宴、正式宴会、非正式宴会的便宴三种形式，一般国家领导之间的宴请以国宴为多，商务宴请以正式宴会为多。

(2)招待会

这也是公关活动中较为常见的宴请形式。不备正餐，只备有食品和饮料，不排固定席位，宾主活动自由。可分为冷餐会和酒会两种形式。

冷餐会以冷菜为主，也可冷热兼备，菜肴和酒水饮料陈设在餐桌上，客人可自取。适宜人数众多的大型活动，主客都可自由走动。一般在室内或室外花园举行。国内的冷餐招待会，往往用大圆桌，设坐椅，主桌安排座位，其余各席可自由入座。食品和饮料均事先放置于桌上，招待会开始后，自行进餐。

酒会与冷餐会不同之处在于招待品以酒水为主，略备小吃，不设坐椅，客人可随意走动。客人可在活动的时间内自由入席和退席。

(3)茶会

茶会这一形式更为简单，它是一般在西方人早、午茶时间(上午十时、下午四时左右)举行的请客人以品茶为主的活动，地点常设在客厅，厅内设茶几、坐椅，不排席位。茶会在国内一般是在早上进行。

2. 工作餐

工作餐是一种相对非正式的宴请形式，主要目的就是为了商谈工作事宜，主客双方为了工作边吃边谈，问题谈完工作餐就结束，可分为工作早餐、工作中餐、工作晚餐，为了不耽误双方的工作时间和休息时间，一般以工作中餐为主。

（二）东道主宴请的准备工作

1. 确定宴请对象、目的、范围和形式

首先要明确宴请的对象。明确商务宴请中主宾的身份、爱好、习惯等，以便确定宴会的规格、主陪人员等。

其次要确定宴请的目的，一般商务宴请跟商务往来直接相关，比如为了庆贺周年庆典，开业，洽谈成功，签订合同等，目的明确便于安排宴请的形式。

同时要明确宴请的范围，邀请哪些人士参加，哪些人作陪，一般作陪人的身份与来宾身份相称。

最后确定宴请形式，根据各种宴请形式的特点，结合此次宴请的目的和人数多少确定形式。一般级别高的人士出席可采取正式宴会，人数一般可采取非正式宴请，比如工作餐等。

2. 选择宴请的时间、地点

宴请的时间应对主、客双方都合适。注意不要选择节假日或对方有重要活动或有禁忌的日子和时间。最好先跟对方商议一下再确定。

宴请的地点根据活动性质、规模大小、形式等实际情况决定，一般正式宴请地点可在相应级别比较高的饭店，一般的宴请根据各宴请形式的特点并视具体情况而定。总之，选择的地点必须交通方便、环境幽雅安静、服务优良。

3. 邀请对象

组织举行商务宴请必须向出席宴会的对象发出约请，好比发出一种礼仪性很强的通知一样，发出约请的时候要礼貌，符合双方各自的身份。一般分为正式与非正式邀请。正式邀请目前大多采用书面请柬的形式，适用于正式的商务宴会中。非正式邀请一般是口头预约，但是最好仍补送请柬。请柬在格式和行文上应注意礼节，基本上都是横式请柬，它的行文，是自左向右，自上而下地横写的，内容通常必须包括宴请主题、形式、时间、地点、联络方式以及邀请人姓名等项内容。在请柬的封套上，被邀请者的姓名要写清楚，写端正。这是为了对对方示敬，也是为了确保它被准时送达。请柬一般提前一周至两周发出。在请柬右上方或下方注上“To Remind”（备忘）字样。需安排座位的宴请活动，应要求被邀者答复能否出席。请柬上一般注上 R. S. V. P.（请答复）法文缩写字样，并注明联系电话，也可用电话询问能否出席。

4. 预订菜谱

选菜的要求与涉外礼仪中的宴请礼仪的要求一致，主人应主要考虑主宾的口味喜好与禁忌。可结合季节和当地特色菜来选择，做到搭配合理，营养均衡，不失隆重但又不显奢侈。

5.安排座次

恰当地用桌次和座位的安排，能表达尊敬，增添礼仪风采，并取得特定的效果。安排座次总的原则是让席位安排达到增进友谊和交谈方便的目的。既要按礼宾次序原则作安排，又要有灵活性。我国习惯按各人的职务排列，以便于谈话，如夫人出席，通常把女方排在一起，即主宾坐男主人右上方，其夫人坐女主人右上方。

(1)桌次安排

宴会可用圆桌方桌或长桌，一桌以上的宴会，桌子之间的距离要适中，各个座位之间的距离要相等。桌数较多时，要摆桌次牌，其定位的原则，以背对饭厅或礼堂为正位，以右旁为大，左旁为小，如场地排有三桌，则以中间为大，以右高左低为原则。宴桌排列一般以最前面的或居中的桌子为主桌，桌次的高低以离主桌位置远近而定，各类宴会餐桌摆放与座位安排都要整齐统一，给人以视觉美感。

(2)座次安排

正式宴会，一般都事先排好座次，以便宴会参加者入席时井然有序，也是对客人的尊重礼貌。非正式的小型便宴，有时也可不必排座次。安排座位时，应考虑以下几点：

首先，以主人的座位为中心，以右为上，即主人的右手是最主要的位置；

其次，要把主宾和夫人安排在最尊贵显眼的位置上。其他宾客依照职位或地位，高者为尊，高者坐上席，不能逾越；

第三，在遵照原则的前提下，尽可能使相邻就座者便于交谈。例如，在身份大体相同时，或同一专业的安排在一起；

第四，主人方面的陪客，应尽可能插在客人之间坐，以便同客人接触交谈，避免自己人坐在一起；

第五，邀请夫妇一般不相邻而坐。女士以夫为贵，其排名的秩序，与其丈夫相同。即在众多宾客中，男主宾排第一位，其夫人排第二位。但如邀请对象是女宾，因她是某部长，而这位先生官位不显，譬如是某大公司的董事长，则必须排在所有部长之后，以示夫不见得与妻同贵。

在具体安排座位时，还应考虑其他因素。例如，双方关系紧张的应尽量避免安排在一起。

6.小礼品

如果宴请者想赠送给每位赴宴客人一份小礼物，应该事先准备好，可包装后放在座位卡旁。

(三)东道主宴请程序及应付意外

1. 简单程序

(1)迎接

举行宴会,东道主应站在大厅门口迎接客人。有些较为正式的场合,东道主几位重要出席人物排列成迎宾。客人握手后进入休息厅,如无休息厅则直接进入宴会厅,主人陪同主宾进入宴会厅,全体客人就座,宴会即正式开始。

(2)致词

如果双方有话讲,应先讲话,后用餐。讲话时间不宜太长,一般以十分钟左右为准,讲稿可事先准备。

(3)宴会结束

正式宴会吃完水果,主人与主宾起立,宴会即告结束,客人即可开始告辞,原迎宾人员送客。主宾告辞时,主人送主宾到门口。

2. 应付意外

东道主在整个宴会过程中除了带动宴会气氛和谈话氛围外,还要随时观察是否发生意外情况,特别注意事项:

(1)宴会在谈话过程中有客人出言不逊,或者与其他客人争辩不停,主人应设法排解,转移话题;

(2)如果有客人特别内向,主人在安排座次时应注意以健谈的人作陪,以避免冷场;

(3)有客人饮酒过量,应该帮助其叫计程车,或者派人将其安全送回所住地,以防发生意外事故;

(4)万一菜出了问题,与原来的好味道不一样,没人动筷子,或者某样菜又准备得不多,千万不能掩饰,请用些幽默感来解决尴尬的状况。

(四)用餐礼仪

1. 礼貌入席和离席

首先入席的应该是主人与主宾夫妇,然后是长者、女士入座,晚辈或职务、身份地位低者和其他男士最后入座。若女士在隔邻,应招呼女士。当长辈和女士入座时男士最好走上前将坐椅稍向后撤,待他们要坐下时,再轻轻将椅子向前推,一般从左侧入座。用餐时,坐姿要端正,椅子与餐桌距离最好是 20 厘米左右。用餐后,最好等主宾和主人离席后再离开。离席时,应帮助隔座长者或女上拖拉坐椅,并把餐具摆放整齐,不可凌乱放置,餐巾亦应折好,放在桌上。

2. 谈话适度

就餐时应与周边客人交谈,交谈内容不要涉及别人隐私和忌讳的内容,不要涉及不健康的内容，交谈应该愉快、有趣。不应边动嘴巴边说话，也不能把筷子当作道具，在餐桌上乱舞，这是不礼貌的行为，最好把餐具放下说话。

3. 夹菜文雅

一道菜上桌后，应该等主人或长辈动手后再夹。夹菜时要等到菜转到自己面前时再动筷，夹菜一次量不宜过多，不要连续夹好几样菜，如果夹菜中偶尔菜掉在桌上，不可将菜放回菜盘中。邻座夹菜要避让。

4. 进餐礼貌

用餐时须温文尔雅，从容安静，不能急躁。

在餐桌上最重要的是自己的吃相，吃东西时要一小口一小口地吃，咀嚼要闭嘴不要发出声音，不要左手拿匙右手拿筷。进餐中嘴里的骨头、鱼刺和吃剩的菜应用筷子夹放在垫盘上。吃进口的东西，不能吐出来，如是滚烫的食物，可喝水或果汁冲凉。就餐中要注意礼让，在餐桌上不能只顾自己，也要关心别人，尤其要招呼两侧的女宾。如果有公用餐具，自用餐具不可伸入公用餐盘夹取菜肴。切忌用手指掏牙，应用牙签，并以手遮掩。遇有意外，如不慎将酒、水、汤汁溅到他人衣服，表示歉意即可，不必过分恐慌赔罪，反使对方难为情。为了避免酒后失礼，饮酒应留有余地。

(五)赴宴礼仪

在商务宴请中，如果商务人士接到以书面通知为形式的正式邀约后，要确定对方邀请的原因，邀请者是否是真心实意地希望自己能够接受邀请的。是因为对方单位与我方单位、对方本人与邀请者本人的良好关系，希望借此机会增进、发展双方单位或个人之间的关系，“来而不往，非礼也”，所以我方在接到邀约后，应当作出积极的反应。

1. 赴宴的准备工作

(1)答复对方

应邀接到宴会邀请(无论是请柬或邀请信)，能否出席要尽早答复对方，以便主人安排。对注有 R. S. V. P. (请答复)字样的，无论出席与否，均应迅速答复。答复对方，可打电话或复以便函。在接受邀请之后，不要随意改动。万一遇到不得已的特殊情况不能出席，尤其是主宾，应尽早向主人解释、道歉，甚至亲自登门表示歉意。

(2)整理仪表

赴宴时应注意仪表的整洁，不能满脸倦容或一身灰尘赴宴，最好稍作打扮，男士要刮净胡须，如有时间还应理发，注意鞋子和袜子，女士要稍化淡妆，给人端庄之感。如果请柬上写明着衣要求则按照规定穿着打扮。

(3)准备礼品

参加宴会可准备礼品表示对主人的感谢。

2.赴宴礼仪

(1)准时抵达

出席宴请活动,必须准时抵达,反映对主人的尊重。当然一般身份高者可略晚到达,一般客人宜略早到达,在我国则正点或提前两、三分钟或按主人的要求到达。如有事需提前退席,应事先向主人说明或者进餐时说明后悄悄离去。进入宴会厅,要先向主人问候致意,再向其他客人问好。

(2)文明入座

根据用餐礼仪的要求入座。

(3)席间敬酒

主人过来祝酒,或者有人向你祝酒,你不用一口气将酒喝光,喝一些,并道谢即可,客人也应回敬主人。碰杯时,要目视对方致意。敬酒时,不一定个个都碰杯,离得较远时,可举杯用眼睛示意,不要交叉碰杯。

(4)退席告别

等主人宣布宴会结束,或看到主人从桌旁站起身来说明宴会结束,客人与主人告别时不宜说很多话,一般向主人道谢即可,如“谢谢您的盛情款待”、“菜肴丰富极了”,并同其他客人道别。

(六)工作餐礼仪

很多商务人士为节省时间,提高工作效率,又希望与相关业务单位保持联系,洽谈业务,协调关系,为了同时达到这两个目的,经常采用工作餐的形式。也许有人会对这一形式产生怀疑:这些商务人士又不是没有办公室,为什么不老老实实地先吃好饭,然后再去办公室里好好谈正经事呢,这样一心二用行吗?其实他们不明白,工作餐这种商务聚餐形式最大的特点就是能把吃饭和工作两者完美结合起来,做到既能加强感情的交流又能保证工作的完成。工作餐与正式宴会相比,所强调的不是形式与档次,而在于以餐会友,创造出一种有利于商务人员进一步进行接触的轻松、愉快、和睦、融洽、友好的氛围。

1.工作餐的特点

(1)目的性强。工作第一,进餐第二。工作餐并不是单纯让大家聚会吃饭聊天增进感情,更重要的是以餐桌当作会议桌进行非正式的洽谈业务,有利于工作的进展。

(2)规模小。一般不超过10人。工作餐大多以双边为主,可以是两个人的约会,也可以是几位代表的出席。与事无关的人都不宜到场。

(3)随意性。是指双方确认好可以随时随地举行，只要双方觉得有必要进行协商，就可以随时随地进行一次工作餐。不用事先预约，客人也不用答复，一般安排在工作日的中午，以不影响参加者工作为准。只要双方同意即可。

2.工作餐的筹备与进行

(1)目的：工作餐的目的明确，要有的放矢，解决实际问题，比如是洽谈业务，互通信息等等，切不可毫无目的，浪费大家宝贵时间。因此对聚会可能涉及的问题要做好准备，搜集文件和资料。

(2)时间：时间的选择要征求客人的意见，协商决定，一般是在工作日的中午吃中饭的时间。工作餐进餐时间为一小时左右最佳，可视情况延长。

(3)地点：可由主人决定，最好征求客人意见，可以选出几个地点让客人进行选择，环境要高雅安静，地点的选择要有助于各方能很好地发表自己的看法，同时卫生环境要好。

(4)菜肴：根据客人的爱好和民族习惯等具体情况，菜肴搭配合理即可。

(5)通知：决定工作餐的时间、地点、参加人员和主题后主人应该尽快通知客人。

(6)订座：有些饭店生意好，为预防到达后无座的情况，应该事先打电话或派人前往预订座位。告诉服务员你所需要的理想的位置、用餐的时间、大致的时间、到场的人数、特殊的要求、付费的方式等等。

(7)迎候：做东者准确通知对方时间和饭店的具体位置，应该比客人早十分钟左右到达迎接客人，一般餐馆的正门之外、预订好的餐桌旁、餐馆里的休息室，以及宾主双方提前约好的会面地点，都是做东者迎宾的适当之处。客人到来之后双方相互问候，握手，不认识的再做介绍。

(8)座次：可随意就座，一般把好位子留给客人，同性主人坐客人的对面或左侧，异性坐客人对面。

(9)交谈：工作餐是办事与吃饭同时进行，为节约时间，点菜后和上菜前均可开始交谈正式主题。商务会餐中虽然并不是所有的话题都要和工作有关，但也不能涉及对方隐私的话题，如不可与人询问工资、奖金、家庭等。

3.用餐结束

问题一旦谈妥，工作餐即可告终。在一般情况下，宾主双方均可提议终止用餐。主人将餐巾放回餐桌上，或是吩咐侍者来为自己结账；客人长时间默默无语，或反复看表，都暗示工作餐可以结束了。

一般由提议者结账，哪一方首先提议举行工作餐，即应由哪一方出面做东，即谁做东谁结账。得体的做法是，做东者事先与侍者通气，独自前往收款台结账。或是在自己送别客人之后，再回头来结账。尽量不要让侍者当着客人们的面口头报账。更不能让侍者将账单不明主次地递到客人的手里。

二、商务谈判礼仪

所谓谈判，又叫做会谈，它指的是有关各方为了各自的利益，进行有组织、有准备的正式协商及讨论，以便互让互谅，求同存异，以求最终达成某种协议的整个的过程。谈判是一个较为复杂的过程，既要确定各自的权利与利益，又要考虑他方的惠利方面，因此，交易谈判好比双方对弈或PK，相互断杀，但又要共同联手合作，这是矛盾的统一体，以获得个体又是整体的利益。

(一)商务谈判的概念和原则

1.商务谈判的概念

谈判是一种专业行为，根据行业分类，有外交谈判、政治谈判、军事谈判、经济谈判等等。商务活动包括货物买卖、工程承包、技术转让、融资等涉及群体或个人利益的经济事务。相应地，我们可以把商务谈判划归为经济谈判的一种类型。什么是商务谈判呢？商务谈判作为经济谈判的类型之一，是以经济利益为目的的，不同的利益群体就双方的商务往来关系进行谈判，明确相互的权利义务关系而进行协商。

商务谈判礼仪是组织重要的商务礼仪之一，也是组织商业活动中的具体体现。作为一名商务代表，因为工作的需要，经常需要代表自己的组织、单位与其他组织和单位就某些问题和见解进行商务洽谈，以维护各自的利益，并且期望能达成一致。商务谈判，由于本身的商业性、涉外性和正规性，对礼仪方面有着一些特殊的要求。

2.商务谈判的两个基本原则

具体来说，在谈判桌上保持风度，应当主要兼顾以下两个方面。

(1)心平气和。在谈判桌上，每一位成功的谈判者均应做到心平气和，处变不惊，不急不躁，冷静处事。既不成心惹谈判对手生气，也不自己找气来生。在谈判中始终保持心平气和，是任何高明的谈判者应保持的风度。

(2)争取双赢。谈判往往是一种利益之争，因此谈判各方无不希望在谈判中最大限度地维护或者争取自身的利益。然而从本质上来讲，真正成功的谈判，应当以妥协即有关各方的相互让步为其结局。就是说，谈判不应当以“你死我活”为目标，而是应当使有关各方互利互惠，互有所得，实现双赢。在谈判中，只注意争利而不懂得适当地让利于人；只顾己方目标的实现，而指望对方一无所得，是既没有风度，也不会真正赢得谈判的。

(二)商务谈判的特点

商务谈判是一项集政策性、技术性、艺术性于一体的社会经济活动,包含一系列经济活动的特点,作为一种谈判类型,同样具有一般谈判的特征。因此,商务谈判同时具有经济和谈判的特点。

1. 商务谈判需要获取经济利益

不同的谈判类型谈判目的是不同的,外交谈判牵涉的是国家主权和国家利益;政治谈判关心的是政党、团体的根本利益;军事谈判主要是关系敌对双方的安全利益。这些谈判基本上都是围绕着某一种基本利益进行的。而商务谈判围绕的中心利益也十分明确,那就是经济利益。经济利益是进行商务谈判的最主要目标。与其他谈判相比,商务谈判更加重视谈判的经济效益。在商务谈判中,谈判者都比较注意谈判所涉及的技术的成本、效率和效益。所以,人们通常以获取经济效益的好坏来评价一项商务谈判的成功与否。不讲求经济效益的商务谈判就失去了价值和意义。

2. 商务谈判的核心是价值谈判

商务谈判涉及的因素很多,谈判双方有众多的需求和利益,而价值则几乎是所有商务谈判的核心内容。这是因为在商务谈判中价值的表现形式——价格最直接地反映了谈判双方的利益,特别是经济利益。谈判双方所涉及的利益和需求,在很多情况下或多或少都可以折算为一定的价格,并通过价格升降而得到体现。商务谈判需要注意的是:虽然价格是个很重要的因素,但是不能单就价格问题争执不下,有时候可以尝试着让步,或许可以通过其他方式和途径获得补偿。

3. 商务谈判更关注合同条款内容的准确性

商务谈判的合同条款实质上反映了各方的权利和义务,条款内容是双方经过协商获得的一致意见,因此对谈判者来讲,合同条款的严密性与准确性是保障谈判获得各种利益的重要前提。有些谈判者在商务谈判中花了很大气力,好不容易为自己获得了较有利的结果,对方为了得到合同,也迫不得已作了许多让步,但如果在拟订合同条款时,掉以轻心,不注意合同条款的完整、严密、准确、合法性,其结果会被对方的措词或表述技巧迷惑,掉进陷阱,不仅会丧失将要到手的利益,而且还要为此付出惨重的代价,这是在商务谈判中最应该注意的。因此,在商务谈判中,谈判者不仅要重视口头上的承诺,更要重视合同条款的准确和严密。

4. 商务谈判更注重情感的融入,以礼待人

谈判与一般的社交交谈不同,谈判事先准备周到完备,目标明确,方针即

定，讲究策略和技巧。在谈判过程中虽然最重要的是讲究理性和策略，但是如果加入人的情感，无疑有事半功倍的效果。而礼仪的运用是情感在谈判中的最好诠释，因此礼仪在谈判中颇受重视。在谈判中讲究礼仪，以礼待人，意义重大，礼仪运用得当，不仅体现着组织的经营理念，组织员工的教养与素质，而且以情感人，以礼动人，会对谈判对手的心智、思想、情感产生一定程度的影响，做到以理服人，以情动人。

（三）商务谈判礼仪之一——主办方的准备

1. 搜集信息

商务谈判要想获取成功，必须在事先做好充分的准备工作。最重要的就是搜集好双方的信息。要了解对方，必须做周密的调查工作和分析工作，调查清楚哪些是他们的强弱项，分析哪些问题是他们认为最重要的，哪些问题是可以商量的，哪些问题是没有商量余地的；同时也要搜集自身的情况，调查我们在这次谈判中的优势和劣势，对我们来讲可以让步的和不可以让步妥协的问题是什么，确定我们掌握了多少可靠的信息情报。这样才能做到知己知彼，百战不殆，谈判过程中胸有成竹，也可以应付意外事件。

谈判前，你可以试着回答如下问题：

——这次谈判要解决的主要问题是什么？我们了解对方哪些问题？应该先谈什么？

——客户的需要是什么？他们的选择是什么？

——我们的需要是什么？我们能满足对方哪些需要？我们的选择是什么？我们能否做哪些方面的让步？

——双方各自的强项是什么？

——双方有哪些敏感区域不能去碰？

——双方各自的经济目的是什么？

——对方的谈判战略可能是什么？我们应如何应对？

2. 谈判人员

谈判人员对整个谈判的成功与否干系重大，要慎重选择好谈判人选。商务谈判之前首先要确定谈判人员，与对方谈判代表的身份、职务要相当。谈判代表要有良好的综合素质，谈判前应整理好自己的仪容仪表，穿着要整洁正式、庄重。男士应刮净胡须，穿西服必须打领带。女士穿着不宜太性感，不宜穿细高跟鞋，应化淡妆。

3. 谈判的地点

谈判地点的选择对整个商务谈判而言也是十分重要的，它往往涉及一个谈判的环境心理因素问题，有利的场所能增加自己的谈判地位和谈判力量，不仅直接关系到谈判的最终结果，而且还直接涉及礼仪的应用问题，因此谈判地点也是很讲究的。具体而言，它与谈判的分类、操作的细则等两个问题有关。

(1)谈判分类

人们往往有一种心理状况，在自己的所属领地内谈话，无需分心去熟悉环境或适应环境，而在自己不熟悉的环境中谈话，可能会变得无所适从，出现一些错误。因此按照谈判地点的不同为谈判进行分类，谈判可分为以下四类，这四类带来的谈判地位和力量也不一样。

第一种，主座谈判。所谓主座谈判，指的是我方作为谈判东道主选择的在我们组织的所在地所举行的谈判，一般此种谈判往往使我方拥有较大的主动性，处于较为有利的位置。

第二种，客座谈判，指的是在谈判对手的单位所在地所举行的谈判。一般来说，谈判对手比较喜欢这种谈判，会让他们一开始占有有利局面。

第三种，主客座谈判。所谓主客座谈判，指的是在谈判双方单位所在地所轮流举行的谈判。这种谈判，比较公正、客观，谈判双方都能接受。

第四种，第三地谈判。所谓第三地谈判，指的是谈判地点在谈判双方所在单位所在地之外的任何第三地点进行。这种谈判，较主客座谈判而言，外界干扰因素更少，更为公平。

上述四类谈判由于谈判地的不同对谈判双方的利与弊往往不尽相同，因此各方均会努力主动争取有利于己方的选择，谈判双方就谈判地点先进行协商。

(2)操作细则

谈判地点的确定对参加谈判的每一方来说意义重大。从礼仪上来讲，在具体确定谈判地点时，有两个方面的问题必须为有关各方所重视。

首先，协商确定具体谈判地点。在讨论、选择谈判地点时，既不应该对对手听之任之，也不应当固执己见。正确的做法，是应由各方各抒己见，最后再由大家协商确定。

其次，做好谈判会场布置。谈判会场的布置也是体现组织综合素质和修养的一个环节，身为东道主时应自觉地做好谈判现场的布置工作，以尽地主之责。谈判环境的布置有利于双方谈判的顺利进行。谈判会场布置时要注意几个方面：自然光或者人造光都不能太刺眼，尽量柔和；最好有空调或加湿器，温度最好在人体舒适度20℃左右，空气自然清新为好；谈判场所里物品宜少不宜多，放几张宽大整洁的桌子，简单舒适的椅子或沙发，墙上挂几幅典雅的书画，再配上适当的绿色植物即可。

布置好谈判会场，采用长方形或椭圆形的谈判桌，门右手座位或对面座位为尊,应让给客方。

4.迎接对方

谈判礼仪的序幕正式开始是在作为东道主一方如何迎接谈判对手。迎接礼仪得当与否关系到谈判时的氛围如何及谈判双方在谈判过程中的情感状况。利益对抗较剧烈的双方,可以因为迎接之周到得当,为谈判准备好恰当氛围及情感基础,会促成双方矛盾的化解,使谈判快速取得成功。原本利益较为协调的双方,也完全可能因迎接不热情、不得当,导致谈判对手情绪不满,恶化谈判氛围,使谈判无功而返。迎接的具体作法为:

(1)确定迎接规格

谈判人员的选择要讲究,而迎接人员同样也要注意,一般迎接规格,应当依据前来谈判人员的身份、职位和目的、己方与对方之间的关系,以及惯例决定。只有当对方己方关系特别密切,或者己方出于某种特殊需要时,方可破格接待。除此之外,均应按常规接待。

(2)掌握对方抵达时间

迎接人员应当准确掌握对方抵达时间,事先准备好迎接车辆,提前到达机场、车站或码头,以示对对方的尊重,绝不能让客人等待你的到来。

(3)做好接待的准备工作

在对方到达谈判地点之前应该事先解决好来宾的住宿问题。将客人接到已安排好的饭店后可根据具体情况决定去留。一般客人到达后,只需稍加寒暄,留时间让客人稍作休息。

迎接礼仪可参见商务接待礼仪,两者有相似之处。

(四)商务谈判礼仪之二——谈判之初

1.营造谈判氛围

谈判氛围的创造对整个谈判过程而言不仅仅是谈判成功的添加剂,更是关系到谈判成功的一道主菜。谈判高手都认为谈判气氛影响着谈判的成败,因此会有意识地创造合适的谈判气氛,以求谈判能顺利进行。在谈判准备中要求收集、整理有关文件、资料、信息以及谈判场所的选定等等,都是为了营造谈判之处的氛围,开谈后气氛有可能发展。如果谈判初双方互不了解,需要熟悉对方,调整思维,通过一些话题来分析对手,加强沟通,因此,刚开始的话题应是轻松的,非业务性的,可谈名人轶事或旅游景点,名胜古迹等等,目的是使双方找到共同语言,由陌生变熟悉,去除由陌生和警惕带来的心理屏障,然后逐渐过渡到交易谈判上面。

谈判之处,为了防止话题远离主题,必须安排好谈判的议程表,掌握主动位置。一般安排议程时，注意有以下几个问题：①仔细考虑问题的主题，以及何时提出最好。②详细研究对方议程，以便发现是否本方利益被忽略或摒弃，以调整本方议程。③不要在谈判初就显示自己的利益可以退让，应略微强硬。④未经详细考虑后果之前，不要轻易接受对方所提出来的额外问题，以防偏离了原议程的轴心，乱了方寸。

2.谈判的座次

举行正式谈判时，要安排好各方在谈判现场具体就座的位次，位次的要求是非常严格的，礼仪性是很强的。根据参与谈判的组织数量可分为以下几种情况：

(1)双边谈判

双边谈判指的是由两个组织为各自的经济利益等所举行的谈判。在一般性的谈判中，双边谈判最为多见。

双边谈判的座次排列，主要有两种形式：

①横桌式。横桌式座次排列，是指谈判桌在谈判室内横放，客方人员面门而坐，主方人员背门而坐。除双方主谈者居中就座外，各方的其他人士则应依其具体身份的高低，各自先右后左、自高而低地分别在己方一侧就座。双方主谈者的右侧之位，在国内谈判中可坐副手，而在涉外谈判中则应由译员就座。

②竖桌式。竖桌式座次排列，是指谈判桌在谈判室内竖放。具体排位时以进门时的方向为准，右侧由客方人士就座，左侧则由主方人士就座。在其他方面，则与横桌式排座相仿。

(2)多边谈判

多边谈判在此是指由三个或三个以上组织所举行的谈判。多边谈判的座次排列，主要也可分为两种形式。

①自由式。自由式座次排列，即参与谈判组织的各自代表在谈判时自由就座，而无须事先正式安排座次。

②主席式。主席式座次排列，是指在谈判室内面向正门设置一个主席之位，由各方代表发言时使用。其他各方人士，则一律背对正门、面对主席之位分别就座。各方代表发言后，亦须下台就座。

3.谈判初的日常礼仪

谈判开始也是谈判双方第一次在正式谈判地点会面，这时谈判双方接触的第一印象十分重要，因此要尽可能做到有礼节，体现素质和修养。

(1)服饰打扮

参加谈判时，谈判人员一定要讲究自己的服饰打扮。此举并非是为了招摇过市，而是为了表示自己对于谈判的高度重视。

①修饰仪表。参加谈判前，应认真修饰个人仪表，尤其是要选择端庄、雅致的发型。一般不宜染彩色发，男士通常还应当剃须。

②精心化妆。出席正式谈判时，女士通常应当认真进行化妆。但是，谈判时的化妆应当淡雅清新，自然大方，不可以浓妆艳抹。

③规范着装。公关人员在参加正式谈判时的着装，一定要简约、庄重，切切不可"摩登前卫"、标新立异。一般而言，选择深色套装、套裙，白色衬衫，并配以黑色皮鞋，才是最正规的。

(2)双方握手

谈判双方人员，刚开始时都是通过握手表示友好。握手的动作虽然平常简单，但通过这一动作，确能起到增进双方亲密感的作用。

(3)双方介绍

谈判时言谈举止要尽可能创造出友好、轻松的良好谈判气氛。向谈判对方介绍时，通常有两种介绍方式，一是第三者作介绍；二是自我介绍。作自我介绍适用于人数多、分散活动而无人代为介绍的时候，自我介绍时应先将自己的姓名、职务告诉来宾。作自我介绍时要自然大方，不可露傲慢之意。将自己名片递给对方时也要注意名片礼仪。被介绍到的人应起立一下微笑示意，可以礼貌地道："幸会"、"请多指教"之类。不认识对方，必须要客气询问对方，如"请教尊姓大名"等。如有名片，要双手接递。介绍完毕，不可冷场，可选择双方共同感兴趣的话题稍做交流，以沟通感情，创造温和气氛。

(4)注意体态语

在谈判之初要正确使用体态语，对把握谈判气氛起着重大作用。目光注视对方时，目光应停留于对方双眼至前额的三角区域正方，这样使对方感到被关注，觉得你诚恳严肃。手势自然，不宜乱打手势，以免造成轻浮之感。切忌双臂在胸前交叉，那样显得十分傲慢无礼。谈判之初的重要任务是摸清对方的底细，了解对方，因此要认真听对方谈话，细心观察对方举止表情，并适当给予回应，这样既可清楚对方的底细，也了解对方意图，又可表现出尊重与礼貌。

(五)商务谈判礼仪之三——谈判之中

正式进入谈判阶段要注意几个问题：

1.掌握谈判进程

由谈判初的氛围营造到正式进入谈判过程，要掌握好谈判的进程，明确哪个步骤该履行什么任务，为此可以将谈判分为三个阶段：

(1)沟通需求。此阶段为谈判的初级阶段，谈判双方彼此应充分沟通各自的利益需要，提出如何能够满足对方需要的方法与优势所在。因为双方只有彼此了解了各自的需求之后才知道如何满足双方的要求。这阶段最重要的任务是弄清对方的真正需求，为了完成这个任务必须多向对方提出问题，探询对方的实际需要，这是此阶段最主要的谈判技巧。

(2)尽量达到双方利益最大化。此阶段为谈判的中级阶段，双方彼此沟通了解了对方的实际需要和利益之后，就要开始寻求如何使双方达到利益最大化。

谈判中双方需要想方设法去寻求更佳的方案，为谈判各方找到最大的利益。这一阶段往往是商务谈判最容易忽略的阶段。一般的商务谈判很少有谈判者能从全局的角度出发去充分创造、比较与衡量最佳的解决方案，有一方甚至是双方都没有能够达到"赢"的感觉，或者总有一点遗憾。所以采取什么样的方法使谈判双方达到利益最大化，寻求最佳方案是这阶段最主要的任务了。这阶段的谈判技巧是尽量要与对方充分沟通，继续完成上一阶段未完成的任务，从双方的最大利益出发，创造各种解决方案，用相对较小的让步来换得最大的利益，在满足双方最大利益的基础上，如果还存在达成协议的障碍，那么就不妨站在对方的立场上，替对方着想，帮助扫清达成协议的一切障碍。

(3)了解存在障碍并尽力克服。此阶段往往是谈判的攻坚阶段。谈判的障碍一般来自于两个方面：一个是谈判双方彼此利益不协调；另一个是谈判者自身在谈判计划、决策程序上存在障碍。要先了解到底是哪个障碍阻止了谈判的进行，然后再根据具体情况具体解决。第一个障碍可以通过双方公平公正的客观原则来协调利益予以解决；第二个就需要谈判无障碍的一方主动去帮助另一方能够顺利决策。

2.谈判过程中的技巧

(1)倾听：倾听与讲话一样都是交流思想的重要方式，倾听式的交流是平淡的、从容的、潜移默化的。倾听不但是你对别人的尊重，也是别人对你的信任。相对于善辩者，默默无闻的倾听者似乎更为高明。在倾听的过程中不但要能准确读出谈话者的心声，适时地应对、附和，还要装出若无其事的样子高明地诱导谈话者说出真正的动机。

一般有以下几个方法值得注意：

①倾听的专注性。常人听话及思考问题的速度比讲话要快4倍，所以，要把听放在首位，并认真思考他的语言，并准备询问对方，要考虑你出击的角度与力度，以及语言的表述明暗程度；

②倾听要做到设身处地，站在说话人的立场上来理解思考，努力领会对方所说的内容和言辞间所传达的感受，要认真分析对方话语中所暗示的用意与观点；

③揣摩“隐性言语”的本意。有些人讲话时辞面不直接表露本意，而是将本意深深隐含在言语之中，话中有话。因此，要特别注意对方的晦涩语言，模棱两可的语言，要记录下来，认真质询对方，观察伴随动作，也许是他故意用难懂的语言，转移你的视线与思路。

(2)表达：谈判中，除了倾听是很好的技巧之外，你也要善于表达你自己的观点以及具体方案、方法、立场，因此必须注意几点：

①语言简洁明了，尽量使对方能够听懂你的叙述，少用专业语言。

②谈判中，不要扯远话题，谈与主题没有多大联系的事，从而显得没有诚意。

③叙述中，所说内容要与资料相符合，避免两者完全脱节的现象，以免给对方造成乱说一气，毫无准备的印象。

④在叙述中，对于数字的表达，如价值、价格、兑换率、日期、等，要用确定的表达方式，不要使用“大概、可能、也许”等词语。

(3)提问：在谈判中，要巧提问题，让对方多答，可以多了解对方的情况和信息，让谈判的思路跟你的问话走，控制谈判的方向。提问的方式很多，一般有：

①澄清式问话。如搞不清对方所说的话或此话模棱两可时，可以用他所说的话，反问对方，如：“您说情况的变动，是指的在什么范围内的变动”，以使对方重新解释，沟通，以此来满足你的语言反馈，重新思考一遍他所说的内容。

②引导性问话。如：“假设我们能够满足您的三个要求，您方能否让更大的利?”以吸引对方思考你的引导性语言，以探听他的内心思想。

③选择性问句。如：“这份合约，你们今天实施还是明天实施?”这样，对方会被套入圈套中被迫产生选择意愿，并会给以明确答复。

④开放性问话。如“您觉得在什么情况下最能满足你们的要求”这样你或许能得到你预料不到的内容。

(4)说服：谈判的过程也是说服的过程，希望对方能接受你的见解和观点，因此要注意谈判时说服技巧的运用。

①要向对方阐明各自的意见所带来的后果是什么，各自的利弊是什么。一方面，给人感觉比较客观，现实；另一方面，如果接受了你的意见，果真有问题出现后，你可以说明事先已经讲明了的。

②要向对方讲明，你选择与他合作的原因，他能提供的能帮助你的东西，以示对他的尊重与善交，而不是其他每一个人都有这样一个机会的，使对方认真思考被选择的机会，使对方免去神秘性与猜疑性，从而在心理上接受你说服他的潜意识。

③要强调你的观点中隐含着的双方的立场一致性。暗示合作后的双方益

处，给对方以鼓励和信心。

(六)商务谈判礼仪之四——谈后签约

谈判结束后就要进行签约，签约仪式也是组织公务活动中的一个重要的仪式礼仪，在此就简单叙述一下。双方参加谈判的全体人员都要出席，共同进入会场，相互致意握手，一起入座。双方都应设有助签人员，分立在各自一方代表签约人外侧，其余人排列站立在各自一方代表身后。助签人员要协助签字人员打开文本，用手指明签字位置。双方代表各在已方的文本上签字，然后由助签人员互相交换，代表再在对方文本上签字。签字完毕后，双方应同时起立，交换文本，并相互握手，祝贺合作成功。其他随行人员则应该以热烈的掌声表示喜悦和祝贺。有关各方人员一般在交换文本后当场饮上一杯香槟酒，并与其他方面的人士一一干杯。

(七)商务谈判的语言技巧

语言的运用在商务谈判中的作用是非常大的，成功的商务谈判是因为谈判双方出色运用语言艺术的结果。商务谈判中的语言礼仪与一般活动中的语言相比较有更多的专业特征：

1. 谈判语言要做到具有针对性

在商务谈判中语言是一种武器，运用得好无疑是一个强有力的筹码，当然这个武器也要运用得当，否则事与愿违。因此谈判语言的针对性要强，做到有的放矢。模棱两可，啰唆不确定的语言，会使对方感到疑惑甚至反感，不但降低谈判威信，更有可能会破坏双方的感情，让对方误认为你对这次谈判没有诚意，成为谈判的障碍。

针对性是指谈判时针对不同的商品，谈判内容，谈判场合，谈判对手，要有针对性地使用语言，才能保证谈判的成功。例如在谈判前了解谈判对手的性格、爱好、习惯、文化程度等个性差异，在谈判时就可以针对其性格进行有针对性的语言运用。比如针对谈判对手性格直爽、脾气急躁，就可以运用简短明快的语言；对性格沉稳做事慢条斯理的对手，则采用春风化雨般的倾心长谈可能效果更好。谈判时必须要充分考虑谈判对手的性格、情绪、习惯、文化以及需求状况的差异，恰当地使用针对性的语言。

2. 语言尽量婉转

谈判中如果遇到与对方有争执的话题或者观点不同时，语言表达太过直白，容易伤害谈判双方感情，这是谈判大忌。所以谈判中应当尽量使用委婉语气，这样易于被对方接受。比如，当你的观点与对方有出入，或者否决、批评对方观点时，可以这样说：“您说的也有一定道理，但实际情况可能稍微有些差距”,然后再不动声色地提出自己的观点。这样做既不会有损对方的面子,让对方感到尴尬,又可以让对方认真地倾听自己的意见。

谈判过程中谈判双方的观点不会完全相同,怎样说服对方接受自己的意见和看法是其重要目的。作为一名谈判高手,往往先不提出自己的见解,而是让对方先提出来,如果对方意见和自己一致,让对方相信这是他自己的观点,使对方有某种被尊重感觉,如果与自己观点不同,往往会努力把自己的意见用委婉的方式伪装成对方的见解,提高说服力。这样容易达成一致,获得谈判成功。

3. 语言要随机应变

谈判过程中随时都有可能发生意外情况,甚至是令人难以预料的,这就要求谈判者具有灵活的语言应变能力,适时地摆脱困境,这也是谈判者应有的基本素质。如果遇到对手强迫你立即作出选择时,应该怎么回答?你如果是说:“让我再考虑一下”,“我暂时很难作出决定”之类的语言,对方会认为你缺乏主见,做事犹豫不决,让你在心理上处于劣势位置。你可以改变语言表达方式,此时你可以看下表,然后有礼貌地告诉对方:“真对不起,我现在必须得出去一下,与一个朋友约了十点钟要通个电话,请稍等五分钟。”于是,你便很得体地有了五分钟的思考时间。

4. 灵活恰当地使用态势语言

态势语言即体语,也是无声语言,用手足及身体各部分的动作来表情达意。现代科学研究指出,人们在交往中的一抬眼、一举手、一扬眉等无声语言和有声语言一样,是一种自成体系的符号系统。科学家发现,在一条信息的全部效果中,只有38%是有声的,而55%的信号是无声的。因此,体态语(无声语言)对每一个商务谈判者来说在谈判过程中应该学会读解、掌握和运用好,不断提高谈判水平。比如在某些特殊环境里,有时就需要沉默,俗话说“沉默是金,倾听为玉”,恰到好处的沉默可以取得意想不到的良好效果。

三、商务活动中的旅行礼仪

随着交通工具的发展和组织业务量的扩大,任何组织的商务活动不可能都在组织所在地进行,有时是为了庆贺新的分公司开业,有时是为了洽谈业务,商务活动肯定会打破传统的地域界限,成为跨地区的经济活动。跨地区势必涉及从本地区到其他地区的商务旅行,因此商务旅行已经成为现代组织商务活动不可缺少的一部分。而旅行中的商务人士的所有言行都代表了个人素质和本组织的整体形象,因此商务旅行者无论到哪里、什么时间都必须注重自身的行为和礼仪,以体现组织的整体综合素质。

(一)商务旅行准备礼仪

不论去哪个地方出差,出差时间多久,在每次出差之前,必须做好相应的准备工作,以免到时手忙脚乱,做好准备工作可以有备无患。职位比较高的如董事长总经理出差都有秘书帮助准备,对于一般商务人员来讲就要自己准备,但不管谁做这一准备工作,一般准备礼仪都要做到如下几点:

1.了解目的

此次旅行的主要任务是什么,参加的活动是什么,除了这些事情之外有没有其他要办的事情和准备的东西。了解后再准备相应的资料。

2.约定时间和地点

要把此次活动的时间和地点约好,约定后就可以确定交通工具了,到底是坐火车去还是乘飞机去,动身的时间在何时,也可告诉对方让对方准备好接站。

3.制定日程

不管出差时间长短,最好都制定好一张日程表,这样旅行比较有计划性。日程表应根据当地的气候、活动时间、地点、环境等制定,日程表排好后,要多复印几份,给领导、有关人员和家人各送一份,自己留一份。安排日程的时候,注意日程越详细越好。同时在时间安排上一定要留有余地,特别是第一次去的地方,可以留点时间游览当地风景胜地,最好安排在空闲时间进行。

4.预定车票、机票和宾馆

预定车票和机票最好以最新的时刻表为参照,以免耽误行程。一般每个组织对各个级别员工出差的待遇都不同,必须事先了解清楚,比如什么级别能坐飞机,什么级别能坐软卧等。宾馆预定要根据出差人士的爱好和习惯,是单人间还是与人合住,宾馆是简约型的还是豪华型的,如果可能要接待其他客人的宾馆可以稍显豪华。同时还要清楚宾馆与活动地点的距离远近,交通是否方便,周边环境是否安静。

5.资料准备

为领导准备出差的资料一定要认真仔细,不能遗漏任何与本次活动有关的东西。

(1)业务资料的准备。旅行时要带上与业务相关的全部工作资料,将资料按性质整理好统一放在一个公文包里。如果是签合同,就要带上协议或合同文本,报价资料,与本公司产品相关的说明书等资料;如要演讲,准备好各种不同场合的发言提纲或演讲稿,有必要的话可以带上笔记本电脑,方便资料的携带和展示。

(2)办公用品的准备。办公用品是商务人员出差在外处理公务时必须的一些东西，包括公文包，名片，钢笔，记事本，照相机，收录机等，这些用品要准备齐全，同时要注意这些用品的放置位置，能给人井然有序的感觉。比如公文包内必须整齐不能乱七八糟，名片要放在名片盒里不能零放，钢笔的选择不能太花哨，以素雅为主，可放公文包里或者西服左侧的内袋里，记事本是为了在出差过程中和开会过程中能随时记录有用的信息，记事本可放在公文包里。照相机可以在会议过程中拍照作为组织的资料储存或者留作纪念，收录机可以录下会议或活动的重要部分，作为记事本的辅助工具。

(3)个人日常用品。出差时个人必需和日常用品是不能遗漏的。如身份证、工作证、信用卡、介绍信等都需携带并注意安全保管好以免丢失或者被偷。必须带上手机，以方便联系对方，把对方的联系人号码存在手机里，以便及时联络。还有个人的洗漱用品和换洗衣物都要带齐。另外出差在外由于气候、环境、饮食不适等原因会有小病痛，需备上常用药品以备不时之需，比如感冒药，止泻药，肠胃药。

(4)礼品准备。去对方单位进行业务联系，如果是初次见面，可以带上本地当季的特产，比如杭州龙井茶叶等代表当地的特色产品，或者能代表本公司有纪念意义的物品。

6.出差前的工作安排

如果你要出差几天，在出差前应该先把这几天的工作安排好，以保证工作的正常运转，出差回来处理公务时也不必那么紧张繁忙了。

(二)交通礼仪

商务旅行必定要借助交通工具才能成行，因此在旅行中自觉遵守交通礼仪也成了商务人士的展示自身形象的一个必不可少的环节，无论是坐火车、汽车、轿车或者飞机都必须遵守礼仪规范，保持自身和组织的良好形象。当然目前的交通工具有很多种，这里只简单介绍常用交通礼仪，包括公共汽车、火车、轿车和飞机上的礼仪。

1.乘飞机礼仪

飞机是目前所有交通工具中档次最高、价格最贵、时间最快、效率最高的，也因此飞机成了商务人士出差旅行时最热门的选择，一方面能体现本公司的气势，另一方面也能节省旅途中的时间，提高工作效率。在乘坐飞机时，必须认真遵守乘机礼仪。

(1)尊重其他乘客。乘飞机时一般时间是一个小时以上，在整个乘坐过程中，势必会与身边其他乘客产生关系，因此要尊重他人，侵犯他人是不礼貌的行为。

①上下机。上机安检时要提前把护照、身份证、登机牌和机票准备好，以免临时翻找耽误时间，让其他乘客久等。上下飞机时，要注意依次而行。上机后要把携带行李放好，注意不要掉落下来，以免砸到其他乘客，也不要将置物架塞得过满，以致其他乘客不能放行李；上机后也不要抢座位，应该对号入座。下机时也不要抢着下飞机，遵守下机秩序。

②在自己的座位上就座时，要注意礼貌。即使感觉座位空间不够大，也不能把腿脚乱伸乱放，干扰身边乘客。最好不要当众脱衣脱鞋，如果感到闷热可以打开座位上方的通风阀，也可以脱下外衣，更衣需去洗手间。自己休息时不能把坐椅靠背调得过低，否则后面乘客的腿很难伸开，要把坐椅靠背后放应先和后面乘客打招呼，不要制造意外事故。打盹休息时要有意识地注意不要将头往旁边乘客上靠，或是身体触及，这些都是不礼貌之举。

③交谈。跟身边的乘客可以稍作交谈，一般旅行中与身边乘客交谈也是人际扩大的一种渠道，但是要注意不要一厢情愿，打扰别人休息。就座时可以向你旁边的乘客点头示意，但是对方并无意与你交谈只想休息，那就自己看报纸或做其他事情，但不能发出过大的声音，妨碍他人休息。与邻座旅客交谈时不要隔着座位说话或者前后座说话，这样说话不方便，注意谈话的声音不要过大。谈话的话题也应是轻松的愉快的，不要谈坠机等意外事故，也不要牵涉别人隐私话题。

(2)遵守乘机规定。飞机的安全性能虽高，但是如果有乘客不遵守乘机规定，极易发生意外事故，危机自身和他人的生命安全，因此乘坐飞机时必须遵守乘机规定。

①一般乘坐飞机要求在半小时前登机，登机程序麻烦，因此要提早一个半小时左右的时间到达机场，尽量提早出门，以防路上塞车等意外情况延误登机。

②必须严格遵守乘机的有关规定。不得携带违禁品，比如易燃、易爆、剧毒、放射性物质等危险物品，自觉接受安检。

飞行时务必要遵守有关安全乘机的各项规定。首先当飞机“系好安全带”的指示灯亮时一定要自觉系好自己的安全带，当飞机受到高空气流的影响而发生颠簸、抖动时，也要将安全带系好。其次不要使用违禁物品，在飞行期间，移动电话、手提电脑、激光唱机、微型电视机、调频收音机、电子式玩具、电子游戏机等电子设备会干扰信号，不能使用。飞机上如有“请勿吸烟”的信号灯应停止吸烟。

要了解机上的安全设备。机上乘务员讲解时一定认真倾听，牢记在心。切勿乱摸、乱动、乱拿机上的安全用品。

(3)尊重服务员。服务员担负着重要的工作职责，为大家创造一个优良的乘机环境，要尊重她们的劳动。

上下飞机时，要对空姐点头致意或者问好。接受她们的服务后要表示感谢。没有特殊事情不要随便叫唤服务人员，不要在飞机上与乘务人员闹矛盾，对她们的工作要表示理解与尊重。

2.乘火车礼仪

目前在国内，火车因为价廉又安全舒服，至今仍是众多商务人士出门旅行时的最佳选择。乘火车时也要相应注意礼仪。

(1)尊重其他乘客

乘坐火车时间相对较长，因而与周围乘客共处的时间也多，必定会与他们交际，在交流中要保持礼仪。

①候车。在候车室内要安静等候，不要把行李放在座位上，应放在座位下面或者座位前，把位子留出来；保持候车室内的整洁，不要随便扔垃圾，随地吐痰；排队检票，不能插队或拥挤，依次排序。

②上下车。站台上等车要注意安全，站在安全线后，待火车停稳后再准备上车。上车也要依照次序，不要拥挤，或从车窗上车。放行李时要注意将行李放到行李架上，不要占用太多的公共空间，互相谅解，行李实在太多应在上火车前办理托运。下车也应自觉排队等候，不要在等候人群中插队或拥挤，或从车窗下车。

③在自己的座位上就座时，要注意礼貌就座后注意保持车厢的安静，聊天、娱乐等不要打扰别人。不要随意脱鞋，将脚放到对面的座位上，这是对别人的不尊重。车厢内吃零食要保证不乱扔果皮纸屑，将包装袋等不要的东西扔进垃圾筒。和朋友说话或者玩扑克牌等游戏时，不要大声说笑，以免打扰其他旅客。坐席上休息时不要倒在身边乘客的身上，或者到座位底下休息睡觉。卧铺休息时要注意姿势稳重，不要太过暴露，不要在卧铺熄灯后，在走道上走来走去或者做其他事影响别人，上铺和中铺的人要坐在下铺休息必须征得对方的同意。

④交谈。上车后可与身边的乘客点头致意，想与身边的人交谈，要看对方是否愿意，不能勉强。话题要有所选择，不要在别人疲倦的时候还讲得兴致勃勃。交谈时声音不能过大，以免打扰别人。

(2)遵守火车的规定

①坐火车应该提前半小时左右到达火车站等候。

②必须严格遵守坐火车的有关规定。比如不得携带违禁品，比如易燃、易爆、剧毒、放射性物质等危险物品，自觉接受安检。吸烟者不要在车厢里，可到吸烟区吸烟。

③尊重列车员　列车员在整个旅途中担任着通知、服务的任务，对列车员

应该尊重、礼貌。给你倒茶水时应该说声“谢谢”,向你推销商品时也要客气对待。

3.乘公共汽车礼仪

公共汽车是目前出行最普及的交通工具,虽然乘坐时间短,但也要注意相应的礼仪。

(1)上车时排队不要拥挤上车,有老幼残孕应让他们先上车,不能插队,有前后门之分的应遵守从前门上车后门下车的规定。为了乘客都能安全、快速地上车,自觉维护上车秩序。

(2)上车后应合理利用乘车空间,尽量往里走,不要贪图前面下车方便,或懒于行走,应让出乘坐空间。不要一上车就抢位子,应让老弱病残及孕妇、抱小孩的人先坐,主动给这些人让座。不要在汽车里吸烟,将垃圾随处扔在车内或车外或随地吐痰,保持车厢整洁。不要将头和手伸出窗外,扶好、坐好,注意安全。如遇雨雪天乘车应把湿的雨伞等雨具放入袋中以免弄湿他人和汽车。

(3)下车时应提前走到下车门处,如果人多拥挤,应先问下前面乘客是否在本站下车,如不下可换位子以节省下车时间。

(4)尊重驾驶员,要主动买票或出示月卡,不要因小问题而与司机争吵,影响司机开车,要体谅司机。

4.乘坐轿车礼仪

有些组织在举行活动时会专门派车前去火车站或者机场迎接客人,或者在活动中也可能有专门的轿车进行接送,因此也要注意乘坐轿车的礼仪,乘坐轿车的一般礼仪与其他乘车礼仪相同,不同的是轿车的座次有尊卑之分,因此上下车的顺序和落座顺序要安排好。

(1)上下车顺序应照顾长辈和女士先上车。下车一般是男士或晚辈先下,然后照顾长辈或女士后下。上车时,主动替女士和长辈打开右侧门,待其坐下后把车门关上,自己再从车后绕到左侧打开车门,在左座坐下。下车时,先从左侧下车后绕到右侧打开车门,请女士和长辈下车。如果是主人亲自开车,一般是主人最后一个上车,最先下车。

(2)座次

①当专职司机驾驶的时候,遵守以右为尊,以左为卑的原则,前排为下,后排为上,以后排右后座为首,左座次之,司机旁边的座位为末座。

②如果是主人驾车,那它旁边位置就为首座,一般前排为上,后排为下,以右为尊,以左为卑。

(3)举止

乘车人之间可以进行交谈,不要使乘车环境十分冷淡;不要在车上吸烟或乱扔垃圾，或把垃圾扔到车窗外；不要在车上脱鞋脱衣物；不要在车上坐着东倒西歪，不要跷着二郎腿，要注意坐姿端庄礼貌。女士在上车时要注意姿势优雅，不要爬进车里，应该先站在车门边，把身体降低，让臀部先坐到位置上，再将双腿一起收进车里，双膝保持合并的姿势。

(三)入住宾馆礼仪

商务出差必定要入住饭店、宾馆，在这些地方的言行举止不但是个人形象和素养的体现，更代表了组织的风貌。所以要掌握入住宾馆礼仪，让商务旅行万无一失。

1.客房礼仪

(1)爱护房内设施。客房并不是你的私有财产，所以对待你租用的房间也有一个文明的问题。从你如何对待你的房间，可以很容易地看出你的人品和文化修养的层次。不要因为是租用的而不是自己的私人财产破坏房内物品，任意砸东西，这些都是说明你不文明不懂礼的表现。我们要爱护客房内提供的各种设施和物品，使用时要小心，不要太过用力，如果损坏了应主动赔偿。

(2)保持房间的整洁。你暂时租用的房间，虽然不是自己的，但毕竟要住一段时间，要在居住期间和临走前保持客房的整洁干净。比如不要把不用的东西随处乱扔，在墙上乱涂乱画，弄脏家具的表层，在房间里随地吐痰，有的旅客临走前，把房间搞得乱七八糟，床单等物品乱扔，甚至用毛巾或者床单擦皮鞋，都是很不文明的举动。应该还给宾馆一个整洁干净的环境。

2.接待客人来访

如果有客人来访，可在饭店大厅会面，如果是关系比较好的客人可在房间内接待，但要注意接待客人人数不宜过多，时间不宜过长。说话时声音不要太大，不要打扰别人。

3.穿着礼仪

在宾馆里要注意穿着要根据场合，在客房内可以穿着睡衣、内衣和拖鞋，但在大厅和餐厅等公共场所，一定要换上相应的服饰，以免失礼。

4.尊重他人

在宾馆里无论做任何事情都要尊重他人和他人的隐私。到别人房间时先按门铃或敲门，不在房门外大声叫喊别人的名字。与别人同住离开时把门关上，不要把房门大开，出入房间要轻声关门，不要用力让整个走廊都听到。在房间内不宜大声喧哗，看电视也尽量调低音量，同住人要休息时最好关掉电视机，调低灯亮度，自己可以做些安静的活动比如看书看报纸。对服务人员也要尊重其劳动成果，如刚巧碰到打扫房间等要表示感谢。打电话给总台服务人员咨询也要客气有礼貌。

本章小结：

优秀的公关人员除了具备最基本的公关理论知识和实务活动能力之外，还必须要懂得怎么样在组织的商务活动中发挥公关人员的作用，体现组织人员的素质，在商务活动中塑造组织的良好形象，所以公关人员必须掌握商务活动中最基本的一些礼仪要求和规范。本章首先解释了商务礼仪的概念，即指公司、企业等组织的从业人员以及其他一切从事经济活动的人士，在从事商品流通和服务行业等各种经济往来中所应当遵守的行为规范。组织的商务礼仪是以商务利益为基础，以融入融洽的人际关系为目的的、以相互尊重为主的礼仪规范的一种社会交往活动。因此公关人员在进行这类活动中所体现的就是商务礼仪，这种礼仪更注重双方地位的对等性，以及利益的互惠性，更需要双方建立起诚信。

组织的日常商务活动礼仪要求做到严谨、热情、周到、细致，包括接待礼仪，拜访礼仪，通讯礼仪和馈赠礼仪。接待工作出色，会大大加深相关业务单位对公司的了解，从而增强与公司合作的信心，促进双方业务发展。而拜访礼仪中要注意拜访前的时间、资料准备，以及了解如何邀约、登门和告别礼仪。社会的发展离不开信息的相互交流和沟通，信息的交流应该归功于现代社会通讯设备的急剧发展，因此通讯礼仪也日益受到商务人士的重视，包括如何使用电话、手机、传真、电子邮件、手机短信和彩铃等适应时代的通讯工具。在进行馈赠时更要注意馈赠的技巧、时机等注意事项。如果这些礼仪能够使用恰当将会起到事半功倍的效果。

组织的专项商务活动礼仪对一个组织来说也是非常重要的，组织为了联系业务或增进双方的感情经常会专门举行一些专项商务活动，包括宴请客人，与对方谈判，或者进行商务旅行。社会组织的商务宴请活动起到组织之间的协作或答谢相关公众支持等作用，宴请礼仪中要掌握好宴请的形式和各种准备工作以防万一。商务谈判也是目前较为常见的一种利益协调行为，在谈判礼仪中要运用好谈判初、谈判中及谈判后的语言表达等各方面的礼仪，以取得谈判最好的结果。目前商务旅行已经成为现代组织商务活动不可缺少的一部分，商务活动中的旅行礼仪代表商务人士的个人素质和本组织的整体形象，因此也是非常需要学习的一个礼仪内容，包括如何乘飞机、火车、公交车、轿车等各种交通工具，乘坐的时候注意各种礼仪，同时到某地宾馆就住时也要体现个人的教养和素质，注重礼仪细节的训练。

思考与训练：

1. 什么是组织的商务活动礼仪？
2. 组织的商务接待要注意什么问题？
3. 如何进行商务拜访？
4. 如何拨打电话？
5. 如何馈赠礼品？
6. 商务宴请有几类？各有什么特点？
7. 赴宴礼仪有什么要求？
8. 如何准备谈判？
9. 怎么才能在商务谈判中赢得主动？
10. 商务旅行礼仪中要注意哪些方面的礼仪？

参考文献

1.葛晨虹著.中国礼仪文化.北京:经济科学出版社,2001.7

2.周芙蓉著.礼仪教程.北京:中国长安出版社,2003.7

3.金正昆著.社交礼仪教程.北京:中国人民大学出版社,2005

4.李道魁著.现代礼仪教程.成都:西南财经大学出版社,2005

5.胡锐主编.现代公共关系原理.杭州:浙江大学出版社,1994

6.居延安主著.公共关系学.上海:复旦大学出版社,2001

7.张雷编著.公关理论精要.北京:高等教育出版社,2004

8.丹.拉铁摩尔等著.朱启文,冯启华译.公共关系:职业与实践.北京:北京大学出版社,2006

9.桑德拉.奥利弗著.谢新洲,王金媛译.企业传播原则、方法与战略.北京:北京大学出版社,2005

10.金正昆编著.公关礼仪.北京:北京大学出版社,2005

11.李元授主编.公关与交际.武汉:华中科技大学出版社,2006

12.葛道顺、卢娟编著.公关交际礼仪.重庆:西南师范大学,1999

13.周裕信主编.公关礼仪艺术.上海:同济大学出版社,2004

14.张佑青.公共关系实务与礼仪.北京:中国对外经济贸易出版社,2003

15.金正昆.商务礼仪.北京:北京大学出版社,2006

16.吴忠军.中外民俗.大连:东北财经大学出版社,2001

17.曾仕强.人际关系与沟通.北京:清华大学出版社,2005

18.赵永新,佟秋平.赢得人脉的社交诀窍——点旺人气的七大交际智慧.北京:中国国际广播出版社,2004

19.王峰.沟通有艺术.北京:中国华侨出版社,2006

20.周振林.领导与公关.北京:中国经济出版社,1999

21.张敬慈,罗健,刘一民编著.公关礼仪.成都:四川大学出版社,2005

22.晨辉,编著.好礼仪好人缘.北京:中国物资出版社,2006

23. 胡晓涓主编. 商务礼仪. 北京:中国人民大学出版社,2005
24. 王水华,主编. 公关与商务礼仪. 南京:东南大学出版社,2002
25. 林. 布伦南等. 商务礼仪. 北京:新华出版社,1997

后　　记

中国有五千年的文明史，素有“礼仪之邦”的美称。随着商品经济的快速发展，企业间的交流日益频繁，公关人员作为企业的代表需频繁往来于企业之间。到全世界都越来越注重礼仪的今天，公关人员在从事公关活动的同时尤其应该注意遵守礼仪规范，做到有“礼”可循，令交往对方产生信任和好感，使双方合作顺利完成。

本书正是要解决这样一个问题——“在公关活动中应该做到怎样的礼仪规范”。我们大致从三个方面展开：一是从宏观层面探讨公关礼仪的基本理论；二是从中层面探讨组织的社会交往礼仪、商务活动礼仪等规范；三是从微观层面具体探讨作为组织中的个人应该掌握的礼仪规范。本书的编写比较注重将理论与实践相结合，以大量理论作为支撑，包括管理学、交际学等等，以资教学参考；不仅注重将公关礼仪内容分为个人礼仪和组织礼仪，从而做到由点及面，由个体到整体，全方位关照公关礼仪的全部内涵与外延，而且引用大量案例，从正反多角度分析礼仪的重要性以及在不同的公关场合如何将礼仪知识运用自如，适合课堂案例教学使用。

本书由浙江万里学院的郑健儿老师和浙江大学城市学院的赛来西·阿不都拉老师共同主持编写，并负责统稿、修改、定稿等工作。参与编写的主要有：浙江大学城市学院的赖泓杉老师、浙江万里学院的庞燕老师、刘静老师、浙江工业大学之江学院的任文杰老师。

具体分工如下：

第一篇：第一章、第三章——赖泓杉；第二章——任文杰；

第二篇：第一章——郑健儿；第二章、第三章——庞燕；第四章、第五章——刘静；

第三篇：第一章、第二章——任文杰；

本书凝聚了整个团队的心血，参编者虽然平时工作繁多，但还是抽出宝贵时间合力钻研，借鉴和参考了诸多相关学者的研究成果，在此表示感谢！当然在编写过程中也存在许多不足之处，如由于公关礼仪内容繁多且细微，难免有些内容稍有重复。另外由于著者水平有限，疏漏在所难免。不当之处敬请各位学界业界的同仁、专家及读者批评和指正！

郑健儿

2008年1月于浙江万里学院

图书在版编目（CIP）数据

公关礼仪 / 郑健儿，赛来西·阿不都拉主编. —杭州：浙江大学出版社，2008.1(2020.1 重印)
应用型本科规划教材. 广告学
ISBN 978-7-308-05800-1

Ⅰ.公… Ⅱ.①郑…②赛… Ⅲ.公共关系学—礼仪—高等学校—教材 Ⅳ.C912.3

中国版本图书馆 CIP 数据核字（2008）第 011126 号

公关礼仪

郑健儿　赛来西·阿不都拉　主编

丛书策划　李海燕
责任编辑　李苗苗　李海燕
出版发行　浙江大学出版社
（杭州市天目山路 148 号　邮政编码 310007）
（网址：http://www.zjupress.com）
排　　版　杭州中大图文设计有限公司
印　　刷　杭州良诸印刷有限公司
开　　本　710mm×1000mm　1/16
印　　张　14
字　　数　240 千
版 印 次　2008 年 3 月第 1 版　2020 年 1 月第 8 次印刷
书　　号　ISBN 978-7-308-05800-1
定　　价　38.00 元